Natascha Bub

Ein Bild von einer Frau

Natascha Bub

Ein Bild von einer Frau

Roman

List

Wir verpflichten uns zu Nachhaltigkeit
- Klimaneutrales Produkt
- Papiere aus nachhaltiger Waldwirtschaft und anderen kontrollierten Quellen
- ullstein.de/nachhaltigkeit

Der Roman erzählt eine fiktive Geschichte mit erfundenen Figuren. Nur einige bekannte Persönlichkeiten wie Ernest Hemingway sind historisch, deren Handlungen und Dialoge aber ebenfalls frei erfunden sind.

List ist ein Verlag
der Ullstein Buchverlage GmbH

ISBN: 978-3-471-36036-1

© 2022 by Ullstein Buchverlage GmbH, Berlin
Alle Rechte vorbehalten
Gesetzt aus der Dante MT Pro
Satz: LVD GmbH, Berlin
Druck und Bindearbeiten: GGP Media GmbH, Pößneck

Für Hendrik, für alles, immer.

1

Das Wunder ereignete sich im passendsten Moment. Und das war es wohl, was Wunder gewöhnlich so taten. Sie wählten den perfekten Zeitpunkt, den vollkommenen Augenblick – und tauchten einfach auf. Und zwar genau dann, wenn sie am nötigsten gebraucht wurden.

Insas Beine baumelten schon wieder. Dabei hatte sie sich gerade eingebildet, in den letzten dreieinhalb Wochen fast so etwas wie eine waschechte New Yorkerin geworden zu sein. Und etwas derart Albernes wäre einer solchen ganz sicher nicht passiert. Sie war wie jeden Morgen zu Eisenberg's gelaufen, hatte einen Platz an der Theke erobert, sich auf einen der Hocker geschwungen und wie gewöhnlich lässig ein Pastrami-Omelette mit Pickles und eine Egg-Cream bestellt. Das erinnerte sie an die Kultur ihrer Großmutter. Auch wenn sie die nie kennengelernt hatte. Insa spürte ein leises Ziehen an einer ihr allzu vertrauten Stelle. Sie nannte es die Rückseite. Diese Rückseite war dort, wo niemand hinsehen konnte, dort, wo sie ihren Kummer verbarg, ganz hinten an ihrem Herzen. Doch sie hatte keine Lust, darüber nachzudenken, nicht jetzt und hier in diesem herrlichen Diner, in dem sie sich zu Hause fühlte. Obwohl ein ganzer Ozean sie von ihrem Zuhause trennte. Und sie hier ganz allein war.

Überrascht hatte Insa kurz nach ihrer Ankunft festgestellt, dass ihr New York viel weniger fremd war, als sie erwartet hatte. Immerhin war sie noch nie aus Deutschland fort gewesen, doch war ihr irgendetwas in Amerika vertraut und gab ihr das Gefühl, am richtigen Ort zu sein. Vielleicht war es der drängende immerwährende Rhythmus der Stadt, der genau ihrem Puls entsprach. Oder war es der charakteristische Geruch des Wassers, der ihr seltsam vertraut war? Der durch die Straßen wehte und sich mit dem erdigen Dunst, der aus den U-Bahn-Tunneln emporstieg, mischte? Ein Prickeln durchfuhr sie allein bei dem Gedanken daran, was hier alles möglich war.

Und was sie alles zu sehen bekam. Wie faszinierend ihr alles erschien, Insa war, als hätte sie eben erst gelernt hinzusehen. Stundenlang hatte sie einfach irgendwo gesessen und nichts als geguckt. Ströme von Menschen waren an ihr vorbeigezogen. Ein jeder so fremd wie der andere. Wie schnell konnte man hier verloren gehen. All die Leute, die geschäftig durch die Schachbrettmusterstraßen glitten. Und doch glichen keine zwei Körper einander. Jeder erzählte seine eigene Geschichte. Dabei war alles modern und absolut *jetzt*. Selbst der alte Mann, der sich mühevoll auf einen Gehstock stützte, während er draußen vorm Fenster vorbeiging, blickte zuversichtlich in seine Zukunft. Und jedes Gesicht war vollkommen einzigartig. Alles war *easy going*, die Menschen bewegten sich hier schneller, leichter irgendwie. Als hätte die Schwerkraft weniger Macht über sie. Jeder hatte Unmengen von Energie, jeder hatte sein eigenes Ziel vor Augen, jeder jagte sein Glück.

Der Müllmann pfiff jedes Mal, wenn sie ihn die Tonnen leeren sah, als hätte er in der Lotterie gewonnen. Die feine Lady aus der Wohnung im Souterrain, die ihr heute früh auf schwindelerregend hohen Absätzen entgegengekommen war, hatte vielleicht so balancierend einen Weg gefunden, sich erhaben zu fühlen.

Am liebsten hätte Insa alles auf einmal gesehen in dieser unglaublichen Stadt. Seit dem zweiten Tag lief sie nach dem Frühstück einfach mit der Kamera los. Und die Stadt nahm sie mit offenen Armen auf. Jeder hier lachte zurück, und niemand reagierte verschreckt, wenn Insa mit ihrem unverkennbaren Akzent fragte, ob sie ein Foto machen dürfe. Die Matrosen, die sie auf der Spitze des Empire State Buildings auf ihre Kamera ansprachen, posierten ungefragt vor dem endlosen Häusermeer, lachend, verspielt und eine Spur zu aufdringlich um ein *date* bemüht. Insa sah großzügig darüber hinweg, sie taten einfach, was ausgehungerte Seemänner eben taten. Die Matrosen verabschiedeten sich mit einem lauten *Auf Wiedersehen*. Hier fragte niemand nach gestern, alles war auf Neuanfang eingestellt. Man war überzeugt, es lohnte nicht zurückzublicken. Alles Dunkle, Althergebrachte, Traurige ließ man, ohne mit der Wimper zu zucken, hinter sich. Vor sich einen stahlblauen Himmel und einen endlosen Horizont. Und das war ganz nach Insas Geschmack. New York und sie waren ein *match*, wie man hier zu sagen pflegte.

Insa nahm einen Schluck von dem schwächlichen Bohnenkaffee, den man hier automatisch vorgesetzt und ungefragt immer wieder nachgefüllt bekam, ein Luxus, über den sie immer noch nicht hinweggekommen war. Sie fühlte sich ungeheuer weltläufig, wie eine dieser jungen lässigen New Yorkerinnen, als ihre Füße schon wieder abrutschten. Insa überlegte, ob sie ihre Schuhe unauffällig fallen lassen und sich mit den bloßen Zehen am Hocker festkrallen sollte, als es sie durchfuhr. An einem der Tische schräg gegenüber blätterte eine Dame mit Veilchenhut in einer Illustrierten. Auf der aufgeschlagenen Seite erkannte Insa einen Mann mit nichts als Shorts am Leib, auf einem Sofa sitzend, unglücklicher Gesichtsausdruck, irgendwie abwesend, neben ihm ein gazellengleiches Mannequin in einem hochmodischen Ensemble. Insa fühlte sich an das französische Märchen erinnert, in dem ein Biest eine Schönheit entführt und hofft, mit der Zeit ihre Liebe zu erlangen. Ernest Hemingway. Was machte der weltbekannte Schriftsteller halb nackt in der *Vogue*? Insa rutschte vom Hocker herunter und bat die Dame, ihr die Zeitschrift für einen Augenblick zu borgen, es sei mehr als wichtig. Die Dame zog zwar etwas befremdet die Augenbrauen hoch, aber sie reichte ihr das Heft. Insa überflog den Artikel. Die Bildstrecke war in Hemingways Haus aufgenommen worden. Und das stand offenbar in Havanna, auf Kuba. Und das lag ein paar Tausend Kilometer entfernt mitten im Ozean. Insa bedankte sich eilig, warf Geld auf den Tisch und lief auf die Straße. Sie musste so schnell wie möglich Ledig-Rowohlt anrufen.

Insa rannte die Fifth Avenue entlang. Das war Sabotage und Absicht! Sie erinnerte sich nur zu gut an Ledig-Rowohlts mokantes Grinsen. Irgendwo hier hatte sie bei einem ihrer Streifzüge ein Postamt gesehen, wo sie telefonieren konnte. Ledig-Rowohlt hatte sie getäuscht, er wollte einfach nicht, dass sie es schaffte, er wollte unbedingt recht behalten. Damit, dass ein *weibliches junges Ding* wie sie nicht in der Lage sei, ein Porträt des berühmtesten Schriftstellers der Welt zu machen. Insa legte noch einen Zahn zu. Das würde er bereuen.

Wo war denn bloß das Postamt? Insa stand wutentbrannt an einer Ampel mitten im Getümmel der Madison Avenue und sah sich um. Sie hätte Stein und Bein geschworen, dass es sich in dem sandfarbenen Wolkenkratzer gegenüber befand. Gerade als sie überlegte, wo sie sonst telefonieren könnte, hörte sie es.

Ein leises und doch deutlich vernehmbares Niesen. Unwillkürlich sah Insa hinüber. Eine Dame in einem eleganten pflaumenblauen Hut putzte sich gedankenverloren die Nase mit einem Papiertaschentuch. Insa wusste sofort, dass diese scheinbar ganz normale Dame, die einer Erscheinung gleich einfach so auf der Straße stand, an einer ganz gewöhnlichen Ampel, mitten in Manhattan, niemand Geringeres als die krankhaft scheue Diva war. Jener geheimnisumwitterte Filmstar, der sich seit Jahren vor der Öffentlichkeit versteckt hielt. Und nicht ein einziges Mal gesichtet worden war. Bis jetzt, wo sie leibhaftig neben ihr stand. Ihr edles Profil hatte sie verraten. Die vornehme Haltung und das entschlossene Kinn. All das erkannte sie in Bruchteilen von Sekunden. Noch bevor die Überraschung Insa in die Glieder fahren konnte, hatte sie bereits instinktiv abgedrückt. Klick. Die Ampel schaltete auf Grün.

Die blaue Gestalt verschwand in der Menge. So plötzlich, dass Insa sich augenblicklich fragte, ob sie nicht einer Fata Morgana aufgesessen war.

Insa stürmte zu dem Fotoladen Broadway Ecke 72. Straße.

Sie riss die Tür auf, stolperte in das Geschäft und kam abrupt vor dem Tresen zum Stehen.

»Bitte, Sie müssen mich dringend auf der Stelle in Ihre Dunkelkammer lassen.« Sie rang nach Luft. Der Angestellte hinter der Kasse sah sie ungerührt an. »Das hier, verstehen Sie, ist eine Angelegenheit von Leben und Tod, also na ja, beinahe jedenfalls!«

Der Mann sah unter seiner gestreiften Schirmmütze hervor und musterte Insa verständnislos. Fieberhaft überlegte sie, wie sie ihn überzeugen konnte. Sie wedelte mit ihrer Kamera und suchte nach den passenden Worten.

»Ich bin Fotografin, verstehen Sie? Professionell!«

Er begriff offensichtlich nicht ein Wort von dem, was sie sagte.

»Ich spreche kein Deutsch, Miss.«

Er sprach langsam, wie zu einem Kind. Insa schlug die Hände vors Gesicht. In der Aufregung hatte sie die Sprachen durcheinandergebracht. Sie wechselte ins Englische und erklärte, so ruhig sie konnte und untermalt von dramatischen Gesten, sie brauche seine Hilfe und müsse seine Dunkelkammer benutzen, und zwar sofort! Skeptisch schüttelte er den Kopf. Sie beugte sich vertraulich zu ihm und flüsterte den Namen. Er starrte sie an. Insa sah so lange fest zurück, bis er zu begreifen begann, was für eine Sensation sie ihm da servierte. Endlich schluckte er, verfiel in emsige Geschäftigkeit, bat die beiden anderen Kunden zu gehen, schloss den Laden ab und zog die Rollos vor den Fenstern herunter. Dann drehte er sich zu Insa und machte eine Geste, als wollte er seine Lippen mit einem Reißverschluss versiegeln.

»Nenn mich Verschwiegener-James. Und lass mich dir assistieren!«

Insa hielt die Hand wie ein Fernrohr an ihr rechtes Auge.

»Sehr erfreut. Adleraugen-Insa.«

Er grinste. Insa hatte das Gefühl, er konnte sie verstehen.

Obwohl sie sich in der Dunkelkammer sofort zu Hause fühlte, flatterten Insas Finger, als sie den Film in die Entwicklerspule drehte. Und sie begannen zu zittern, als sie die Dose kippte. Sie biss sich auf die Unterlippe. Tat sie das fest und anhaltend, beruhigten sich ihre Hände meistens. Wenn es ganz schlimm kam, war das Bild nichts geworden, unscharf, schief oder einfach schwarz, aber daran wollte sie jetzt nicht denken. Sie glaubte an Wunder. Daran hielt sie fest. Insa schwenkte den Film kurz in Fixierbad, spülte ihn unter laufendem Wasser, dann ließ sie ihn behutsam in die Schüssel gleiten und einige Minuten darin liegen. Der leise Schmerz, der sich von ihrer Unterlippe aus über ihr Gesicht ausbreitete, verschaffte ihr Ruhe und Zuversicht. Fast war ihr, als hörte sie die raue Stimme ihrer Mentorin, als könnte sie Pierers Anwesenheit neben sich spüren. Als könnte sie in der Dunkelheit sehen, wie sie, den rechten Arm auf den linken gestützt, gelassen an ihrer ewigen brennenden Zigarette zog.

Einmal hatte sie Insa den Rauch geradezu empört in den Nacken geblasen, hatte *mehr Selbstbewusstsein* gezischt und war die nächsten Stunden neben ihr stehen geblieben. Bis sie endlich zufrieden war mit der Geschmeidigkeit und Klarheit von Insas Bewegungen. Dann hatte sie leise knurrend genickt und war gegangen. Kühl und gleitend, wie ein Reptil im Paisley-Kleid. Eine Echse oder vielleicht ein Drache, hatte Insa gedacht, als Pierers letzte Rauchwolke an ihr vorbeigezogen war und sich hinter ihr in Luft aufgelöst hatte. Doch sie hatte sich sicher gefühlt. Kein noch so blumiges Lob hätte sie stolzer machen können als die stumme Zustimmung ihrer Lehrerin.

Insa hängte die Streifen sorgsam an die Leine und betrachtete die Negative. Sie erkannte es sofort. Sie steckte das Bild in die Bühne und schob sie in den Vergrößerer, dann nickte sie James zu. Er schaltete das Rotlicht ein. Insa legte das Fotopapier unter, betätigte die Zeitschaltuhr und belichtete das Blatt. Mit angehaltenem Atem beobachtete sie, wie es sich in der Schale zu schwärzen begann. Sie kippte den Behälter und ließ immer wieder frischen Entwickler über das Papier laufen. Vorsichtig fischte sie das Bild aus der chemischen Flüssigkeit, ließ es abtropfen und schob es ins Fixierbad. Als sie den fertigen Abzug zum Wässern in die letzte Schale gleiten ließ, gab sie ihrem Assistenten ein Zeichen. James schaltete das Licht an. Insas Herz machte einen Satz. Das Wunder hatte sich auf einem Stück Papier in Wirklichkeit verwandelt.

Das Foto zeigte eine Frau mit mittellangem Haar. Sie trug einen dunklen Hut und einen weiten Mantel. Um sie herum tobte die Stadt. Autos, hohe Gebäude, ein Laternenpfahl. Im Hintergrund andere, ganz normale Frauen. Sie aber hob sich ab. Gedankenvoll ging ihr Blick in die Ferne. Ihre Haltung drückte eine natürliche Zurückhaltung aus. Ihr Profil wie gemeißelt, in der Hand das zerknüllte weiße Taschentuch, stand sie da. Als hinge sie ihren Gedanken nach. Aufrecht wie eine Königin.

Sie hatte wahrhaftig ein Foto von Greta Garbo gemacht.

Insa schnappte sich den verdatterten James und tanzte mit ihm einen Siegestanz. Sie hatte einen unglaublichen Scoop gelandet!

Insa wusste, sie musste das Geschenk, das das Schicksal ihr so unverhofft aufgetischt hatte, für sich nutzen. Und zwar jetzt gleich. Mit einem knallenden Kuss auf die Wange verabschiedete sie sich und lief mitsamt dem Film und den sicher verstauten Abzügen in eine strahlende Zukunft. Genauer gesagt tänzelte sie in Richtung Postamt, dessen Adresse James ihr verraten hatte. Es war, als hätte das Wunder seine Umwelt angesteckt. Insa ging die gleiche Straße wie vorhin entlang, doch die Welt war wie ausgewechselt. Sie lag ihr nämlich zu Füßen. Insa machte einen übermütigen Schritt und drehte sich mitten auf der Straße um ihre eigene Achse. Vor einem Zeitungsstand kam sie zum Stehen. Selbst das Gesicht des alten Kioskverkäufers schien ihr entgegenzuleuchten. Insa kaufte das neueste Exemplar des *LIFE Magazine* und hielt es an die Brust gedrückt, während sie das Postamt betrat. Vielleicht etwas hochgesteckt als Wunsch für ein unbelecktes junges Ding aus Deutschland. Insa zuckte mit den Achseln, wie sonst sollten ernst zu nehmende Ziele denn sein, bitte schön?

Wie wirklich alles war, begriff Insa erst, als sie den Luftschnapper hörte. Anders konnte man Pierers Reaktion auf die große Neuigkeit am anderen Ende der Leitung nicht nennen. Insa schwieg, bis ihre Lehrerin wieder zu Atem gekommen war.

»Mich laust der Affe.«

Insa genoss Pierers Verblüffung und versuchte zugleich, gelassen zu klingen.

»Du warst schon immer schnell von Kapee. Und jetzt mach, dass du in die Redaktion kommst!«

Insa fühlte, wie ihr das Blut in die Beine sackte.

»Einfach so?«

»Natürlich, wie sonst, per Sänfte vielleicht? Ich mache ein, zwei Anrufe, und du wirst mir im Gegenzug versprechen, dass du nicht kneifst. Das passt auch nicht zu dir.« Pierers bärbeißige Art hatte Insas Anfälle von Nervosität schon immer im Keim erstickt. Was nichts daran änderte, dass eine unpassende Rührung sie ergriff. Insa räusperte sich.

»Danke!«

In der Leitung schnaubte es zustimmend, Gefühligkeit war nicht Pierers Sache. Insa konnte förmlich vor sich sehen, wie sie verlegen den Mund kräuselte, schnell einen Schluck aus ihrem Cognacglas nahm und vergeblich nach ihrem Zigarettenetui suchte, das sie so gut wie immer verlegte. Sie machte sich einen Spaß daraus, sie ein bisschen zu quälen, und seufzte gefühlvoll.

»Wirklich, für alles. Ich verdanke Ihnen so viel, ich –«

»Papperlapapp. Du hast Talent, und du arbeitest gern. Ich habe es bloß freigeklopft, weiter nichts. Das war allerdings alles andere als leicht, Dickkopf, der du bist. Also, kein Grund für Arien und –«

»Fräulein Pierer? Ich kann Sie gar nicht mehr hören …« Insa klopfte mit dem Nagel gegen den Hörer. Sie tat, als würde die Verbindung immer schlechter. Ähnlich wie ihre Mentorin konnte sie es nur schlecht ertragen, wenn ihr Gegenüber zu gut von ihr sprach. »Krchrgz … Aber ich melde mich wieder, sobald ich veröffentlicht bin!«

Insa legte auf und atmete einmal tief durch. Sie verdankte Rosemarie Pierer so viel mehr als nur das Fotografieren. Unter Pierers Blick hatte sie das erste Mal vor einer Kamera posiert, an ihrer Seite hatte sie gelernt, wirklich hinzusehen. Unter ihren Fittichen hatte sie sich vom Kleinstadtmädchen zum großstädtischen Fräulein gemausert. Und Insa hatte alles darangesetzt, sie nicht zu enttäuschen. Pierer liebte nichts mehr, als wenn ihre Schüler unverschämt waren, eigenwillig und stur. Wie sie selbst. Je schlimmer, desto besser, wie sie einmal beschwipst geträllert hatte. Und damit konnte Insa schon immer im Überfluss dienen.

Sie schlug das *LIFE Magazine* auf und suchte die Adresse im Impressum. 1271 6th Avenue – hatte jemals etwas verheißungsvoller geklungen?

2

Dreißig Minuten später sah Insa sich in der marmorgetä-
felten Lobby der *LIFE* der Filmredakteurin Mrs Leatherby
gegenüber, die sie ausführlich taxierte. Insa zupfte an ihrer
Strickjacke. Diese Art von Blick hatte ihr schon immer
das Gefühl gegeben, nicht koscher zu sein. Die Redakteurin sah Insa durch ihre Brillengläser unbeirrt skeptisch an.
Als wäre sie nicht bloß Europäerin, was an sich schon
verdächtig genug zu sein schien, sondern Mitglied eines
weltweit verzweigten Verbrecherkartells von Fotografen,
das angetreten war, um den Olymp der Presseerzeugnisse
zu hintergehen und den Ruf der ehrwürdigen *LIFE* nach-
haltig zu beschädigen. Irgendein Ereignis in ihrem Leben
musste Mrs Leatherby sehr misstrauisch gemacht haben.
Insa trat einen Schritt auf sie zu, lächelte so gewinnend
sie konnte und ergriff die Hand der Redakteurin, um sie
beherzt zu schütteln. Ihr Gegenüber verschleierte ihr Ent-
setzen über diese allem Anschein nach als barbarisch emp-
fundene Begrüßungsweise hinter einem straffen Lächeln,
entriss Insa ihre Hand mit einem raschen Ruck und
wischte sie unwillkürlich an dem cremefarbenen Rock
ihres Kostüms ab.

»Sie wollen uns etwas zeigen? Bitte folgen Sie mir.«

In einem holzgetäfelten, überdimensionalen Konferenz-
raum bot Mrs Leatherby Insa einen Sessel an, ließ sich ihr
gegenüber fallen, als könnte sie damit weitere Übergriffe

verhindern, und schwieg beklommen. Insa fragte sich, was der armen Frau passiert sein konnte. Vielleicht hatte man ihr das Familiensilber abgenommen. Oder sie war schon in jungen Jahren auf einen Heiratsschwindler reingefallen. Man hatte vor wenigen Tagen ihren Pudel entführt? Insa überlegte gerade, ob es an ihr sei, das Gespräch in Gang zu bringen, sie war mit den amerikanischen Gepflogenheiten noch nicht vertraut, als die Redakteurin ohne Vorwarnung zu sprechen begann.

»Haben Sie Familie in den USA?« Mrs Leatherby machte eine unwillkürliche Grimasse, als wäre sie selbst verwirrt über die direkte Frage.

Insa holte tief Luft, ausgerechnet auf diese Erklärung hätte sie gern verzichtet.

»Das könnte man so sagen …«

Mrs Leatherby war Journalistin, Insa hätte sich denken können, dass sie mit einer derart ausweichenden Antwort nur ihre Neugier weckte.

»Das klingt interessant. Sind Sie auf der Suche nach ihnen?«

Insa schluckte, sie war selbst überrascht, wie schwer es ihr fiel, darüber zu sprechen. Selbst heute noch, dreizehn Jahre später. Manchmal erschrak sie darüber, wie die Zeit verging. Darüber, dass sie seinen Geruch vergessen hatte. Dass sogar sein Gesicht verblasste. Eines Abends war er einfach gegangen. Das Wort emigriert kannte sie damals noch nicht. Für Insa hatte ihr Vater sie einfach verlassen. Wie auch ihre Mutter, als sie wenig später einen fremden Mann geheiratet hatte. Sie musste ihn wiedersehen, auch wenn sie nichts mehr fürchtete als das. Sie musste die Wahrheit erfahren, selbst wenn die Gefahr bestand, dass sie sie nicht ertrug.

»Mein Vater, ich habe keine Adresse, der Krieg ... Sie verstehen?«

Mrs Leatherby nickte teilnehmend und sprang auf einmal vom Sessel auf. Sie machte einen kleinen Satz zur Seite und damit den Weg für Edward K. Thompson frei. Offenbar hatte sie ihren Chef dank eines ausgeklügelten inneren Antennensystems herannahen gespürt. Thompson hatte das Lächeln eines leutseligen Frosches. Trotz der dicken Zigarre, an der er hingebungsvoll saugte, strahlte er etwas rundherum Gesundes, Pralles aus. Er pustete Insa den Rauch ins Gesicht und begann ohne Umschweife auf sie einzureden.

»Sie haben ein Foto des Phantoms geknipst?«

Die Garbo war seit elf Jahren nicht gesehen worden. Zahllose Stimmen hatten sie sogar für tot erklärt. Er sprach so schnell, dass Insa ihm kaum folgen konnte. Und wenn ihre Behauptung stimmte, dann wäre das ein Knüller, der sich gewaschen hatte. Die geheimnisumwitterte Schauspielerin hatte im Laufe ihrer Karriere ganze vierzehn Interviews gegeben, merkte Mrs Leatherby an. Thompson warf seinen Zigarrenstummel in den Aschenbecher und schlug auf den Tisch. Er forderte Insa auf, ihm das Foto zu zeigen.

Insa öffnete die Schachtel und legte den Abzug auf den Tisch.

Thompson rührte sich nicht, seine Augen flogen über die Aufnahme, registrierten jedes Detail, untersuchten in Sekundenschnelle Qualität und Motiv. Dann stieß er einen kleinen Pfiff aus. Die Miene seiner Filmredakteurin entspannte sich.

»Das ist ein sensationeller Schnappschuss.«

Insa wusste nicht, was sie sagen sollte. Das war fast zu

schön, um wahr zu sein. Und alles kam ihr auf einmal ganz unwirklich vor. Genau so fühlten echte Wunder sich höchstwahrscheinlich an.

Thompson forderte Insa auf, ihm ganz genau zu erzählen, wie das Bild entstanden war. Was sie nur allzu gern tat. Doch kaum war sie mit ihrer Schilderung beim entscheidenden Moment gelangt, klopfte Thompson ihr mitten im Satz auf die Schulter und wies seine Redakteurin an, dafür zu sorgen, dass Insa einen Scheck erhielt. Thompson bot ihr unglaubliche fünfzig Dollar an. Denn das, was als zufälliger Schnappschuss auf der Straße entstanden war, sollte auf dem Cover der *LIFE* gedruckt werden. Insa sah ihn entgeistert an. Und wie immer bei wirklich guten Nachrichten war sie so überwältigt, dass ihre Gefühle sich fast ins Gegenteil verkehrten. Einen derartigen Knüller hatte sie sich nicht in ihren wagemutigsten Träumen ausgemalt. Dann ging alles sehr schnell, Thompson eilte von dannen, Insa und Mrs Leatherby erledigten den Papierkram, sie übergab das Negativ in die Hände des hauseigenen Fotolaboranten und war gerade dabei, ihre Abzüge einzupacken, als Mrs Leatherby ihr den Kugelschreiber entgegenhielt.

»Oh, ein Souvenir?«

Mrs Leatherby legte ihr die Hand auf den Arm. »Wären Sie so freundlich, den Namen Ihres Vaters zu notieren? Ich werde sehen, was ich machen kann.«

Als Insa auf der Straße stand, hatte sie nicht die geringste Ahnung, was sie tun sollte. Sie fühlte sich überwältigt, aufgekratzt und voller Energie, die in ihr einer Kugel im Flipperautomaten gleich kreuz und quer schnellte. Also tat sie, was sie in dieser Stadt nur zu gern tat, sie schlenderte einfach los. Der Rhythmus der eigenen Schritte, das Getöse der Straße und die Anonymität in der Menge taten ihr gut.

Ihr Foto würde auf dem Titel des *LIFE Magazine* gedruckt! Ledig-Rowohlt dürfte sich ihretwegen gerne schwarzärgern.

Wenn sie nur keinen Fehler machte. Jetzt war es wichtig, ganz genau zu überlegen, was sie tat. Immerhin galt es eine Wette zu gewinnen. Über nichts Geringeres, als das ultimative Foto von Ernest Hemingway zu schießen. Und in all der Aufregung hatte sie fast vergessen, dass sie dafür bis nach Kuba musste.

Insas Knie wurden weich. Ein Gefühl von absoluter Verlassenheit überkam sie. Sie wünschte, sie hätte jemanden, mit dem sie sprechen könnte. Der für sie da wäre, ganz egal wann sie ihn anrief. Jemand, den sie um Rat fragen könnte. Oder der einfach nur zuhören würde. Doch sie hatte niemanden. Ihre beste Freundin Klara hatte noch aus der Schule weg heiraten müssen und war damit auch aus ihrem Leben verschwunden. Ihre Mutter war zu beschäftigt mit ihrer neuen Ehe und hatte noch nie verstanden, was in ihr vorging. Sie hatte ihr den *Drang*, wie sie es nannte, und der Ausdruck klang in Insas Ohren unangenehm, fast medizinisch, immer übel genommen. Als würde die Mutter ihr vorwerfen, sich von ihr und dem Leben in der Provinz zu lösen, weil sie sie insgeheim verachtete. Insa verzog das Gesicht. Wenn sie an ihren sogenannten Stiefvater dachte, stimmte die Ahnung ihrer Mutter auf jeden Fall. Sie brauchte etwas, um ihre Nerven zu beruhigen.

Insa kaufte sich ein Hotdog und verspeiste es auf einer Parkbank im Central Park unter einem rosa blühenden Baum. Danach ging es ihr etwas besser. Sie spazierte allein durch die Straßen und sah sich hinreißend dekorierte

Schaufenster an. Doch sie fühlte sich immer noch verloren, und sie fror.

Insa beschloss, sich eine Pause zu gönnen, und steuerte das nächstbeste Kino an. An diesem Nachmittag wurde ein Erfolgsfilm über zwei Schauspielerinnen gezeigt, genau das Richtige in diesem Moment. Insa kaufte sich ein Billett und eine Schachtel Drops und betrat den dunklen Saal. Der Vorspann lief bereits, die Reihen waren so gut wie leer. Sie beeilte sich, ihren Platz einzunehmen, und schlang sich ihre Jacke wie eine Decke um die Knie. Der Film war spannend und fantastisch gespielt, und obwohl Insa viele der geschliffenen Dialoge nicht vollkommen verstand, tat er seine Wirkung. Er lenkte sie ab von dem Schmerz an der Rückseite ihres Herzens. Merkwürdig, dass offenbar die halbe Welt der Meinung schien, dass diese Eve ein berechnendes Luder, eine eiskalte Aufsteigerin war. Sie lutschte ein weiteres Pfefferminzbonbon. Sah man genauer hin, konnte Insa sie nicht unsympathischer als die anderen Figuren finden. Eve war ganz allein auf sich gestellt, und sie wusste, was sie wollte. Sie wollte berühmt werden und suchte ihren Platz in der Welt. Insa wurden die Augen schwer. Der Geruch der Drops war ihr angenehm vertraut, er erinnerte sie an ihren Vater. Diese Eve brauchte keinen Mann, und sie ging ihren Weg trotz aller Widerstände, gelang es Insa gerade noch zu denken, dann fiel sie in einen erschöpften Schlummer.

Als Insa gegen halb acht zu ihrem Apartmenthaus zurückkehrte, war sie hellwach. Der Doorman, Mister Deshommes, kam etwas zu spät angelaufen, um sie zu begrüßen, seine Tochter Ruby hatte ihm gerade das Abendessen vorbeigebracht. Insa war Ruby schon einmal begegnet, aber sie hätte sie kaum wiedererkannt in ihrem grünen Lurex-kleid, mit offenen Haaren und kirschroten Lippen.

»Miss Deshommes, Sie sehen ja umwerfend aus.«

Ruby lächelte gespielt bescheiden und sah Insa auf einmal nachdenklich an. »Nun ja, ich gehe zur Amateur Night im Apollo, oben in Harlem. Wer glaubt, etwas zu können, traut sich dort auf die Bühne. Vielleicht kommen Sie mit?«

Insa klatschte begeistert in die Hände. »Sie würden mich mitnehmen? Das wäre ja grandios. Ich habe schon wer weiß was darüber gehört.«

Ruby deutete auf Insas Hals. »Die Kamera müssen Sie aber hierlassen, fotografieren ist absolut tabu.«

Insa lief schon zum Aufzug.

»Die hat für heute auch genug getan. Geben Sie mir zehn Minuten, okay?«

Am Apollo war alles legendär, der Ruf des Theaters wurde nur von dem der wöchentlichen Amateur Night übertroffen. Und dem gnadenlosen Publikum. Denn es gab eine ziemlich grausame Sitte, erklärte Ruby im Taxi, schwache Performer wurden von den über tausend Zuschauern ausgebuht. »Wer diese Feuertaufe übersteht, den kann so schnell nichts mehr erschüttern.«

Ruby hielt Insa die Taxitür auf und hakte sich unter. Insa sah hoch, auf der Leuchttafel über dem Eingang war in großen Lettern geschrieben: *Be good or be gone.* Klarer konnte man es kaum ausdrücken.

»Das Publikum ist berüchtigt, aber es ist auch begeisterungsfähig wie kein anderes. Du wirst sehen, das ist ein Riesenspaß.«

Insas Herz begann unsinnig zu klopfen, eigentlich albern, schließlich war sie ja nicht hier, um zu singen. Sei gut oder geh nach Hause. Vielleicht war sie doch ein bisschen mitgemeint?

Doch schon wenige Augenblicke später hatte Insa alles, was sie an diesem Tag erlebt hatte, einfach vergessen. Die elektrische Atmosphäre, die Spannung im Saal, die Show rissen sie vom ersten Augenblick an mit. Und Insa konnte sich kaum sattsehen an den Performern, die sich auf der Bühne abwechselten. Der zerfurchte Schlagzeuger, dessen Miene tiefes Versunkensein spiegelte. Die Jazzsängerin, bei deren Anblick sie zum ersten Mal glaubte, verstanden zu haben, was Entrücktsein bedeuten musste. Der schmale Junge, der direkt neben ihr saß und kein einziges Mal den Blick abwandte von dem Schauspiel, das sich ihm bot. Ihr selbst ging es kaum anders. Es wurde heiß, die Musik war laut, und die Schwingungen in der Luft waren so intensiv, dass es das Publikum von den Sitzen riss. Insa sprang mit ihnen auf und jubelte und klatschte. Und obwohl sie die einzige weiße Frau war, war ihr aus irgendeinem Grund, als gehörte sie eben jetzt genau hierher. Sie schloss die Augen, und der Rhythmus fuhr ihr in die Knochen. Die Stimmen liefen ihr das Rückgrat hinunter, sanken bis tief in ihren Körper. Insa konnte nicht anders, sie legte den Arm um Ruby und dankte ihr laut. Ruby erklärte scherzhaft drohend, nächstes Mal müsse sie aber mindestens einen der schlechten Künstler ausbuhen, ein zu weiches Herz schade nur.

Hinterher tanzten sie doch tatsächlich noch auf der Straße, Insa konnte es kaum glauben, und die Künstler kamen dazu. Sie alle wurden gefeiert, auch die, die vor ein paar Minuten gnadenlos ausgebuht worden waren. Insa begriff, dass Siegen hier ohnehin weniger wert war als Scheitern. Der Applaus im Apollo machte einen vielleicht zum Star, das Ausbuhen aber ließ einen auf jeden Fall herausfinden, aus welchem Stoff man gemacht war.

Als Insa ein paar Stunden später zurück in ihr kleines Zimmer kam, warf sie ihre Schuhe in die Ecke und ließ sich auf dem Fensterbrett nieder. Sie liebte diesen Moment. Der Morgen graute schon, doch es war noch Nacht. Sie sah hinaus in den heraufziehenden Tag. Ihr war, als könnte sie ihr eigenes Leben mit Händen greifen. Alles lag vor ihr wie Pralinen in einer mit Goldfolie ausgeschlagenen Schachtel. Sämtliche Möglichkeiten, fein säuberlich aufgereiht, mit einer zart glänzenden Glasur überzogen. Es war, als wartete die Welt nur darauf, von ihr erobert zu werden. Alles war auf diesen Zeitpunkt zugelaufen. Es war richtig gewesen, auf ihr Glück zu vertrauen. Jetzt brauchte Insa nur zuzugreifen. Und so würde es auch bleiben. Darauf bestand sie. Das musste einfach so sein.

3

Das Dinner zu Ehren der jungen deutschen Fotografin, zu dem die gar nicht mehr so spröde Mrs Leatherby geladen hatte, fand in einem Penthouse mit atemberaubendem Blick über den Central Park statt. Insa hatte anderthalb Stunden lang mit hochgebildeten Fremden parliert, hatte über ihr unverständliche Witze gelacht und auf Klatsch und Geschichten über politische Skandale, von denen sie nicht den geringsten Schimmer hatte, unverbindlich und vage reagiert. Sobald der letzte Gang beendet war und der Kaffee serviert wurde, trat sie für eine kleine Verschnaufpause an das Fenster, das sich über die ganze Breite des Raumes erstreckte. Hinter ihr stritten Schriftsteller und Künstler, ein Diplomat und eine Verlegerin über einen Artikel, der irgendeinen Fälschungsskandal in der Kunstwelt behandelte, der ihr vollkommen unbekannt war.

In den letzten Tagen war Insa in das Zentrum eines Strudels von Ereignissen katapultiert worden. Ihr Foto von der Garbo hatte Furore gemacht. Insa war auf einen Schlag bekannt geworden. Es hatte Einladungen zu Cocktailpartys und Abendessen geregnet. Jeder wollte die deutsche Fotografin kennenlernen, der das Kunststück gelungen war, im zarten Alter von zweiundzwanzig Jahren einen Titel auf der *LIFE* zu ergattern. Und Insa hatte nicht eine Einladung abgelehnt. Inzwischen war ihr ganz schwindelig. Sie sah hinunter, weit unter ihr pulsierte die große

Stadt. Etwas erschöpft von den Kunstausstellungen und Konzerten, dem Frühstück mit dem neugierigen Journalisten, dem Mittagessen mit einem intellektuellen Redakteur, dem Tee mit einer rührigen Frauenvereinigung und dem Abendessen mit einem langweiligen Verehrer, legte Insa ihre Stirn an das Fensterglas. Hier lebten Abertausende von Menschen, jedes einzelne Leben war wie ein eigenes Universum, und jeder Einzelne suchte nicht weniger als sein Glück. Sie versprach sich, diesen Augenblick niemals zu vergessen. Das Gefühl, Teil von etwas zu sein.

Dabei wusste sie, dass sie doch vollkommen anders war als die Menschen hier. Gestern erst hatte eine Society-Lady, sie war nicht sicher, ob sie nicht vielleicht sogar die Gastgeberin der Party war, ihr rundheraus erklärt, sie sei entzückt festzustellen, dass Insa nichts mehr *mit der alten Zeit* gemein habe. Zur Erleichterung der Amerikaner war sie weder schuldbeladen noch beschädigt, weder körperlich versehrt noch halb verhungert oder gramgebeugt. Von einer Vergangenheit, die alle vergessen wollten und die doch in jeden eingeschrieben war. Vielleicht war das der eigentliche Grund, warum sich in dieser neuen Welt alle so um sie rissen? Man stellte ihr unzählige Fragen. Und gab Insa trotz ihrer holprigen Englischkenntnisse nie das Gefühl, etwas falsch zu machen. Das deutsche Fräulein, das so gar nicht mehr dem in Amerika gängigen Bild vom Nachkriegsdeutschland entsprechen wollte, weckte nicht nur ihre Neugier. Insa verkörperte in ihren Augen Neubeginn und Aufbruch. Man erklärte ihr, sie sei ein außergewöhnliches Talent – *sublime talent* –, pries ihr bildhübsches Aussehen – *picture-perfect* –, und überhaupt sie sei *smashing* und *a peach of a girl*. Wenn einer Komplimente machen konnte, dann die Amerikaner. Geschmeichelt notierte Insa sich die Bemerkungen samt Übersetzungen in einem fliederfarbenen Büchlein. Pierer hatte es ihr vor der Abfahrt mit den Worten »Eine Frau auf Reisen braucht ein Notizbuch« überreicht. Und obwohl die schiere Menge an Komplimenten, mit denen sie überhäuft wurde, eventuell doch etwas übertrieben war, fand Insa, dass sie sich doch durchaus daran gewöhnen könnte. Etwa wie an täglich Buttercremetorte.

Ein höfliches Tippen auf ihre Schulter riss Insa aus ihren Gedanken. Mrs Leatherby beugte sich zu ihr und hielt ihr einen Briefumschlag hin. Insa sackte das Herz in die Hose.

»Ist das –?«

Die Redakteurin strahlte Insa an.

»Es ist nur die Telefonnummer, aber immerhin, nicht wahr?«

Gerührt bedankte sich Insa bei Mrs Leatherby, verließ unauffällig den Salon und schlich über den Flur ins Schlafzimmer der Gastgeber.

Auf einem Tischchen in der Nähe des Bettes stand ein Telefon. Insas Hände zitterten, als sie die lange Telefonnummer wählte. Sie zwang sich, ruhig zu atmen, während es klingelte. Der Hörer wurde abgenommen. Eine männliche Stimme meldete sich knapp.

»Hello?«

»Könnte ich bitte Siegfried Schönberg sprechen?«

Es blieb still, nur ein Knacken war zu vernehmen. Endlich antwortete die Stimme.

»Sie haben sich verwählt.«

Er hatte einen unverkennbar deutschen Akzent. Es knackte erneut.

»Ich bin es, Motek.«

»---«

Die Leitung ist tot, er hatte einfach aufgehängt.

Insa hatte das Gefühl aus einer großen Kurve zu fliegen. Wohin, war allerdings vollkommen ungewiss.

Eine gute Stunde später schlich Insa sich aus der Wohnung. Sie war auf die Party zurückgekehrt und hatte in kürzester Zeit so viele Cocktails getrunken, dass sie sich nicht mehr imstande sah, sich von den Gastgebern zu verabschieden. Sie sollte gleich am nächsten Morgen Mrs Leatherby anrufen und sie bitten, sie zu entschuldigen. Draußen regnete es, aber das machte ihr nichts. Insa mochte die leeren Straßen. Die Stille, die der Regen mit sich brachte. Sie schlug den Weg Richtung Hudson River ein. Sie brauchte jetzt Weite um sich herum, sie würde sonst ersticken.

Endlich erreichte sie den Fluss, lehnte sich ans Geländer und schloss die Augen. Sie wollte nicht an ihn denken. Tränen sammelten sich hinter ihren geschlossenen Lidern. Insa presste die Lippen aufeinander. Sie würde nicht weinen. Sie würde auch ohne ihn glücklich sein. Sie würde Erfolge feiern, ohne ihm davon zu erzählen. Würde ein aufregendes Leben führen, von dem er nichts wusste. Würde ihn einfach vergessen, so wie er sie vergessen hatte. Ohne ihn zu vermissen.

4

Früh am nächsten Morgen betrachtete Insa sich schlaf-
trunken im Spiegel. Sie war mit Bauchschmerzen aufge-
wacht und mit einem grässlichen Kater. Und genau so sah
sie auch aus. Immerhin hatten die Cocktails die Erinnerung an das Telefonat für ein paar Stunden ausgelöscht.
Insa betastete die Ringe unter ihren Augen und fand sich
in den letzten Stunden um Jahre gealtert. Irgendjemand
hatte mal gesagt, die Zeit verginge in dieser Stadt schneller
als anderswo. Was, wenn es stimmte? Dazu hatte sie langsam genug davon, als amüsante *Europaeinlage* zu dienen.
Wie der Eierstich in der Suppe, nicht gerade ihr Leibge-
richt. Und stets darauf zu achten, auch ja lebensfroh, frisch
und aufgeschlossen auszusehen, entpuppte sich auf Dauer
als ziemlich anstrengend. Auf einmal wusste Insa, dass sie
sich nicht einen Augenblick länger auf ihren Lorbeeren
ausruhen durfte. Und auf gar keinen Fall durfte sie verpassen, die Gunst der Stunde zu nutzen. Es war Zeit, endlich Ledig-Rowohlt zurückzurufen.

Insa ergatterte eine der ruhigen Kabinen im Post Office
und meldete einen Collect-Call an. Ledig-Rowohlts Sekretärin, Annelotte Becker-Berke, berühmt für ihre
unerschütterliche Langmut und den absurd unpassenden
Kosenamen, nahm ab und stellte sie durch. Es tutete leise.
Er hatte ihr schon vor Tagen telegrafiert, doch sie hatte

zu viel um die Ohren gehabt, um gleich zu antworten. Außerdem fand Insa, dass der Mann es nach seinem Versäumnis sehr wohl verdient hatte, ein wenig zu schmoren. Immer noch klingelte es ins Leere. Auf einmal knackte es vernehmlich, und Insa wurde aus der Leitung geschmissen. Sie landete wieder bei der Sekretärin, die es noch einmal versuchte. Insa übte sich in Geduld. Auch wenn sie beschlossen hatte, das Hühnchen, das sie mit Ledig-Rowohlt hatte rupfen wollen, heil zu lassen, wurde sie doch langsam ungeduldig. Endlich wurde der Hörer abgenommen.

»Danke BBchen, es funktioniert! Und ich dachte schon, die neue Welt hätte Sie verschluckt!«

Ledig-Rowohlt hielt sich ungern mit Nebensächlichkeiten wie Begrüßungen, Namen oder Höflichkeitsfloskeln auf.

»So könnte man es auch nennen. Es ist einfach fabelhaft hier. Von meinem Erfolg haben Sie sicher schon gehört.«

Insa achtete darauf, dass der letzte Satz auf keinen Fall wie eine Frage klang.

»Aber?«

Die Verbindung war schlecht, und ein heftiges Rauschen erschwerte das Gespräch.

»Was meinen Sie mit ›aber‹?«

Insa drückte sich den Hörer stärker ans Ohr.

»Ich höre einen Unterton. Spucken Sie es nur aus, Fräulein Schönberg. Wo drückt der Schuh?«

Insa fragte sich, wie es ihm gelang, bei diesem Lärm Zwischentöne wahrzunehmen. Sie konnte nicht umhin, ihn für sein Gespür zu bewundern. Doch sie nahm ihm sein Versäumnis einfach zu übel, um ruhig zu bleiben.

»Ein Unterton? Das kann schon sein. Wenn man bedenkt, dass Sie mir verschwiegen haben, wo Hemingway lebt.«

»Ach, das wussten Sie nicht?«

Ledig-Rowohlt machte sich nicht die Mühe, seine offensichtliche Flunkerei zu verschleiern. Dafür hatte er zu viel Freude daran, sie vorzuführen. Insa schwieg stur. Sie fand, es war an ihm, das Gespräch wieder aufzunehmen. Was er tat, wenn auch in einem blasierten Ton.

»Ich hätte da ein interessantes Projekt für Sie. Simone de Beauvoir schreibt an einem neuen Roman. Und ich möchte, dass Sie sie porträtieren. Sie können gleich weiter nach Paris fliegen.«

Die Beauvoir war ihre Heldin, seit Pierer ihr *Das andere Geschlecht* geliehen hatte. Sie hatte es verschlungen, das wusste er. Insa holte tief Luft.

»Na, was sagen Sie?«

Sie dachte nicht im Traum daran, jetzt schon nach Europa zurückzukehren. Auch nicht, wenn Ledig-Rowohlt sie mit einem derartigen Angebot zu locken versuchte. Insa mahnte sich, ruhig zu bleiben und überlegt zu antworten. Und ihn doch spüren zu lassen, dass sie noch immer verschnupft war.

»Danke für den Auftrag. Ich nehme ihn gern an. Aber erst nachdem ich meinen Teil der Wette erfüllt habe. Eine Frau, ein Wort. Ich bin sicher, Sie verstehen das.«

Sie glaubte so etwas wie Anerkennung aus seinem Gelächter heraushören zu können.

»Ich lassen Ihnen die Adresse auf Kuba zukommen.«

»Das wäre hilfreich.« Insa grinste.

»Apropos, Hemingway ist berüchtigt für seine Unberechenbarkeit, dazu mimosenhaft empfindlich und ein notorischer Frauenverschlinger.« Ledig-Rowohlt klang jetzt

ganz wie der gute Kumpel. »Ich wünsche keine gebrochenen Herzen, weder auf Ihrer noch auf gegnerischer Seite.
Versprechen Sie mir das?«

»Worauf Sie sich verlassen können!«

Beinah rührend, dass er sich diese kleine Ansprache
nicht nehmen ließ. Wenn dieses Gefühl in ihr auch durch
die im nächsten Moment genüsslich ausgesprochene War-
nung etwas verwässert wurde.

»Havanna ist ein heißes Pflaster und bevölkert von
zwielichtigen Gestalten, Halunken und Gaunern. Am
besten halten Sie sich nicht unbegleitet im Freien auf,
schon gar nicht bei Nacht. Ich will Sie nämlich in einem
Stück zurückhaben. Und *last but not least,* vergessen Sie
niemals das Motto aller Weltreisenden: *peel it, cook it, or
forget it!*«

Insa überlegte verwirrt, was das in Bezug auf Hemingway bedeuten sollte. Dann begriff sie, was er meinte.

»Aye, aye, Sir.«

Sie dachte nicht einen Augenblick daran, auch nur einen
dieser Ratschläge zu beherzigen.

»Also, viel Glück, Mädchen!«

»Danke, aber das brauche ich nicht. Ich hab ja Talent.«

Ein bisschen Koketterie musste erlaubt sein. Insa richtete sich auf.

»Ach ja. Übrigens, ich gratuliere. Famoses Bild.«

Damit legte er auf. Insa wurde doch kurz etwas blüme-
rant zumute, aber sie riss sich zusammen, es gab vor der
Abreise noch einiges zu tun. Wenn sie sämtlichen Zweif-
lern beweisen wollte, wozu sie fähig war, und sie hatte
gerade erst Blut geleckt, dann war es Zeit, New York hinter
sich zu lassen und endlich weiterzuziehen.

Insa organsierte sich eine Mitfahrgelegenheit nach Florida, ein Platz in einem Autotransport nach Miami, und eine Schiffspassage nach Kuba. Sie kaufte sich Sonnencreme und machte Kassensturz. Ihre Kleider konnte sie jedenfalls nicht mehr sehen. Sie kamen ihr auf einmal so altbacken vor, so provinziell und abgenutzt. Wollte sie ein Genie becircen, brauchte es etwas mehr Glamour. Die alten Plünnen, die sie von Pierer geerbt und gekürzt oder sonst wie modernisiert hatte, hatten endgültig ausgedient. Aus der deutschen Raupe musste dringend ein internationaler Schmetterling werden.

Insa löste den *LIFE*-Scheck ein und steuerte Bloomingdale's an. Den bekanntesten und modernsten aller Konsumtempel. Sie spazierte ganz nonchalant an der noblen Herbstkollektion vorbei und steuerte den Ausverkauf im hinteren Bereich an. Und der war im letzten Stadium, was hieß, dass die Kleidung den Kunden so gut wie hinterhergeworfen wurde. Beim gestrigen Dinner hatte eine todschicke Dame Insa diesen Geheimtipp anvertraut und ihr dringend geraten, so früh wie möglich da zu sein. Und sie hatte recht gehabt, bereits zwanzig Minuten nach Öffnung der Türen balgte sich eine gut gekleidete Meute wenig kultiviert um die besten Stücke, die aufgetürmt auf Tischen bloß darauf warteten, erlegt zu werden. Insa stieß einen inneren Schlachtruf aus und warf sich ins Gedränge. Unerschrocken wühlte sie sich durch eine ganze Berglandschaft von Kleidern. Die Schätze aus Leinen und Tüll, Baumwolle und modernen Nylonstoffen versetzten Insa in einen wahren Rausch. Sie fahndete nach ihrer Größe, schnappte sich die schönsten Teile, stapelte sie sich auf den Unterarm und steuerte eine der Umkleidekabinen an.

Die nächste Stunde verbrachte sie damit, einen ganzen

Stapel von Baumwollblusen und unkomplizierten Kleidern, bequemen Caprihosen, praktischen Ballerinas und legeren Röcken anzuprobieren. Sie wählte farbenprächtige Stoffe, in denen man sie nicht übersehen konnte. Insa wusste nämlich ganz genau, was ihr stand, und so entschied sie sich für ein gestreiftes Top mit U-Boot-Ausschnitt und einen Badeanzug in leuchtendem Rot. Sie erstand einen stabilen Strohhut, ein Paar sportliche Shorts und zwei trägerlose Tops, die ihre Schultern vorteilhaft zur Geltung brachten. Sie überschlug ihre Ausgaben und beschloss, in ein ausgestelltes Kleid in kühnen Farben, gewagt, aber nicht gewöhnlich, in dem sie vor allem hervorragend würde tanzen können, zu investieren. Kuba war immerhin weltberühmt für sein Nachtleben, und sie war fest entschlossen, es auszukosten. Zusammen mit ihrer vorhandenen Garderobe war sie für alle Eventualitäten gerüstet, schwer beladen trat Insa auf die Straße. Hier kam ein erneuertes Fräulein. Nein, eine junge *Lady*. Insa warf sich in Pose. Eine, die es weit bringen würde? Sie besah sich fragend im Schaufenster. Die Spiegelung nickte bestätigend zurück. Insa zögerte bloß einen Augenblick, dann machte sie einen Luftsprung, der sich gewaschen hatte. So hoch, dass der neue blaue Rock sich nur so um sie bauschte. Die Passanten sahen sie an, aber das störte sie nicht, ganz im Gegenteil.

Als Insa zum Apartmenthaus zurückkehrte, übergab Mister Deshommes ihr ein Telegramm.

Bravo, Insa! – stop – und weiter so – stop – und sprich der Garbo mein Mitgefühl aus, wenn Du sie das nächste Mal triffst – stop – Pierer.

Typisch, Insa ärgerte sich kurz über den Scherz ihrer Mentorin. Aber dann, am Ende des Tages, als sie erschlagen im Bett lag, las sie den kurzen Text noch einmal. Und je länger Insa nachdachte, desto mehr verstand sie, was Pierer andeuten wollte. Fotografen waren Diebe. Die sich rücksichtslos des Anblicks eines anderen bemächtigten. Und was sie begehrten, festhielten und ans Licht brachten, war nicht selten das, was ihr Modell nicht zeigen wollte. Sie zwangen den anderen, das zu enthüllen, was er oder sie vielleicht lieber versteckt gehalten hätte und doch mit dem Gesicht offenbarte. Insa drehte sich auf die Seite, sie hatte keine Lust, darüber nachzudenken, was in ihrem unfreiwilligen Motiv vorgehen mochte. Das Foto war gelungen, es war gedruckt und in der Welt. Warum sollte sie etwas bedauern, das doch zu ihrem Beruf gehörte wie der Spazierstock zu Charlie Chaplin? Wollte man sich verstecken, sollte man sich eben nicht auf New Yorker Avenues herumtreiben. Insa streckte sich aus. Dann bekäme man es auch nicht mit einer derart begabten Jägerin wie ihr zu tun. Zufrieden schlief sie ein.

5

Jetzt aber durfte sie auf gar keinen Fall einschlafen. Insa
hielt sich die Augenlider mit den Fingern auf. Der Abend
war so lau. Und es war beinah still geworden um sie herum. Sterne, so kristallklar umrissen, dass Insa danach greifen wollte. Bloß hatte sie seit zwei Tagen so gut wie gar
nicht geschlafen, und der Drang, sich auszustrecken, den
Kopf auf den Koffer zu legen und für einen winzigen Moment die Augen zu schließen, wurde von Minute zu Minute übermächtiger. Aber hier am Hafen von Miami einzuschlafen war einfach zu gefährlich. Sie kniff sich in den
Unterarm, das würde ihr helfen durchzuhalten.

Anstrengender als die Fahrt mit den beiden impertinenten Kerlen, die einen Wagen überführt und sie umsonst mitgenommen hatten, konnte es sowieso kaum
werden. Offenbar waren sie davon ausgegangen, dass sie
im Tausch für den *lift* ein Recht auf ihre Aufmerksamkeit
erkauft hatten. Zwar hatte Insa die ganze Strecke lang
ihr Bestes versucht, eine Unterhaltung in Gang zu bringen,
war aber an den stumpfen Gegenfragen und abstrusen
Witzen der beiden gescheitert. Und sie war heilfroh gewesen, dass sie ihre Lektüre vorschieben und sich hinter
Hemingways letztem Kurzgeschichtenband, den sie
schnell noch bei STRAND erstanden hatte, verkriechen
konnte. Über den Weg getraut hatte sie den beiden aber
nicht, zu fordernd waren ihre Blicke im Rückspiegel ge-

wesen. Und zu bedeutungsschwanger das Grinsen, das sie andauernd tauschten. Immer wieder hatten sie Insa zu überreden versucht, mit ihnen in Miami einen draufzumachen. Und sie hatten sich mit Insas Antwort einfach nicht zufriedengeben wollen. Sie hatte ihnen versichert, dass sie sofort weitermüsse. Nach Kuba, weil sie dort etwas zu erledigen hatte. Einen Job? Es hatte ganz offensichtlich ihren Horizont überstiegen, dass ein deutsches *Froilain* nicht bloß allein unterwegs war und ihrer Sprache einigermaßen mächtig, sondern dass sie Besseres zu tun hatte, als sich die Nächte mit zwei jugendlichen Schwätzern um die Ohren zu schlagen. Die noch dazu so gar nicht ihr Typ waren. Und zwar weder der eine noch der andere, wie Insa ihnen irgendwo zwischen Baltimore und Washington ziemlich direkt hatte sagen müssen, denn eine andere Sprache verstanden sie offensichtlich nicht. Worauf die Kerle begonnen hatten, über spröde Ausländerinnen an sich und arbeitende Frauen im Besonderen herzuziehen. Denen selbstverständlich beigebracht gehörte, dass ihr Platz immer noch im Hafen der Ehe, an der Seite eines Mannes und in seinem Heim zu sein hatte. Insa hatte ihre ganze Selbstbeherrschung gebraucht, um sich nicht mit ihnen anzulegen. Immer wieder hatte sie sich stumm vorgesagt, dass es klüger war, *sich seine Kräfte für angemessene Gegner aufzusparen*. Eine weitere von Pierers Weisheiten.

Im Nachhinein ärgerte Insa sich, dass sie nicht eine Spur schärfer reagiert hatte. Dass ausgerechnet zwei junge Männer in Amerika vergessen zu haben schienen, wie weit die Befreiung der Frau inzwischen gediehen war, wollte Insa einfach nicht in den Kopf. Wenn auch diese furchtbar konservative Nachkriegszeit so viel zunichtegemacht hatte.

Wahrscheinlich waren dieses fremde Land, die Sprache und nicht zuletzt die Umstände des Gesprächs, immerhin hatte sie noch auf dem Rücksitz des Wagens gesessen, doch Furcht einflößender, als sie wahrhaben wollte. Sie hatte sich das Buch vors Gesicht gehalten und die ganze Fahrt über kein Auge zugetan.

Hier am Quai, allein im Dunkeln, wo jeder sie ausrauben konnte, schien es ihr genauso unklug einzuschlafen. Andererseits, viel zu holen gab es nun wirklich nicht. Neben ihren Kleidern, achtundneunzig Dollar und fünfzig Cent besaß sie nichts als ihre Kamera. Die sie allerdings mit ihrem Leben verteidigt hätte und deren Schlaufe sie immer fest um ihr Handgelenk gewickelt trug. Dann war da noch die Nummer, die sie wohlweislich in einem unauffälligen Beutel direkt am Körper versteckt hatte, auf Höhe ihres Herzens. Als wäre sie die Heldin in einem Kostümfilm.

Insa unterdrückte ein Gähnen, das sich hartnäckig den Weg ihre Kehle hinauf bahnte. Sie schüttelte entschieden den Kopf, nichts da, sie setzte sich aufrecht hin und sah sich um. Rechts erhoben sich dunkel die Terminals des Hafens. Aber wenn sie über ihre linke Schulter sah, konnte sie die Silhouette der Stadt erkennen. Von ihrem Platz aus schien es, als bestand Miami überhaupt nur aus Lichtern.

Schon am frühen Abend, als Insa mit ihrem Koffer durch die Lincoln Road in Richtung Hafen gelaufen war, hatte es ihr von allen Seiten entgegengefunkelt. Werbetafeln und Neonreklamen hatten ihr ihre Botschaften direkt ins Gesicht geblinkt. Hatten ihr im Rhythmus des Regens Dog Racing versprochen und Victoria's Lingerie beworben, hatten die Gesichter der amüsierwilligen Meute zum Strahlen gebracht. Sie hatten von ihr verlangt, Pepsi zu trinken, zu Wolfie's zum Dinner zu gehen und zum Tanzen in die Copa City. Das war Amerika, künstliche Helligkeit und niemals schlafende Straßen. Tausend Versuchungen, die sich eine Nachwuchsfotografin aus Deutschland bloß leider im Traum nicht leisten konnte. Insa hatte einen Anflug von schlechter Laune in sich aufsteigen gespürt. Vielleicht war sie neidisch, vielleicht auch einfach nur erschöpft von der anstrengenden Fahrt.

Sie nahm sich vor, in den kommenden Tagen und Wochen darauf zu achten, sich nicht entmutigen zu lassen, von keiner noch so unbekannten Situation und schon gar nicht von einem Mann. Sie würde handeln, wie sie es zu Hause getan hatte. Ohne Skrupel und frei von Angst ihr Ziel anpeilen, ansteuern und erlegen. Ganz wie vor drei Monaten in Hamburg.

Insa hatte in der Zeitung gelesen, dass Ledig-Rowohlt sich nie eine Theaterpremiere entgehen ließ. Er wollte sich zeigen und seine Kontakte zur Gesellschaft pflegen. Natürlich hatte sie keine Karte, und so hatte sie sich kurzerhand in der Pause eingeschlichen. Sie schlenderte, den Mantel über dem Arm, einfach durch die Tür des Schauspielhauses, als sie ihn erspähte. Der Verleger Heinrich Maria Ledig-Rowohlt, unverkennbar mit der rosafarbenen Seidenkrawatte und dem passenden Einstecktuch, stand ziemlich genau in der Mitte des Foyers an einem der prominenten Stehtische, umgeben von Mitarbeitern und Bewunderern. Insa zögerte keinen Augenblick. Sie baute sich direkt vor ihm auf, stellte sich als Fotografin vor und erklärte ihm unverblümt, dass die Autorenporträts auf seinen Büchern leider angestaubt, wenn nicht gar komplett veraltet wirkten, sie das aber mühelos ändern könne.

»Ach, das ist ja interessant, erzählen Sie mir mehr. Was genau bringt Sie zu der Annahme, dass ausgerechnet Sie diesen angeblichen Mangel beheben können? Als Frau?«

Die Umstehenden lachten zustimmend. Insa sah sie sich genau an, dann wandte sie sich wieder an Ledig-Rowohlt.

»Als Frau? Können Sie das etwas genauer ausführen? Ich wüsste wirklich nicht, was das Geschlecht mit der Begabung zu tun haben sollte.«

Er war es offensichtlich nicht gewohnt, Gegenwind zu bekommen, doch er hatte seinen Spaß daran.

»Dann erklären Sie mir doch mal, junges Fräulein, wieso die gesamte Kunstgeschichte, und dazu gehört auch die Geschichte der Fotografie, so wenige bedeutende Fotografinnen hervorgebracht hat?«

Insa hatte geahnt, dass er damit kommen würde. Sie hatte mit Pierer geübt und war auf dieses Gespräch vorbereitet.

»Nichts leichter als das. Die verkrusteten Strukturen, bestehend aus Männerbünden, aus Lehrern und Dozenten, Galeristen, Vätern und Ehemännern, waren nicht dafür gemacht, das Talent einer jungen Frau zu entwickeln, geschweige denn ihr den Aufstieg zu ermöglichen. Statt ihr Anerkennung für den Drang nach etwas Höherem zu schenken, hielten sie sie gefangen, in alten Rollen, in Küchen und Salons, sogar in psychiatrischen Einrichtungen. Aber, was rede ich, das dürfte Ihnen ja hinreichend bekannt sein. Oder? Und was meine Geschlechtsgenossinnen betrifft, da helfe ich Ihnen gern auf die Sprünge: Julia Margaret Cameron, Margaret Bourke-White, Alice Schalek, Dora Maar, Lee Miller, Germaine Krull, Lotte Jacobi, Gisèle Freund, Tina Modotti und ja, auch Leni Riefenstahl, obwohl ich die ganz gern unterschlagen hätte ...«

Die Umstehenden applaudierten ironisch. Pierer wäre stolz auf sie gewesen. Insa war es auch.

»Mit den Beinen werden Sie noch jede Menge Anerkennung erhalten.«

Pierer hatte Insa geraten, solche reflexhaften Antworten einfach zu übergehen. Und genau das tat sie jetzt. Sie schenkte Ledig-Rowohlt ein strahlendes Lächeln, nur so würde er geben können, was sie im Beisein seines Gefolges gleich fordern würde.

»Daher schlage ich vor, ich beginne mit Ihrem berühmtesten Schriftsteller, dann wissen Sie gleich, woran Sie mit mir sind.«

»Na, Sie verlieren jedenfalls keine Zeit. An wen dachten Sie denn?«

Insa überlegte.

»Sie haben da doch diesen Nobelpreisträger. Wie heißt er noch. Ernest Hemingway!«

Alles brach in Gelächter aus. Ledig-Rowohlt tätschelte jovial Insas Arm.

»Den hat er immer noch nicht, Fräulein. Allein für diesen Fauxpas hätte er Sie ganz sicher schon zum Frühstück vertilgt. Er wurde gerade erst wieder von der Akademie übersehen. Aber Hemingway ist sowieso zwei Nummern zu groß für Sie, fürchte ich.«

Ledig-Rowohlt leerte sein Glas Sekt und sah sich um, als wollte er das Gespräch beenden. Aber er hatte nicht mit Insas Hartnäckigkeit gerechnet. Sie tippte ihn mit ihrem Zeigefinger an.

»Ich schlage Ihnen eine Wette vor. Ich bringe Ihnen innerhalb von drei Monaten ein überzeugendes Porträt Ihres Zugpferds und lege es Ihnen persönlich vor die hübschen Samtpantoffeln!« Sie streckte ihm ihre Hand entgegen. »Ich werde auf eigene Faust nach Amerika reisen und mit einem Knüller zurückkehren.«

Die Männer hatten aufgehört zu lachen. Aus dem Augenwinkel konnte Insa sehen, wie sie das Gespräch, das sich zu einem Duell auswuchs, beobachteten.

»Und was wäre mein Einsatz?«

»Ihre Krawatte.«

Es verschlug ihm die Sprache. Insa hielt ihm ungerührt die Hand hin.

»Schlagen Sie ein?«

Ledig-Rowohlt blieb nichts anderes übrig, als Insa für ihre Frechheit Anerkennung zu zollen. Er nahm ihre Hand.

»Einverstanden. Rufen Sie mich am Montag an. War mir ein Vergnügen, Fräulein, wie war noch der Name?«

»Schönberg, Insa, und das wussten Sie noch genau. Sie hören von mir.«

Insa schüttelte kurz seine Hand, nickte den Umstehenden zu und rauschte ab, siegesgewiss und so gut gelaunt wie seit Langem nicht. Meine Güte, das hatte sie gut gemacht, Insa konnte kaum erwarten, Pierer haarklein von ihrem Triumph zu berichten. Sie konnte spüren, wie die Männer ihr hinterhersahen. Und sie hörte noch, wie Ledig-Rowohlt ihr leise, aber vernehmlich widersprach: »Das sind Slipper!«

Insa lehnte sich an ihren Koffer und sah missgelaunt auf das grell erleuchtete Miami. Ganz so, als wäre Dunkelheit sträflich. Als wäre Müdigkeit eine Frage der Schwäche und mangelnder Dynamik. Aus dieser Entfernung flimmerten die Lichtpunkte unruhig durch eine satte Schwärze, gebrochen von einem Vorhang aus Tropfen. Insa blinzelte. Es schien beinah, als wollten die Lichter ihr eine Botschaft senden. Sie zupfte an der Plastiktüte, die ihr Schutz bieten sollte, aber für diese große Aufgabe einfach zu klein war. So wie sie selbst – Insa verbot sich, weiter zu denken. Sie war alldem hier gewachsen. Der Regen wurde auch schon schwächer, redete sie sich einigermaßen erfolgreich ein. Wie zur Antwort rann ihr ein besonders dicker Tropfen böswillig den Nacken hinunter. Insa sah nach, ob es der Rolleiflex gut ging. Erleichtert stellte sie fest, dass die Kamera sicher und trocken in ihrer Tasche ruhte. Die Tropfen prasselten sanft auf ihr Gesicht. Doch auch das konnte den innigen Wunsch, ganz kurz wegzunicken, nicht vertreiben. Sich einem klitzekleinen Schlummer hinzugeben …

Stopp! Insa zwang sich, an ihr Ziel zu denken. Er war sechsundfünfzig Jahre alt. Er war männlich. Er lebte auf Kuba. Und er war der berühmteste Schriftsteller der Welt. Das waren die dürren Fakten. Aber was wusste sie eigentlich wirklich über Hemingway? Nicht viel, überlegte Insa. Er war der Inbegriff von Maskulinität. Er liebte angeblich die Jagd mehr als alles andere. Offenbar liebte er auch Waffen. Und die Frauen, so viel war ihr bekannt.

Auf dem Schiff von Hamburg hatte Insa sich vorgestellt, wie er in irgendeiner abgelegenen dunklen Hütte am Feuer eine seiner Kurzgeschichten in die Schreibmaschine hämmerte. Sie hatte vorgehabt, ein wenig in New York zu fotografieren und dann einfach unangekündigt zu ihm ins amerikanische Niemandsland zu reisen. Ihn einen Abend voller Kriegsgeschichten und Whiskey lang zu umgarnen. Und ihm am kommenden Tag ein einzigartiges Porträt abzuluchsen, auf dem er weder abgehalftert noch raubeinig noch pfauenhaft eitel aussähe. Insa hatte sich in der Bibliothek ein paar Bilder von ihm angesehen. Keines davon hatte ihr gefallen. Meist posierte er an der Schreibmaschine, gern auch mit einer Waffe. Und immer strahlte er etwas absichtsvoll Überlegenes aus. Etwas Bemühtes, etwas Unberührtes. Sie stellte sich etwas wesentlich Einfacheres vor. Sie hatte an ein, zwei Schnappschüsse gedacht. Spontane Fotografien, aus denen sein Charakter wie versehentlich herausstechen würde. Insa hatte vor ihrem geistigen Auge deutlich sehen können, wie sie Ledig-Rowohlt die Abzüge mit großer Geste präsentierte. Inzwischen schien alles zwar etwas komplizierter zu sein, aber darin bestand ja gerade der Spaß. Insa schlug sich die Arme um ihre Schultern. Das Unberechenbare, das Zufällige, die Überraschung, das war doch genau das, was sie so liebte an ihrer Arbeit, an ihrem neuen Leben. Dass sie nie wusste, wohin es sie als Nächstes verschlug. So wie jetzt nach Kuba. Auch diese neue Hürde würde sie nicht abschrecken, ganz im Gegenteil. Ihr Kampfgeist wurde gerade erst wach. Ihr Körper allerdings sehnte sich immer vehementer nach einem kurzen Schlummer. Insa lehnte sich an die Rückwand des Wartehäuschens und versuchte mit aller Kraft, an etwas anderes zu denken als an Schlaf. An das Abenteuer, das ihr bevorstand. An die Überfahrt. Doch vor ihrem inneren Auge tauchten unweigerlich die Betten auf, in denen sie die letzten Monate verbracht hatte.

Sie konnte das schmale Zimmer in New York genau vor sich sehen. Mit den Vorkriegstapeten und dem gewebten Bettüberwurf, auf dem sie so oft noch in Kleidern wach gelegen hatte, bis ihr die Augen zugefallen waren. Während sie doch am liebsten noch Stunden den ruhelosen Sirenen in den Straßenschluchten lauschen wollte.

Insa dachte an die Schiffskabine ihrer Amerikapassage, daran, wie das leise Brummen der Motoren langsam die Aufregung besänftigt hatte. Jenes Kribbeln, das sie bei dem

Gedanken daran überkommen hatte, mitten auf dem Ozean zu sein. In diesem, wenn man es genau betrachtete, verhältnismäßig unbedeutenden, kleinen Koloss. Einsam zwischen allen Kontinenten. Den Elementen schutzlos ausgeliefert. Ein wohliger Schauder hatte sie ergriffen.

Sie erinnerte sich an ihre erste Nacht in Hamburg. Stundenlang hatte sie schlaflos vor lauter Vorfreude auf ihren ersten Tag bei Rosemarie Pierer auf der windschiefen Klappliege gelegen. Im Souterrain der fast leeren Villa im Jungfrauental, die fürchterlich kratzende karierte Wolldecke bis unters Kinn hochgezogen. Sie hatte sich eingeredet, der Geruch der Chemikalien, der von nebenan aus der Dunkelkammer zu ihr herüberwehte, sei romantisch. Insa lachte, war das wirklich erst anderthalb Jahre her? Es kam ihr vor, als wäre das ein anderer Mensch gewesen.

Doch eigentlich war die letzte Nacht in Göttingen die gewesen, in der Insa ihre Kindheit zurückgelassen hatte. Zwischen ihrem Lieblingskissen und der wolkigen Decke mit dem alten Bezug, unter der sie ganz verschwinden konnte. Insa erinnerte sich noch genau, wie sie gegen Ende der Nacht ihren Lieblingspyjama zum letzten Mal sorgfältig zusammengelegt hatte. Er hatte rosafarbene Punkte und kurze Puffärmelchen, und seine Hosen hatten Hochwasser. Sie war eigentlich schon lange aus ihm herausgewachsen, doch sie hatte ihn heiß und innig geliebt. Sie wusste noch, wie sie den Brief auf das Kopfkissen gelegt hatte. Wie sie den Koffer unterm Bett hervorgezogen hatte, vorsichtig darauf bedacht, bloß kein Geräusch zu machen. Bevor sie aus dem Zimmer geschlichen war und aus dem Haus. Klopfenden Herzens die Tür hinter sich geschlossen hatte. Wie sie die Stadt verlassen hatte und ihr altes Leben. Ohne sich umzusehen. Auch damals war es dunkel gewesen. Wenn auch nicht so dunkel wie in der Nacht, als sie ihren Vater das letzte Mal gesehen hatte. Die Nacht, die so schwarz gewesen war, so finster. Als hätte eine höhere Macht alles Licht verschluckt und für immer vernichtet.

Insa verbot sich, auch nur einen Moment weiterzudenken. Zu tief saß ihr das Telefonat noch in den Knochen. Die Frage, wie er ihr das antun konnte.

Sie rieb sich die Arme, ihr war kalt geworden. Erschöpft strich sie sich über das Gesicht. Wischte den feinen Film von Schweiß, den die Hitze des Tages und der Nacht hinterlassen und der sich nun mit dem Regen vermischt hatte, beiseite. Wieder und wieder fuhr sie sich über Stirn und Wangen. In der Hoffnung, mit dieser Geste auch die Erinnerung loszuwerden, von der sie wusste, dass sie sie niemals erzählen würde. Und niemals vergessen durfte. Als wäre der Schmerz ein hochempfindliches Heiligtum. Sie atmete die schwere salzgeschwängerte Luft ein, die vom Hafenbecken herüberwehte. Das war ihr Element, Wasser. Das war es schon immer gewesen. Bereits als Kind hatte sie nichts lieber getan, als zu baden und zu planschen. Hatte auf die Oberfläche geschlagen, dass die Tropfen nur so stoben. Und war schon als sie noch ganz jung war, furchtlos auf den Grund des Badeteiches hinabgetaucht. Nur in seine Tiefe springen, das konnte sie lange nicht. Doch jetzt, seit sie es vor einigen Wochen von Cuxhaven zum ersten Mal überquert hatte, gab es nur noch diese eine ernst zu nehmende Form von Wasser. Das Meer. Insa öffnete die Augen in Richtung Ozean. Und da sah sie ihn. Ein Schimmer eroberte den Horizont. Endlich, das Ende der Nacht. Insa lachte leise. Erlöst ließ sie sich innerlich fallen. Sie lehnte sich für eine Sekunde nur an ihren Koffer – und schlief auf der Stelle ein.

6

La Habana war weiblich. Das konnte kein Zufall sein, das war ganz sicher ein Zeichen. Bereits von Bord aus, an die Reling gelehnt, inmitten johlender, schon morgens berauschter Amerikaner, aufgeregt wimmelnder Ersttouristen und fröhlich lärmender Kinder, spürte Insa den Herzschlag der Stadt. Sie hatte es tatsächlich geschafft, das hier war Kuba. Ein weicher Wind wehte ihr ins Gesicht. Er trug den Geruch von gerösteten Nüssen, scharfem Rauch und schwerem Parfüm mit sich. Was konnte schöner sein?

Wenige Augenblicke später setzte Insa feierlich ihren Fuß auf karibischen Boden. Von Göttingen in die weite Welt, nicht schlecht. Insa ließ ihren Blick über den Trubel schweifen und sah sich nach einem Wagen um. Aber während sich die meisten Passagiere schon in die bereitstehenden Busse und Automobile quetschten, machten die Taxifahrer einen mehr als gelassenen Eindruck. Einer säuberte sich die Fingernägel, ein anderer las in einem Revolverblatt, ein dritter starrte Löcher in die Luft, von der karibischen Lässigkeit hatte sie schon an Bord gehört. Insa fackelte nicht lange, sie lief zum ersten Taxi in der Reihe, öffnete sich selbst die Tür, warf ihren Koffer auf die Rückbank und ließ sich auf den Beifahrersitz fallen.

Der Fahrer schreckte aus seinem Mittagsschlaf auf, drehte sich um und begann ohne Umschweife mit ihr zu flirten. Ungeachtet der Tatsache, dass er ihr Großvater hätte sein können. Wenn Insa sich nicht täuschte, enthielt sein Monolog jede Menge Fragen, eine ganze Reihe von Komplimenten, Einladungen und einen ziemlich ernst gemeinten Heiratsantrag, oder war es doch eher ein Verkuppelungsversuch? Sein Englisch war von einem undurchdringlichen kubanischen Akzent geprägt, dazu hatte er das Radio voll aufgedreht, Insa hatte Mühe, überhaupt irgendetwas zu verstehen. Und Kuba tat ein Übriges dazu, es toste und hupte, bimmelte, heulte und rumpelte durch die offenen Fenster. Insa kramte den Baedeker aus ihrer Tasche und blätterte zum Sprachteil. Es gelang ihr, dem Fahrer über die ohrenbetäubende Lärmkulisse hinweg mit ein paar abgelesenen Brocken der Landessprache verständlich zu machen, dass sie ein Hotel brauchte und keine ausführliche Stadtrundfahrt, die er ihr unbedingt angedeihen lassen wollte.

Es stellte sich aber heraus, dass alle Unterkünfte hoffnungslos ausgebucht waren, hatte doch die amerikanische Mittelschicht das Tropenparadies gerade für sich entdeckt, dazu war Hochsaison, irgendeine Regatta wurde abgehalten, und ein Treffen von organisierten Wirtschaftsbossen stand unmittelbar bevor.

Nachdem sie zweieinhalb Stunden erfolglos Hotels abgeklappert hatten, hatte Insa genug. Sie bedeutete dem Fahrer zu warten, stieg aus und sah sich um. Vor ihr lagen eine Avenida mit einigen Geschäften und ein staubiger Platz, an dessen Stirnseite sie ein kleines Café entdeckte. Als sie den Gastraum betrat, mussten Insas Augen sich erst an das Halbdunkel gewöhnen, der Raum war getäfelt, die hölzernen Jalousien geschlossen. Es war Mittagszeit, doch kein Mensch war zu sehen.

»Hola!«

Es raschelte, ein Perlenvorhang wurde beiseitegeschoben, und ein Mann mit finsterem Blick baute sich hinter dem Tresen auf.

»Sí?«

Insa ignorierte sein griesgrämiges Gesicht. Sie strahlte ihn an und begann ihm mit Händen und Füßen ihr Problem zu schildern. Sie spielte ihm vor, wie hundemüde sie war und dass sie zum Arbeiten hier sei und kein Zimmer aufzutreiben war. Der Mann starrte sie an, ohne eine Miene zu verziehen. Insa überlegte gerade, ob eine Zeichnung hilfreich wäre, als sie bemerkte, dass sein Schnurrbart zitterte. Dazu machte er ein eigentümliches Geräusch. Lachte er sie etwa aus?

»Warum versuchen wir es nicht mit Englisch?«

Insa wäre ihm am liebsten um den Hals gefallen. »Na, das ist ja ein Zufall, Sie können mich verstehen?«

Sein Gesicht hellte sich für einen kurzen Augenblick auf. »Zufall oder Schicksal, ist das nicht das Gleiche? Meine Verlobte war Schottin, aber das ist eine andere Geschichte.« Sein Blick verfinsterte sich erneut. »Aber eine entfernte Verwandte von mir vermietet in Notfällen manchmal eine Art Hinterzimmer. Zwei Straßen weiter runter. Das wollten Sie doch mit Ihrer kleinen Aufführung ausdrücken? Grüße von Maximo.«

Insa grinste ihn an. »Das ist jetzt auf jeden Fall Glück!«

Sobald Insa den Namen Maximo erwähnt hatte, winkte Señorita Calderon sie ins Haus. Sie bestand darauf, ihr eine ausführliche Führung angedeihen zu lassen, und stelzte sogleich auf ihren Pantoletten voran. Zahllose Fotos an den Wänden der Casa Rosa zeugten von ihrer glorreichen Vergangenheit im Showbusiness, an der sie eisern festhielt.

Angeblich war sie Tänzerin gewesen, wenn auch die spärlichen Kostüme und aufreizenden Posen einen eher freizügigen Umgang mit dieser Berufsbezeichnung vermuten ließen. Und obwohl sie sicher rasant auf die achtzig zusteuerte, bestand sie darauf, *Señorita* genannt zu werden, und dachte nicht daran, von einem jugendlichen Auftreten abzulassen. Señorita Calderón stellte eine abenteuerliche Zusammenstellung verschiedener Kleidungsstücke zur Schau, die man mit viel Fantasie gerade noch ausgefallenen Modegeschmack nennen konnte. Pierer jedenfalls hätte ihre Freude gehabt. Doch bei aller künstlerischen Sentimentalität war die Señorita dem Geschäft mindestens ebenso leidenschaftlich zugetan. Was sich in horrenden Preisen und der Unwilligkeit, diese zu verhandeln, ausdrückte. Das dunkle Zimmer im Erdgeschoss, das Señorita Calderón ihr präsentierte, als priese sie ihr eine Suite im Waldorf Astoria an, konnte Insa sich kaum leisten. Der Kontrast zu dem Hotel in New York, in dem Insa noch vor wenigen Tagen zum Tee geladen gewesen war, hätte größer nicht sein können. Ein anderes Leben, so schien es ihr jetzt, angesichts der vor Urzeiten quietschgrün getünchten Wände, des fadenscheinigen blassrosa Teppichs und eines Deckenventilators, der eiernd seine Kreise zog. Das schiefe Bett und die schmale Matratze sprachen eine andere Sprache als die von Luxus und Behaglichkeit. Und doch kamen sie Insa nach der Odyssee der Anreise einfach himmlisch vor. Sie setzte ein angetanes Gesicht auf und fragte per Zeichensprache, ob sie am nächsten Morgen das Telefon benutzen dürfe. Die Señorita bedeutete ihr mithilfe einer international gültigen Geste, dass sie dafür selbstverständlich Bargeld erwarte. Doch Insa wusste schon, was sie ihrer zukünftigen Zimmerwirtin stattdessen anbieten konnte.

Sie ließ ihren Blick anerkennend über das pechschwarze Haar der alten Dame gleiten.

»Natur?«

Señorita Calderon warf sich in Pose und lächelte von oben herab. Erstaunlich, wenn man bedachte, dass sie höchstens einen Meter fünfzig maß und damit ein gutes Stück kleiner als Insa war. Und auch das nur dank ihrer furchterregend hohen Pantoletten.

»Naturalmente!«

Insa klopfte zärtlich auf ihre Rolleiflex. Die Eitelkeit anderer für ihre Absichten zu nutzen war eine ihrer leichtesten Übungen.

»Foto? Porträt? Mañana?«

Insa deutete auf ihr eigenes Gesicht und strich dann pantomimisch am Kinn der Dame entlang. Das Lächeln verbreitete sich auf Señorita Calderons Gesicht wie ein Schwarm rosiger Flamingos. Ehe Insa sichs versah, ging ein Schwall spanischer Wörter auf sie nieder. Das einzige Wort, das sie verstand, war *sí*. Insa interpretierte das als Zusage und dirigierte die immer noch lebhaft auf sie einredende Dame behutsam aus dem Raum, wobei sie laut gähnend auf das Bett deutete und dann fest die Tür hinter ihr schloss. Sie brauchte dringend eine Dusche und ein paar Stunden für sich allein.

Am nächsten Morgen hatte Insa sich schon um halb neun bei Maximo im Café eingefunden und einen Toast zum Frühstück spendiert bekommen. Eine Einladung zu provozieren war für sie ein Kinderspiel. Es genügte, an der richtigen Stelle des Gesprächs zu schweigen, versonnen auf das zu blicken, was sie begehrte, und einen selbstvergessenen, bescheidenen Seufzer auszustoßen. Wichtig war es, die Balance zwischen Bedürftigkeit und guter Laune fein auszutarieren. Kippte sie, konnte man schnell unbescheiden wirken. Bedürftigkeit kam selten gut an, besser war es, absichtslos zu erscheinen. Also schickte Insa darauf stets ein strahlendes Lächeln zum Gesprächspartner und fragte etwas Unverfängliches. Oft bekam sie schon vor Ende dieses Satzes das Objekt ihrer Begierde serviert. Zusammen mit einer ausführlichen Antwort. Nichts liebten die Leute so, wie von sich selbst zu sprechen, auch Maximo war keine Ausnahme.

Und so erfuhr Insa eine Menge über kulturelle Unterschiede zwischen Europäern und Kubanern, über die charakterlichen Mängel der Schottinnen im Allgemeinen und einer bestimmten im Besonderen. Ein Gespräch, das die Stammgäste einigermaßen ungeniert kommentierten und ergänzten. Maximos Verlobte hatte ihn erst vor wenigen Wochen verlassen, und seither schlug er sich mit Kummer und Mordgelüsten herum. Seine Gäste nahmen derart inbrünstig an den emotionalen Verstrickungen ihres Cafébesitzers Anteil, dass Insa sich zu fragen begann, ob sie Teil eines Theaterstücks war – wären nicht in diesem Augenblick echte Tränen Maximos Wangen hinuntergelaufen. Ein Mann, der weinte. Wäre es nicht so traurig gewesen und hätte Insa ihre Kamera nicht ausnahmsweise im Zimmer gelassen, sie hätte so viel Gefühl nur allzu gerne festgehalten.

Gestärkt trat Insa gegen zehn in das hochtrabend Salon genannte Zimmer, in dem das Objekt, nach dem es sie verlangte, stand. Der Fernsprechapparat thronte auf einem eigenen Beistelltischchen und war in eine Art Schonbezug gehüllt. Auch Señorita Calderon hatte sich in Schale geworfen und die Farbzusammenstellung ihrer Schminke mit besonderer Sorgfalt konzipiert. Insa bewunderte ihren Mut zur verwegenen Kombination. Und auch mit ihren Haaren hatte sie offenbar Großes vor, waren sie doch mithilfe von Zeitungspapier zu festen Schnecken aufgedreht. Señorita Calderon begrüßte Insa mit einem Wedeln ihrer ringgeschmückten Hand und bot ihr ein grünes Pfefferminzbonbon aus einer matten Kristallschale an. Insa schob sich das Bonbon in den Mund und guckte begeistert, sicher handelte es sich um eine einheimische Spezialität, die sie unmöglich beleidigen durfte. Es war überraschend gut, wenn auch pappsüß.

»Mhhmmm, bien! Teléfono?«

Señorita Calderon unterbrach ihr freundliches Lutschen und streckte ihr den silbern lackierten Zeigefinger entgegen.

»Un número en Cuba?«

Es fehlte nicht viel, und sie hätte Insa den abenteuerlich langen Nagel in die Brust gebohrt.

»Sí, sí!«

Die Wirtin rührte sich nicht. Anscheinend erwartete sie weitere Erklärungen. Im Augenwinkel konnte Insa das ungeduldige Wippen ihres Fußes sehen.

Sie lächelte maliziös. »Ich mache eine Fotografía, von Señor Hemingway!«

In Señorita Calderons Gesicht brachen unterschiedlichste Empfindungen los. Zweifel, Freude, Neid und ein geradezu unsinniger Stolz, sogar Begierde wechselten einander ab. Und doch sagte sie nichts. Insa war nicht sicher, ob sie den Namen verstanden hatte.

»El autor.«

Señorita Calderon war nicht mit der Gabe der Geduld gesegnet. Sie blitzte Insa an, als hätte die sie als schwach-

sinnig beleidigt, stampfte mit dem Fuß auf und zuckte
genervt mit der linken Achsel. Offenbar wollte sie ihr zu
verstehen geben, dass es sicher mehr als einen Weltstar
brauchte, um sie zu beeindrucken.

»Sí! Americano. *Cheminguey*.«

Immer noch verzog sie keine Miene, sie begann stattdessen, die Wickler aus ihren Haaren zu lösen, die nun
dank eines starken Festigers wie Korkenzieher von ihrem
Kopf abstanden. Insa verbot sich jede verräterische Mimik.
Sie schob sich an ihr vorbei und näherte sich in Zeitlupe
dem Telefontischchen. Ein ausgeprägter Duft von Bier
schlug ihr aus den Locken entgegen, Insa presste ihre Lippen zusammen, um nicht loszuprusten. Sie öffnete ihr Notizbuch, zückte den Hörer und machte eine Ich-müsste-
jetzt-wirklich-mal-telefonieren-Geste. Doch die Señorita
warf eine Tischdecke über einen der Stühle und drapierte
sich selbst darauf. Die Sitzung hatte schon begonnen. Mi-
misch drückte Insa ihre Anerkennung für die Modellquali-
täten der Wirtin aus, während sie die ellenlange Nummer
wählte und eine gefühlte Ewigkeit auf Antwort wartete.
Endlich hob jemand am anderen Ende ab. Insa verschluckte
das Bonbon.

»Finca Vigía, buenos días.«

Ihr Herz begann überraschenderweise zu rasen. Sie
sprach so schnell sie konnte, nicht dass noch etwas dazwi-
schenkam.

»Buenos días! Mister Hemingway, please?«

»No está disponible.«

Er war nicht verfügbar, Insa konnte kaum einen klaren
Gedanken fassen, das klang nicht gut.

»No hablar Hemingway?«

»Lamentablemente no.«

Das hieß wahrscheinlich so etwas wie leider. Leider nein.

»Gracias. Und äh, buenas dias?!«

Insa legte auf. Was war das denn gewesen?

Offenbar hielt man sie für nicht würdig, den Meister zu sehen. War sie denn nur eine gewöhnliche Bittstellerin? Aber so leicht ließ sie sich nicht abspeisen. Insa zwang sich, tief durchzuatmen und nachzudenken. Was könnte sie besser machen? Morgen früh würde sie es wieder versuchen. Und sie würde sich besser vorbereiten, sich zurechtlegen, was sie sagen wollte. Vielleicht sollte sie die *LIFE* erwähnen, die kannte man auf der ganzen Welt. Niemand sollte sie für unbedeutend halten. Sie musste sich Notizen machen, Insa griff nach dem Bleistift, der neben einem Block auf dem Tischchen lag, als es sich hinter ihr vernehmlich räusperte. Sie drehte sich um und sah in Señorita Calderons erwartungsvolles Gesicht. Zunächst galt es, den Preis für das Telefonat zu entrichten.

Sollte sie etwas Persönliches von sich erzählen oder vielleicht seinen Wachhunden irgendwie von ferne etwas Honig ums Maul streichen? Halb ohnmächtig lungerte Insa schon den fünften Tag hintereinander auf dem durchgelegenen Bett und rätselte darüber, was sie noch ausprobieren konnte. Am zweiten Morgen hatte sie ein weiteres Mal die Nummer gewählt. Eine neue Stimme hatte geantwortet. Insa hatte schnell erklärt, dass sie eine Fotoreporterin sei, die extra aus Deutschland angereist war – und war vertröstet worden. Auch am dritten Morgen hatte man sie abgewimmelt, obwohl sie es geschafft hatte, den *LIFE*-Titel zu erwähnen. Am vierten Tag antwortete wieder eine andere Stimme. Er musste ein ganzes Heer von Hausangestellten haben, und jeder einzelne von ihnen sprach mit einem fast unverständlichen Akzent. Insa hatte sich entschieden, Ledig-Rowohlt ins Feld zu führen, immerhin sein deutscher Verleger, und sogar einen kleinen Scherz versucht, ohne jeden Erfolg. Heute hatte eine junge Frau das Telefon abgenommen, Insa hatte versucht, an ihre Solidarität zu appellieren, und inständig um einen Rückruf gebeten. Dieser sei lebensnotwendig und sie müsse bald abreisen. Die Stimme hatte irgendetwas gemurmelt, und so war Insa dazu verdonnert gewesen, den ganzen Tag in ihrer stickigen Unterkunft auszuharren, um ja nicht den ersehnten Anruf zu verpassen. Die Hitze schien ihr heute besonders zermürbend, ging das so weiter, war sie bald gar gekocht. Missmutig beobachtete Insa die Schatten, die zäh an der Decke des notdürftig abgedunkelten Hinterzimmers entlangwanderten. Sie hätte unbedingt noch eine schmeichelhafte Bemerkung über Hemingway unterbringen müssen. Andererseits, wie sollte man jemanden umgarnen, wenn ihre Anrufe ihm vielleicht gar nicht mitgeteilt wurden? Und sie wusste ja nicht mal, ob er für Komplimente empfänglich war, sie hatte ihn ja noch nie gesehen …!

Insa fragte sich, ob ihr Gehirn bald Schaden nehmen würde, so lange war sie bewegungslos zwischen Traum und Wirklichkeit herumgedriftet. Heute Mittag, nachdem sie ihre geliebte Rolleiflex sorgfältig entstaubt, ja sogar poliert hatte, dass sie aussah wie neu, hatte sie aus lauter quälender Langeweile begonnen zu halluzinieren. Sie hatte sich vorgestellt, wie es wäre, den Verstand verloren zu haben, sich selbst in ein Irrenhaus einzuliefern und darum zu flehen, in der Küche helfen zu dürfen, Briefumschläge zu kleben oder was immer man sonst dort tat.

Lieber ertrüge sie eine Zwangsjacke als noch einen weiteren untätigen Tag. Ab und zu reflektierte ein Fenster von gegenüber ein Leuchten an die Decke. Lichtblitze, weiter nichts. Insa schloss die Augen.

Wie die Reflexe, die an den Innenseiten ihrer Augenlider getanzt hatten. Flackernde Streifen und wandernde Punkte, die ihre Gestalt mit jeder neuen Position der Scheinwerfer geändert hatten. Als Lichtdouble hatte man nicht viel mehr von ihr erwartet, als still zu sitzen und geduldig ihr Gesicht zur Verfügung zu stellen. Eigentlich kein Problem, hätte sie nicht schon immer diesen verflixten Energieüberschuss gehabt. Insa ruckelte immer wieder leicht hin und her, es fiel ihr schwer, unbeweglich zu sitzen, und je länger sie schwieg, desto überwältigender wurde der Drang, sich mitzuteilen. Selbst das innere Wiederholen von *Ich bin ganz ruhig ...* bewirkte nicht das Geringste. Die Männerstimme gebot ihr, still zu sitzen. Sie dirigierte sie millimetergenau. Insa befolgte die Anweisungen des Kameramannes absichtlich träge. Sie drehte den Kopf, senkte ihn, legte ihn schräg. Sie hatte kaum je einen langweiligeren Nachmittag erlebt, und das sollte einiges heißen, in Göttingen. Aber was tat man nicht alles für eine Sache, die man unbedingt haben musste ... Insa schloss die Augen, wie ihr geheißen wurde, und öffnete sie wieder. Ihr Blick fiel auf den schlaksigen Assistenten, der am Rande ihres Blickfelds herumlungerte, eine Fotokamera in der Hand. Besaß etwa ausgerechnet dieser Knilch schon die neue Rolleiflex 3.5? Die Stimme des Kameramannes mahnte sie, still zu stehen. Sie zwang sich zur Ruhe. Gleißendes Licht breitete sich aus. Dann wurde es kurz stockdunkel. Im nächsten Moment ging die nüchterne Saalbeleuchtung an.

Aus dem magischen Filmatelier war eine zugige Fabrikhalle geworden. Die Kulissen hatten ihren Zauber verloren. Insa streckte die steifen Glieder, endlich Feierabend. Der Assistent, dem sie diesen qualvollen Nachmittag verdankte, pirschte sich heran und bedachte sie mit einem gemurmelten *Apart*.

»Das soll leicht verdientes Geld sein? Na, ich danke.« Insa schlüpfte aus den halsbrecherischen Absatzschuhen, die sie tragen musste, um so groß wie der Star zu sein, und wackelte mit ihren bedauernswerten Zehen. Der Schlaks guckte ihr frech in die Augen.

»Mit dem Gesicht können Sie es noch weit bringen.«

Insa war abgelenkt. »Ja, ja, das hab ich schon mal gehört …« Sie besah sich das Blitzgerät in seiner Hand. Eine steile Falte bildete sich zwischen seinen Augenbrauen. Sie wusste, was kommen würde. Junge Männer waren doch ziemlich berechenbar.

»Ganz schön spitz, ich bin dem Fräulein wohl nicht gut genug?« Insa setzte ihr lieblichstes Lächeln auf, das hatte noch immer geholfen. Und wirklich, er schwenkte auf der Stelle um. Brüstete sich mit Verbindungen zum Besetzungsbüro, die er gern für sie spielen lassen wollte. Er kam sich offenbar besonders gewitzt vor, so verschwurbelt, wie er sich ausdrückte. Insa näherte sich seiner Kamera. »Ich würde sie gern einmal ausprobieren.«

Was ihn augenblicklich auf falsche Gedanken brachte.

»Ich könnte *künstlerische* Aufnahmen von Ihnen …«

Insa fiel ihm ins Wort, sie hatte nicht die geringste Lust, sich seine Schmutzfinkfantasien anzuhören. »Ich muss Sie leider enttäuschen, meine Träume sehen anders aus. Ich werde Fotografin. Und so eine Rolleiflex 3.5 werde ich bald selbst besitzen.«

Sie steckte ihr Honorar ein und machte, dass sie wegkam. Wenn sie sich beeilte, kam sie gerade noch rechtzeitig zur Handarbeitsstunde. Und sie hatte Glück, niemand hatte gemerkt, dass sie für ihren ersten Job als Lichtdouble die Schule geschwänzt hatte, und sie war ihrem Ziel wieder einen Schritt näher gekommen.

Als Insa aus ihrem Tagtraum erwachte, war es endlich Abend und damit Zeit für Bohnen, Reis und Rum. Sowie ihre tägliche Plauderei mit dem liebeskranken Maximo. Sie duschte und machte sich hübsch, schlich am Zimmer der Señorita vorbei aus der Pension und spazierte hinüber zum Café. Obwohl sie von Havanna bisher nur einen winzigen Radius kennengelernt hatte, bemerkte sie, wie sie sich hier von Tag zu Tag wohler fühlte, ja zu Hause. Insa ließ sich auf ihrem Lieblingsplatz unter der Markise nieder und überlegte, woran das lag. Zwei Tische weiter bestellte ein dubioser Geschäftsmann seiner blutjungen Begleiterin einen Eisbecher. An der oberen Ecke des Platzes lehnten zwei geschniegelte Botenjungen faul im Schatten und warfen einer graziösen Hausfrau begehrliche Blicke hinterher. Maximo kam heraus und begrüßte Insa mit Wangenküsschen, was sie als Auszeichnung empfand, machte er das doch nur mit seinen Lieblingsgästen. Die Insa mit Nicken begrüßten, wie jeden Tag. Wieder stellte er fragend den Teller vor sie hin, wieder war Insa gezwungen, den Kopf zu schütteln, und wieder stießen die Stammgäste unisono einen Ton der Enttäuschung aus. Insa beeilte sich zu essen, angesichts dieses geballten Mitgefühls bestand eine sehr reale Gefahr, in Tränen auszubrechen. Die Schärfe brannte in der Kehle und beruhigte ihre Nerven. Beim dritten Bissen entschied sie, Hemingway noch achtundvierzig Stunden zu geben. Hatte er sich bis dahin nicht gemeldet, würde sie zum Flughafen fahren und die nächstbeste Maschine nehmen, ganz gleich, wohin sie flog. Sie hatte Besseres zu tun, als hier zu warten. Insa leerte ihren Rum, Maximo kam mit der Flasche an ihren Tisch und füllte ihr Glas erneut.

»Unser Zeitgefühl ist anders, das hat nichts zu bedeuten. Verstehst du? Es ist allein deine Zeit, riskiere nicht, sie zu verlieren.«

Insa grinste dankbar, leerte das Glas in einem Zug und beschloss, das erste Risiko jetzt gleich einzugehen.

Schon wenig später konnte Insa es riechen. Immer schneller lief sie in Richtung Malecón. Sie bog um eine Ecke, da sah sie es. Das Meer, Insa begann zu rennen. Ein starker Wind kam auf, er roch nach Salz. Sie erreichte die Mauer, die die Straße von den Felsen trennte. Der bittere Duft mischte sich mit dem süßen Rauch von verbranntem Tabak. Zwei Männer mit Zigarren saßen auf der Mauer und spielten Schach. Insa fragte sich, ob sie auch warteten. Oder ob sie einfach zufrieden waren, mit ihrem Leben, gelassen in diesem Augenblick. Es sah ganz so aus. Sie hatten, was sie brauchten zu ihrem Glück. Der Wind wurde immer stärker. Insa lehnte sich gegen die Mauer, Richtung Horizont. Sollte er sie ruhig zerzausen. Endlich schlug ihr etwas entgegen. Die Brandung schien ihr etwas zuzurufen. Doch Insa konnte es nicht verstehen. Sie sog die Luft tief in ihre Lungen ein. Sie spürte die Weite, die sie umgab. Insa lief an der Mauer entlang bis zu einer Stelle, an der die Gischt sie traf. Endlich wieder das Meer. Sie würde den Teufel tun und sich auch nur einen weiteren Tag länger an das Zimmer fesseln lassen. Wenn das hier ihr letzter Tag auf Erden wäre. Sie durfte ihn nicht verschwenden. Insa musste lachen, die Lektüre der letzten Tage hinterließ eindeutig ihre Spuren. Sie hatte seine Geschichten langsam gelesen. Hatte sich bemüht, jedes einzelne Wort zu verstehen. Was sie nicht kannte, übersetzte sie akribisch mit ihrem kleinen Englischwörterbuch. Und doch war Insa nicht sicher, ob sie all das begriff, was zwischen den Zeilen verborgen war. Aber der raue Ton, der zumeist darunter lag, sickerte in sie ein. Gleich dem Wasser, das den Sand der Küstenlinie trifft. Ihn verdunkelt und in seinem Inneren verschwindet.

Das Licht würde noch für eine der Kurzgeschichten reichen, Insa suchte sich eine trockene Stelle und ließ sich nieder. Sie nahm das Buch aus der Tasche und begann zu lesen. Dies war eine erstaunlich zarte Geschichte. Sie handelte von einem Jungen. Er lag krank im Bett, der Arzt maß seine Temperatur. Dann ließ er ihn allein. Und der Junge verbrachte den ganzen Tag in dem Bewusstsein, bald sterben zu müssen. Das hatte sie nicht erwartet, diese Rührung, die sie angesichts der Tapferkeit des Kindes empfand. Insa konnte einen zarten Nebel aus Meerwasser auf ihren Wangen spüren. Der Junge, der sich fröstelnd weigerte einzuschlafen, weil er sich insgeheim auf seinen Tod vorbereitete. Der erst am Abend seinen Vater fragte, wann es so weit sei. Er hatte nicht gewusst, dass in dem Land, in das er gerade erst umgezogen war, die Temperatur in Fahrenheit gemessen wurde und nicht in Celsius. Und die Moral der Geschichte? Das Leben, es war kurz. So viel war selbst Insa klar. Wenn schon der kleine Junge das lernen musste. Das Wasser sammelte sich auf ihrem Gesicht und lief daran herunter, sie leckte mit der Zunge über die salzigen Tropfen. Am besten gefiel ihr der Schluss, wie der

Junge sich am nächsten Tag erholte – *und er weinte wegen Kleinigkeiten los, die ganz unwichtig waren.* Insa war sicher, das war eine Form von Freude, von Glück. Es war dunkel geworden, sie hatte es kaum bemerkt. Sie sah sich um, ein paar Angler waren noch an ihren Plätzen. Und draußen auf den Wellenkämmen erstarb das letzte Licht des Tages. Er hätte von Hemingway sein können, dieser Gedanke.

7

Nach einem weiteren erfolglosen Versuch, den Schriftsteller ans Telefon zu bekommen, brachte Insa am nächsten Tag den Film mit den Porträts von Señorita Calderon
in ein Fotolabor in der Innenstadt. Als sie sich durch die
Straßen treiben ließ, nahm ein derart starkes Gefühl von
unverhoffter Freiheit von ihr Besitz, dass sie gar nicht
wusste, wohin damit. Stundenlang lief sie durch die Straßen, folgte einem räudigen Hund, lief dem Duft einer
Süßspeise nach und einer alten Dame mit einem Vogel-
käfig. Irgendwann ließ Insa sich erschöpft auf einem Brun-
nenrand nieder. Havanna war voller Widersprüche, atem-
beraubender Kontraste, alles, was ihr begegnete, wurde
wenig später vom Gegenteil widerlegt. Und es war viel
weitläufiger, als sie erwartet hatte. Am liebsten hätte Insa
ihre brennenden Füße ins Wasser gehalten. Was sich aber
leider nicht gehörte.

Sie sah sich um. Trotz der Vormittagshitze waren die
Frauen adrett gekleidet, trugen Strümpfe, manche sogar
Handschuhe. Hinter einer offenen Tür notierte ein Buch-
macher kummervoll etwas in einem großen Buch. Drei
Mädchen in Schuluniform rannten vorbei. Insa konnte sich
nicht sattsehen. Eine Frau in Tracht, auf dem Kopf eine
Art Turban, Kaskaden von Rüschen an den Ärmeln, auf
der Wange ein Schönheitsfleck, erstand gelbe Früchte von
einem Bauern mit Leiterwagen. Diese Art von Obst hatte

sie noch nie gesehen. Es sah verlockend aus. Der Bauer rief
der Frau etwas nach, lachend unter seinem verbeulten Hut
aus Stroh. Die Frau drehte ihm den Rücken zu und wa-
kelte mit den Hüften. Der Mann antwortete mit einer
Schrittfolge und drehte sich. Seine nackten Füße glitten
anmutig über den Asphalt.

In einem Club wurde Musik aufgedreht. Die ganze
Stadt schien aus nichts als Tönen zu bestehen. Alles klap-
perte und quietschte, es klopfte, rasselte, trommelte und
sang. Doch es klang anders als an ihrem ersten Tag, Insa
erkannte ein Muster darin. Und jeder der Menschen hier
schien einer Melodie zu folgen, die nur er selbst hören
konnte. Und die doch alle unhörbar miteinander verband.
Ein Rhythmus, ein geheimer Klang. Sie schlüpfte aus ihren
Ballerinas, drehte sich blitzschnell um die eigene Achse
und versenkte ihre Füße im Wasser. Ein köstliches Gefühl
von Kühle stieg bis zu ihren Waden hinauf. Das allein war
jede Strafe wert. Ein Uniformierter schlenderte vorbei und
warf ihr einen prüfenden Blick zu. Sie sah ungerührt zurück. Der Polizist ließ seinen Schlagstock wirbeln. Insa sah
ihm noch tiefer in die Augen. Er nickte gnädig und verschwand in der Menge. Sie bildete sich ein, auch seine Hüften hätten einen besonderen Schwung gehabt. Sie kicherte,
sie begann dieses Land zu lieben. Aber das reichte nicht.
Insa hatte ein Ziel, und sie war bereit, alles zu tun, um die
Wette zu gewinnen. Sie wollte den Einsatz, und sie wollte
noch viele Aufträge haben. Wie nur kam sie aus der Sack-
gasse, in der sie feststeckte, heraus? Sie brauchte einen
Plan. Insa zog ihr Notizbuch aus der Tasche und schrieb:

– Fahrbaren Untersatz besorgen.
– Verbündete finden.

– Ihm so nah wie möglich kommen.
– Plötzliche Attacke und Sieg.

Das war vielleicht noch nicht detailliert ausgearbeitet, aber
weiter kam sie nicht. Ihr Magen meldete sich mit einem
unüberhörbaren Knurren. Insa beschloss, später über die
Details nachzudenken, und steuerte den nächsten Imbiss-
stand an.

Am Nachmittag besorgte Insa sich ein Fahrrad. Señorita
Calderon hatte ihr Anliegen nicht verstanden, und Maximo
brauchte eine ganze Weile, bis er seine Skepsis ablegte.
Anscheinend war es auf der Insel für eine Frau mehr als
unüblich, ein Rad zu benutzen. Was sich ab heute ändern
würde, hatte Insa doch so lange insistiert, bis Maximos
Stammgästen endlich der nächste Fahrradladen eingefallen
war.

Der Händler sagte ihr, dass *bicicletas* in diesem Land angeblich nur verkauft, nicht aber vermietet wurden. Insa
überzeugte den Mann, für sie eine große Ausnahme zu
machen. Sie erzählte ihm von ihrer Aufgabe und pries
Kuba, sie bewies ihm, wie gut sie fahren konnte, und be-
wog ihn dazu, darauf zu vertrauen, dass sie das Rad zu-
rückbrachte. Als Insa sich endlich auf ihr Vehikel schwang
und anfing, das Gefühl von Freiheit zu genießen, begann
es wie aufs Stichwort zu schütten. Der Regen durchweichte sie binnen Sekunden bis auf die Haut. Er lief ihr
in die Augen und versperrte ihr die Sicht. In dem Moment,
in dem das Wasser auf den Asphalt traf, verwandelte es
sich augenblicklich in aufsteigenden Dampf. Insas Haar
hing ihr in nassen Strähnen im Gesicht, ihre Kleider kleb-
ten an ihrem Körper – und sie fand alles daran einfach

herrlich. Schon in Hamburg war es ihr so gegangen. Während alle Welt sich ständig über das unstete Wetter beschwerte, wusste Insa gleich, als sie im Nieselregen vor ihr auftauchte, dass dies ihre Stadt war. Hamburg war der Ort, an dem sie erwachsen werden, an dem sie endlich würde tun können, was sie schon so lange wollte. Lernen, was immer sie konnte. Und sollte es dabei permanent regnen, würde sie darüber glücklich sein. Natürlich war die Landung nicht gerade sanft gewesen, Insa erinnerte sich nur zu gut an ihre erste Begegnung mit Rosemarie Pierer, aber es hatte sich gelohnt. Sie bereute nichts davon, nicht einmal den gigantischen Schnupfen, den sie sich auf ihrer Fahrt nach Hamburg eingefangen hatte.

Insa hatte die ganzen zweihundertvierundachtzig Kilometer von Göttingen in einem Stück auf dem klapprigen Herrenrad ihres Vaters zurückgelegt. Schlotternd vor Erschöpfung, durchgefroren und halb verhungert hatte sie an der heruntergekommenen Villa in Pöseldorf geklingelt. Lange geschah nichts, dann wurde die Tür aufgerissen.

Eine große, auffallend hagere Frau im Paisley-Kostüm taxierte Insa, offensichtlich ohne die geringste Ahnung, wer oder was ihr gegenüberstand. Sie sei das Lehrmädchen, Insa ärgerte sich selbst über den Ausdruck. Das klang irgendwie falsch. Pierer stieß eine Rauchwolke aus der besonders langen Mentholzigarette aus, die in ihrem Mundwinkel klebte. Ein gefährlich langes Stück Asche hing daran. Pierer bemerkte ihren Blick, nahm die Zigarette und aschte in den Vorgarten. Ihre Halsketten rasselten vernehmlich. Sie sah Insa irritiert ins Gesicht, als sie ein weiteres Mal an ihrer Zigarette zog. Sie erinnerte sich wirklich nicht. Insa machte einen Satz nach vorn, streckte ihr forsch die Hand entgegen und stellte sich als Insa Schönberg vor. Pierer sah hilflos auf ihre Hände, in der einen die Zigarette, in der anderen ein bauchiges Glas und ein Ei. Sie überlegte kurz, dann reichte sie Insa ihren Ellbogen. Erleichterung breitete sich in ihrer Miene aus, die Erinnerung kam offenbar zurück. Sie dürfe sie Pierer nennen, das halte jeder so, die Fotografin lachte rau, als sie Insas Gesichtsausdruck sah, drehte sich um und ging vor ihr ins Haus. Insa stellte ihre Sachen im Flur ab, warf die durchnässte Jacke darüber und folgte ihrer neuen Lehrmeisterin in die Küche. Pierer nötigte sie, an ihrem Abendessen teilzunehmen, das einem ominösen Diätplan folgend an den meisten Tagen der Woche, außer an den sogenannten Schlumpertagen, an denen alles erlaubt war, aus einem Glas Cognac und einem hart gekochten Ei bestand. Eine Mischung, an die Insa sich erst hatte gewöhnen müssen, genau wie an den harschen Humor ihrer Chefin. Wie oft hatte sie auf der kargen Klappliege im piekfein Souterrain genannten Keller wach gelegen, etwas verloren, oft mit feuchten Haaren und nicht selten mit Schnupfen, aber meistens stolz auf sich selbst.

Wieder einmal nass bis auf die Knochen radelte Insa zurück zur Pension und frottierte sich das Haar, schlüpfte in ihren Schlafanzug und setzte zufrieden ein Häkchen hinter den ersten Punkt auf ihrer Liste. Der fahrbare Untersatz war erledigt, immerhin.

Am nächsten Tag machte sie sich auf die Suche nach einem Verbündeten. Sie brauchte jemanden, der neugierig war, agil und wagemutig, am besten einen Ausländer, der vielleicht sogar Deutsch sprach. Auf jeden Fall musste er sich gut auskennen, und ausgezeichnete Verbindungen würden auch nicht schaden. Nur wo sollte sie so jemanden finden? Sie konnte ja schlecht eine Anzeige in der Lokalzeitung aufgeben. Aber sie hatte die Señorita. Die Wirtin, immer noch geschmeichelt, einer jungen Fotografin aus Übersee Modell gesessen zu haben, war ihr seitdem mehr als gewogen. Insa bat sie um eine Liste der Orte, an denen sich die meisten Ausländer versammelten, und bekam prompt eine Antwort: »Hotel Nacional!« Señorita Calderon stieß nachdrücklich mit ihrem Zeigefinger auf einen Punkt auf dem Stadtplan in Insas Reiseführer. Sie lehnte das angebotene Bonbon und den darauffolgenden Schwall von Anekdoten bedauernd ab, bedankte sich und machte, dass sie wegkam.

Der überdimensionierte Monumentalbau mit den zwei Türmen, der auf einem Felsen über dem Meer thronte, war nicht zu übersehen. Insa begab sich schnurstracks zum Vordereingang, ließ ihr kostbares Fahrrad unter den wachsamen Augen des uniformierten Pförtners zurück und spazierte direkt in die Lobby. Sie entdeckte eine deutsche Zeitung, ließ sich damit auf der Terrasse nieder, bestellte einen Eistee, den sie sich bestimmt nicht leisten konnte, und hielt Ausschau nach der richtigen Gesellschaft.

Das Hotel war augenscheinlich ein beliebter Treffpunkt, nicht nur bei gewöhnlichen Touristen, sondern auch von Geschäftsleuten und Reisenden oft ausgefallener Art. Insa probierte gerade von den reizenden Keksen, die der Kellner ihr zum Eistee serviert hatte, als ihr etwas auffiel. Schräg hinter ihr, etwas verdeckt von einer voluminösen Topfpflanze, hatte sich eine Gruppe versammelt. Zwei der Männer trugen extrem dunkle Brillen und wirkten trotz der amerikanischen Anzüge und Hüte seltsam europäisch mit ihren pomadigen dunklen Haaren und den goldenen

Siegelringen. Vor allem aber verhielten sie sich so besonders unauffällig, als wollten sie keinesfalls bemerkt werden. Auch herrschte eine interessante Spannung zwischen ihnen. Vielleicht waren sie berühmte Filmschauspieler. Oder Musiker? Nein, dazu waren ihre Schuhe eindeutig zu teuer. Rätselhaft und unbedingt wert, fotografiert zu werden. Insa griff in Zeitlupe in ihre Tasche, zog ihre Kamera heraus und legte sie sich auf den Schoß. Sie drehte sich leicht auf ihrem Stuhl in Position und wollte gerade abdrücken, als sich eine Hand auf ihren Arm legte.

»Das sollten Sie lieber lassen.«

Ein junger Mann mit holländischem Akzent und flammend roten Haaren ließ sich an Insas Tisch nieder. Erstaunlich behände für einen Mann seiner Statur, und er setzte sich genau so, dass er ihr die Sicht versperrte. Er schob ihre Zeitung zur Seite, er musste gesehen haben, dass es eine deutsche Zeitung war, darum hatte er ihre Sprache gesprochen.

»Warum flüstern Sie?« Sie wollte gerade wütend über seine Einmischung werden, als er zu grinsen begann. Entzückt entdeckte Insa, dass er das hatte, was man wohl ein Millionen-Dollar-Lächeln nannte.

»Ich dachte mir, Sie wollen vielleicht nicht gerade ins Visier der amerikanischen Mafia geraten. Oder irre ich mich?«

Insa lächelte zurück und ließ unauffällig ihre Kamera verschwinden. Seine helle Haut war übersät mit Sommersprossen.

»Ich bin nicht sicher. Langweilig klingt das für mich nicht.«

Sie nahm damenhaft einen Schluck von ihrem Tee und tat, als würde sie nachdenken.

»Wenn das Ihr Problem ist, biete ich mich sehr gerne als Abwechslung an.«

Er nahm sich ihren letzten Keks und erzählte knabbernd, sein Name sei Willem van Zandt. Dann begann er ohne Umschweife zu erzählen, er sei vor einigen Monaten als Korrespondent eines holländischen Radiosenders von Berlin – *ein betrüblicher Moloch* – nach Kuba – *Playland of the Americans* – gekommen. Zwischen ihm und Havanna – *das Paradies auf Erden* – sei nichts als Liebe auf den ersten Blick entbrannt. Das erklärte natürlich seinen Akzent und seinen verschmitzten Gesichtsausdruck. Spätestens als Willem die horrende Rechnung mit einem lakonischen »Spesen« beglichen hatte, war Insa sich absolut sicher, dass das Schicksal ihr einen weiteren Glücksfall beschert hatte, indem es ihr einen derart bezaubernden Mann wie Willem vorbeigeschickt hatte.

Sie warf ihm einen schmelzenden Blick zu. »Wollen Sie damit sagen, Sie gehen heute Abend mit mir aus?«

8

Pünktlich um neun stand Insa vor der Pension, endlich
würde sie mehr von Havanna sehen. Als der Wagen um die
Ecke bog, lief sie ihm entgegen und riss die Tür auf. Willem grinste sie an.

»Hoppla!« Er klopfte auf den Platz neben sich. »Da kann
es wohl jemand kaum abwarten?«

»Messerscharf erkannt.« Insa ließ sich neben ihn fallen.
»Wo geht's hin?«

Er lehnte sich seelenruhig ins Polster und begann eine
ausschweifende Rede, in deren Verlauf er erklärte, sich
nicht nur auf der Oberfläche Havannas bestens auszuken-
nen, vielmehr sei er »erschienen, um sie in die Mysterien
des kubanischen Nachtlebens einzuführen«. Insa konnte
ihr Glück kaum fassen, er war genau der Mensch, den sie
jetzt und hier brauchte.

Während sie durch die Straßen der Stadt fuhren, erzählte er ihr von seinen Ausflügen in die letzten Winkel der
Stadt, und Insa hing an seinen Lippen, als er berichtete,
dass er selbst in die dunkelsten Tiefen hinabgetaucht sei.
Willem machte Andeutungen über Hahnenkämpfe und
Mafiaverstrickungen und behauptete, einen geheimen Kult
entdeckt zu haben. Er holte tief Luft und raunte ihr mit
verschwörerischem Blick zu, er plane, sich dort einzu-
schleichen, um an einer der spiritistischen Sitzungen teilzunehmen. Sein harmloses Aussehen helfe ihm, dass die

77

Menschen ihn meist unterschätzten. Willem guckte abgründig, er wisse das nur zu gut für seine Zwecke zu nutzen. Insa glaubte ihm aufs Wort.

Bereits wenige Minuten später hatte er Gelegenheit, ihr sein Wissen und Können zu beweisen. Als der Oberkellner in dem Nachtclub behauptete, es sei kein Tisch mehr frei, wechselte Willem binnen Sekunden in das unbeholfene Gebaren eines naiven, radebrechenden Touristen mit locker sitzender Brieftasche, der bloß darauf wartete, übers Ohr gehauen zu werden. Insa war, als könnte sie die Dollarzeichen in den Augen des Kellners aufblitzen sehen, der sich angesichts der leichten Beute beeilte, sie an einen ganz besonderen Tisch zu führen. Sobald sie Platz genommen hatten, wechselte Willem in blütenreines Spanisch. Der Kellner starrte ihn entsetzt an, dann verschwand er wie ein geölter Blitz in Richtung Bar.

»Was haben Sie zu ihm gesagt? Er rennt, als hätte er eine Erscheinung gehabt …«

»Ach, nichts Besonderes, ich habe ihm nur zu verstehen gegeben, dass ich ein Neffe von Santo Trafficante Junior bin und Drinks zu realen statt der üblichen Fantasiepreise für Ausländer erwarte.«

»Ich bin beeindruckt.«

»Das war der Plan. Also, lassen Sie sich nicht von meinem harmlosen Äußeren täuschen, ich bin von meinem eigenen Talent korrumpiert, von meinem Metier verdorben, und mein Herz ist schwarz wie der dunkelste Punkt der Nacht.«

Insa amüsierte sich prächtig. »Ganz mein Geschmack.«

Willem bedachte sie mit einem entzückten Blick. »Dito.«

Insa sah sich um. Das Lokal war nicht besonders groß,

aber es war voller faszinierender Paare. Wunderschöne Frauen mit langen Haaren und Kleidern aus Satin, Pailletten und Tüll und Männer in Leinenanzügen mit akkuraten Bügelfalten und blank geputzten Lederschuhen. Sie waren zum Ende der Show angekommen, gerade verklang das schmeichelnde Lied der Sängerin, das Publikum applaudierte und verwandelte sich vor ihren staunenden Augen in kürzester Zeit in eine feierwütige Meute. Insa sah zu Willem hinüber. Seine linke Hand klopfte den Rhythmus des Mambos mit, und er nickte einem Tisch mit Bekannten zu. Der Kellner servierte zwei farbenfrohe Drinks, Willem ergriff sein Glas und prostete ihr zu. »Und das ist erst der Anfang.«

»Auf die Anfänge!« Insa versuchte sich nicht anmerken zu lassen, wie beeindruckt sie war. Sie war noch nie an einem solch exotischen Ort gewesen, hatte noch nie mit einem Mann von derart weltmännischem Auftreten an einem Tisch gesessen. Doch sie konnte sich nicht beherrschen und platzte heraus: »Meine Güte, Sie sehen aus, als wären Sie hier geboren.«

Er beugte sich vor und sah ihr direkt ins Gesicht. »Lassen Sie mich Ihnen zeigen, wofür ich geboren bin …!«

Damit ergriff er ihre Hand und hob sie förmlich mit einer raschen Bewegung vom Sessel. Dann geleitete er sie mit ein paar souveränen Schritten zur Tanzfläche. Und ehe Insa wusste, wie ihr geschah, fand sie sich von einem entfesselten Derwisch herumgewirbelt, vollführte die aberwitzigsten Drehungen und war zu Schritten fähig, die sie zuvor nicht einmal gekannt hatte. Willem fackelte nicht lange, er bog ihren Körper, umschmeichelte ihn, zog ihn an sich, er wiegte, drehte und präsentierte ihn. Ihr war, als tanzte sie in einem Kettenkarussell, als flöge sie durch ein Universum voller irrwitziger Lichter und pulsierender Musik.

Nach fünf abenteuerlich schnellen Tänzen rang Insa keuchend nach Luft und bettelte um eine Pause. Willem warf ihr einen gespielt skeptischen Blick zu.

»Typisch Deutsche, keine Ausdauer für Spaß.« Das Orchester machte eine Pause. »Glück gehabt …« Er nahm ihren Ellbogen und führte sie galant Richtung Tisch.

Ein torkelnder Amerikaner kreuzte ihren Weg. Als sein Blick auf Insa fiel, stieß er eine Art grollenden Brunftschrei aus und wollte nach ihr greifen. Willem zögerte keine Sekunde, er packte den Kerl am Kragen und bugsierte ihn direkt vor den Oberkellner, der sich seiner annahm und mit Nachdruck dafür sorgte, dass er zumindest heute keine Frauen mehr behelligte. Vollkommen entspannt, als wäre nichts gewesen, kehrte Willem zu ihr zurück, rückte ihr den Stuhl zurecht, ließ sich neben ihr nieder und pustete sich ein Stäubchen vom Ärmel. Ein echter Kavalier, Insas Herz flog ihm entgegen. Willem sah sie an, als könnte er ihre Gedanken lesen, und grinste breit.

»Das täuscht, unter meinem filmstarhaften Äußeren schlummert immer noch der kleine dicke Wim aus Den Haag, der unter den Hänseleien seine Mitschüler leidet und den Kummer mit einem weiteren Hagelzuckerbrot aus der Hand seiner viel zu nachgiebigen Mutter bekämpft.« Er hob kokett die Schultern. »Auch wenn ich inzwischen tanze wie ein junger Gott.«

Insa betrachtete ihn voll reinem Entzücken und fragte sich für einen winzigen Moment, was man ihr wohl alles ansehen konnte. Welche Vergangenheit, welche Geheimnisse ihr ins Gesicht geschrieben standen. Sie beeilte sich, den krausen Gedanken abzuschütteln, und wedelte mit ihrem leeren Glas vor Willems Gesicht herum, es verlangte sie nach dem nächsten Cocktail. Und ihr Wunsch wurde erfüllt.

Bald darauf machten sie sich auf den Weg zum nächsten Nachtlokal. Willem hatte versprochen, Insa langsam an die wahrhaft finsteren Ecken heranzuführen. Wenn auch die Art, mit der er das betonte, Insa an einen Jungen erinnerte, der ihr mit dem Verzehren von Regenwürmern Angst machen wollte. Sie hakte sich bei ihm unter.

»Gewöhnlich bin ich zu so gut wie allem bereit.«

»Das glaube ich gerne. Allerdings sieht man dir auf einen Kilometer an, dass du aus Europa kommst.«

Er hielt sie von sich weg wie eine Puppe, die er zu kaufen in Erwägung zog, oder einen Teppich auf dem Basar. Insa rümpfte empört die Nase.

»Sonst noch was?«

Willem nahm sich Zeit, ihr Gesicht zu studieren.

»Bildungsbürgertöchterchen? Aus heilsten Verhältnissen. Ach nee, ich vergaß, so was gibt es ja heute gar nicht mehr. Aber, *Lieveling*, das macht dich nicht immun gegen den Tropenkoller und andere düstere Dinge. Oder Schlimmeres. Ach übrigens, an deinem Nebentisch gestern, das war eine ganz erkleckliche Ansammlung von Mobstern.«

Insa hatte keine Ahnung, was ein Mobster sein sollte. Aber auf keinen Fall würde sie sich die Blöße geben, das zuzugeben. Lieber wechselte sie auch ins vertrauliche Du.

»Willst du damit andeuten, du hättest mich gestern gerettet?«

»Wo denkst du hin? Ich bin frisch maniküft.«

Insa verstand schon wieder nicht, was er damit meinen konnte. Obwohl sich irgendwo in ihrem Hinterkopf ein

Gedanke formte. Doch er blieb schemenhaft, denn in diesem Augenblick erreichten sie ihr Ziel.

Das Tropicanita war der kleine, ziemlich schmutzige Ableger des sagenumwobenen Tropicana. Willem hatte erklärt, dieses Etablissement sei nicht nur erschwinglich, es sei auch wesentlich interessanter als sein großer Bruder, umgeben von einer geradezu mystischen Aura, und versprochen, sie werde ihr blaues Wunder erleben.

Es war schon lange nach Mitternacht, doch Willem hatte nicht übertrieben. Im Gegenteil, in dem Club war die Hölle los. Auf der Bühne spielte eine Band die wildeste Musik, die sie je gehört hatte. Die Tanzfläche schien zu brodeln. Insa schnappte sich Willems Hand und zog ihn hinter sich her. Sie hielten kurz inne, sahen einander tief in die Augen und stürzten sich Seite an Seite mit einem Kriegsgeschrei mitten ins Getümmel. Die Musik wurde immer schneller. Insa ließ sich einfach mitreißen, ihre Füße entwickelten ein ungeahntes Eigenleben. Nie hätte sie ihnen ein solches Tempo zugetraut. Sie überließ sich ganz dem Mambo. Es schüttelte sie förmlich von oben nach unten durch und wieder zurück. So musste sich Besessenheit anfühlen. Sie vergaß, wer sie eigentlich war, vergaß alles, was sie davon zurückhalten konnte, einfach glücklich zu sein. Sie hörte auf, etwas anderes zu sein als nur noch Musik.

Ein paar Songs später beendete die Band ihr Set, und der Schlagzeuger machte einen dramatischen Trommelwirbel. Insa und Willem nahmen ihre Plätze ein, gespannte Stille breitete sich aus. Ein riesiger Affe betrat die Bühne, stapfte ungelenk nach vorn und sah ins Publikum. Die Leute jubelten. Das Tier schüttelte unwillig den Kopf. Das Publikum wurde lauter. Der Affe trat zögernd von einem

Plüschbein aufs andere, er schien zu überlegen. Erst als der ganze Club raste, hob er langsam die Hände, fasste sich an den Kopf – und riss ihn mit einem Ruck herunter. Zum Vorschein kam eine wunderschöne Frau, blond, üppiger Mund, Augen wie schwarze Kohle. Die Leute waren außer sich. Zu lasziver Musik begann sie sich aus dem Affenkostüm zu schälen, stieg in schwindelerregend hohen Stilettos aus dem Fell und entblößte langsam ein lavafarbenes Paillettenkleid. Es war, als glühte ihr Leib, und er begann sich langsam zu drehen. Insa blieb der Mund offen stehen. Willem hatte nicht zu viel versprochen. Die Frau bot anscheinend den Tanz der sieben Schleier dar. Sie schlang Tücher um sich und wickelte sich wieder heraus, kreisend und zuckend um einen unsichtbaren Mittelpunkt, und sang ein hypnotisches Lied dazu. Doch irgendetwas stimmte nicht. Die Frau guckte sich um, wurde immer nervöser und wiederholte den gleichen Refrain. Willem brach in schallendes Gelächter aus, Insa sah ihn fragend an.

»Er sucht den Kellner. Der hat den Dolch, mit dem er sich eigentlich ersticht.« Willem deutete kichernd mit dem Kinn zur Bühne.

Insa folgte seinem Blick. »Er?«

Mit einem Ausdruck schierer Verzweiflung legte sich die Blonde die eigenen Hände um den Hals und starb den pantomimischen Würgetod.

»Na, Bobby de Castro.«

Insa begriff noch immer nicht. Willem nahm ihr Gesicht in seine Hände und drückte ihr einen schallenden Kuss auf die Stirn. »Das ist ein Travestiekünstler. Ein Frauendarsteller. Ein Mann. Hach, du musst noch so viel lernen, Kind.«

Willem und Insa hatten die ganze Nacht durchgetanzt. Ihr brannten die Füße, und sie war sterbensmüde, doch sie wollte noch nicht ins Bett. Sie wollte zusehen, wie der Tag anbrach, und hatte darauf bestanden, zu Fuß zu gehen. Insa hatte die Schuhe ausgezogen und sich bei Willem eingehängt, die letzten zwei, drei Drinks hätte sie vielleicht doch lieber auslassen sollen. Außerdem kam sie schier um vor Hunger. In buchstäblich letzter Sekunde erreichten sie das rettende Café, und es hatte glücklicherweise schon geöffnet. Sie ließ sich auf den erstbesten Stuhl plumpsen und sah voller Dankbarkeit hinauf zu Maximo, der mit einer Mischung aus Verständnis und Tadel wissend den Kopf wiegte, während er mit einem Lappen auf dem Tisch herumwischte. Willem bestellte etwas auf Spanisch bei ihm, ließ sich ächzend neben ihr nieder und begann sie auszufragen, wer ihr Kleid entworfen habe und wie sie auf ihre Kurzhaarfrisur gekommen sei. Typisch Reporter, so unverschämt neugierig. Insa lachte.

Es wurde langsam hell, Maximo servierte etwas absolut Himmlisches, und Willem zeigte ihr, wie man die Churros in heiße Schokolade tunkte und so schnell es ging verschlang. Insa schloss die Augen, das war unglaublich gut. Sie überlegte, ob sie jemals so glücklich gewesen war, und spürte, dass Willem sie beobachtete. Sie strahlte ihn an.

Er setzte seine Sonnenbrille auf und sagte nur ein einziges Wort. »Erzähl.«

»Ich weiß nicht, was du meinst.«

»Na, was treibt dich hierher? Und glaub nicht, ich nehme dir ab, dass du eine gewöhnliche Touristin bist. Du führst doch etwas Besonderes im Schilde, das sieht man dir an.«

Insa kaute auf ihrem Krapfen herum. Sie überlegte, ob

es klug war, Willem ihr Vorhaben anzuvertrauen. Immerhin war er Journalist, und sie kannte ihn kaum. Sie nahm den letzten Schluck Schokolade. Er sah sie geduldig an. Insa stellte die Tasse hin, tupfte sich die Mundwinkel mit der Serviette ab. Willem beugte sich vor.

»Ich könnte versprechen, dir auch ein Geheimnis anzuvertrauen. Allerdings müsstest du anfangen. So ausgefallen wie meines kann deines nämlich gar nicht sein ...«

Sie sah ihn an, was meinte er damit? Plötzlich wurde ihr klar, wie gut es ihr täte, sich ihm mitzuteilen. Sie holte tief Luft.

»Ja, es stimmt, ich habe eine Mission. Ich bin gekommen, um ein Foto zu machen. Von Ernest Hemingway. Und zwar eines, das ihn zeigt, wie er wirklich ist.«

Insa hatte das Gefühl, Willem verstünde sie nicht. Sie sollte es mit mehr Nachdruck versuchen.

»Keine abgehangene Pose. Keines dieser öden Starporträts. Die nur sein Image untermauern sollen. Und von denen es schon Hunderte gibt. Ich will ihn zeigen, wie ich ihn sehe. Nicht wie er wahrgenommen werden will.«

Willem nickte verständnisvoll.

»Und ich habe eine Wette abgeschlossen. Die ich gewinnen werde.«

Willem goss ihr ein Glas Mineralwasser ein.

»Ich verstehe. *The importance of shooting Ernest.*«

»Aber Hemingway ist nicht zu fassen. Er lässt mich einfach auflaufen. So langsam habe ich wirklich genug davon, hingehalten zu werden. Jeden Morgen rufe ich in seiner Finca an, und immer lässt er sich verleugnen. Ich habe auch ein Leben, und ich habe keine Lust mehr, meine Zeit mit Warten zu vergeuden!« Insa suchte nach Worten, sie war hundemüde, und irgendwie wollte ihr Verstand nicht mehr richtig mitspielen. »Wenn er nicht innerhalb von vierundzwanzig Stunden anruft, jage ich ihn zum Teufel.« Sie schlug mit der Hand auf den Tisch. »Da kann er meinetwegen Pfeffer ernten.«

Insa wollte gerade richtig loslegen, als eine Erscheinung an ihrem Tisch stehen blieb. Ein Mann von unwirklicher Schönheit. Olivfarbene Haut, ein kleines Bärtchen, Haare wie Ebenholz. Sie konnte den Blick nicht von seinem Gesicht abwenden.

»Hola, eres una chica americana?«

Er flirtete sie ungeniert an. Insa verschlug es die Sprache. Willem unterdrückte nur mühsam ein Kichern, das konnte sie am Beben seines Körpers neben sich spüren. Insa räusperte sich.

»Nein …«

In ihrem Kopf breitete sich ein unerfreulicher Nebel aus. Insa holte Luft, irgendetwas Intelligentes musste sie einfach sagen. Doch der Körper der Erscheinung kam ihr immer wieder dazwischen. Sie öffnete den Mund und hoffte, ihr Gehirn würde auch ohne ihr Zutun etwas halbwegs Verständliches hervorbringen.

»Ich bin deutsch. Insa.«

Das hatte nicht funktioniert. Insa entschied, sich ganz aufs Schauen zu konzentrieren.

Er war nicht besonders groß. Aber schmal, wie eine Weide. Oder eine Gazelle. Insa nahm einen Schluck Wasser – und verschluckte sich fürchterlich. Sie hustete der Erscheinung mitten ins Gesicht. Er sah süffisant, doch zugleich verständnisvoll auf sie herunter, tippte sich an seinen imaginären Hut und schlenderte davon. Insa sah ihm wutentbrannt hinterher.

»Was war das denn? Was fällt diesem mickrigen Molch

denn bitte schön ein? So etwas Selbstgefälliges! Er tut ja geradezu, als passierte ihm das öfter.«

Willem prustete los.

»Immer. Jedes Mal. Mit jeder einzelnen Frau.«

Er sah sie mitleidsvoll an. Insa spürte einen stechenden Schmerz in der Brust, der mit jeder Sekunde überwältigender wurde. Konnte es sein, dass sie unter Entzugserscheinungen litt? Ja, das musste es sein, so musste die Morphinistin sich fühlen. Wahrscheinlich war ihr Leben ernsthaft in Gefahr. Sie ließ sämtliche Zurückhaltung fahren und verfiel in ein hilfloses Gestammel.

»Bitte mach, dass ich ihn wiedersehen kann. Ich tue alles für dich. Aber er muss vergessen, was eben passiert ist. Sein Gesicht. Diese Schönheit. Ich glaube, nein, ich weiß, ich muss es festhalten. Für die Ewigkeit. Das bin ich der Menschheit einfach schuldig. Es berühren. Oh, ich bin etwas betrunken. Er ist einfach zu schön für diese Welt. Das sollte nicht erlaubt sein. Das ist einfach nicht fair. So viel Schönheit in einem einzigen Menschen versammelt. Denkst du nicht auch?«

»Ich denke, du solltest dich eine Weile hinlegen.« Willem warf ein paar Münzen auf den Tisch. Insa war auf einmal nach Heulen zumute.

»Wenn ich ihn nicht wiedersehe, werde ich meines Lebens nicht mehr froh.«

Er hielt ihr seine Hand entgegen.

»Ich verspreche es dir.«

Er blickte milde auf sie herunter, wie auf ein sehr kleines und ziemlich verwöhntes Kind.

»Indianerehrenwort?«

Sie ergriff Willems Hand und zog sich hoch.

»Hugh.«

Als Willem Insa eine halbe Stunde später mit dem Bettüberwurf zudeckte, fielen ihr sofort die Augen zu.

»Schlaf gut, Insa.«

»Du hast vergessen, mir dein Geheimnis zu verraten!«

Er strich ihr über die Stirn. Sie hörte ihn gerade noch zur Zimmertür schleichen. »Habe ich das?«

Damit schloss er die Tür hinter sich. Warum war er so merkwürdig gewesen? Irgendetwas stimmte mit Willem nicht. Aber sie war zu müde, um jetzt darüber nachzudenken, morgen vielleicht. Und damit fiel Insa in einen traumlosen Schlaf. Aus dem sie nur Minuten später die Stimme von Señorita Calderon riss.

»Papá, teléfono. Papá!«

Insa schreckte auf, ihr Vater? Was, woher, sie verstand nicht. Das konnte nicht sein. Taumelnd durchquerte sie das Zimmer. Plötzlich durchfuhr sie die Erkenntnis wie ein Stromschlag. Das musste *er* sein. Sie konnte fühlen, wie das Herz in ihrem Körper hinuntersackte. Er rief sie zurück. Ihr Wunsch wurde erfüllt! Insa rannte zum Apparat.

»Insa hier!«

Atemlos presste sie den Hörer ans Ohr.

»Hemingway.«

Seine Stimme schnarrte, tief und sicher. Einer Legende angemessen. Insa öffnete den Mund, doch es gelang ihr nur, ein stimmloses Krächzen hervorzubringen. Sie nahm einen neuen Anlauf und brachte einen halbwegs vernünftigen Satz zustande.

»Insa Schönberg aus Deutschland. Ich hatte schon ein paar Mal angerufen –«

»Kommen Sie zum Lunch in die Finca Vigía. Mein Fahrer wird Sie abholen.«

Insas Gedanken überschlugen sich. Geduld war offensichtlich nicht seine Stärke. Doch sie konnte ihn wunderbar verstehen. Ernest Hemingway sprach ein Bilderbuchenglisch. Insa schickte ein Dankgebet zu sich selbst, für all die zahllosen Stunden, die sie mit den Sprachkursschallplatten verbracht hatte. Noch dazu lud er sie höchstpersönlich zum Mittagessen zu sich ein. Es konnte kaum besser laufen. Aber halt, Insa mahnte sich zur Ruhe, sie durfte auf keinen Fall übereifrig wirken. Immerhin hatte er sie eine halbe Ewigkeit warten lassen. Sie atmete tief aus.

»Ich komme sehr gern, aber bitte keinen Fahrer, ich nehme den Bus.«

Das wäre ja noch schöner, wenn sie jetzt auch noch nach seiner Pfeife tanzte. Er sollte gern schon einmal wissen, dass sie unabhängig war, dass sie über einen eigenen Willen verfügte. Am anderen Ende der Leitung war es einen Moment still, dann forderte er sie auf, ihren Badeanzug mitzubringen.

9

Es war eine gute Entscheidung gewesen, den Bus zu nehmen und nicht das Rad. Nicht nur weil sie die Strecke nicht kannte, es war auch ganz besonders heiß an diesem Vormittag. San Francisco de Paula lag ein gutes Stück außerhalb der Stadt, und sie hätte sich womöglich verfahren, so ganz ohne Schlaf.

Insa fächerte sich mit der Hand etwas Luft zu und versuchte sich ihre Aufregung nicht anmerken zu lassen, doch sie stand ihr offenbar ins Gesicht geschrieben. Anders ließen sich die Reaktionen ihrer Mitreisenden kaum erklären. Die aufmunternden Blicke der Leute oder das Lächeln des ziemlich zahnlosen Alten aus der Reihe schräg gegenüber, der ihr einen Schluck aus seiner Flasche anbot. Insa lehnte dankend ab, der trübe Inhalt verhieß nichts Gutes, dazu war der leutselige Ausdruck des Mannes ziemlich sicher der hohen Prozentzahl seines Getränkes geschuldet. Insa hielt ihre Korbtasche mit den Badesachen und ihrem wertvollsten Besitz, ihrer geliebten Kamera, fest umklammert. Es verschaffte ihr eine gewisse Ruhe, ihr Gewicht zu spüren, als verliehe es ihrem Vorhaben die angemessene Wichtigkeit.

Die Hitze wurde immer unbarmherziger, sie lehnte die Stirn an die Scheibe des Busfensters und verlor sich in Tagträumen. Sie malte sich aus, wie unbeschwert es sein würde, *ihm* zu begegnen. Stellte sich vor, wie sie einander gleich sympathisch sein würden. Sie würden sich angeregt unterhalten und erstaunlich bald eine besondere Verbindung feststellen. Ja vielleicht sogar so etwas wie eine Seelenverwandtschaft erkennen. Insa seufzte, sie malte sich aus, dass er ihr gleich am nächsten Tag Modell stehen würde. Und dass etwas Magisches passieren würde, sobald sie die Kamera auf ihn richtete, der Einzige, der wahrhaftige –

Ein unangenehmes Geräusch unterbrach Insas versponnene Vision, eine Art Tröten schreckte sie auf und fuhr ihr unheilvoll in die Glieder. Sie sah hoch und blickte in die Augen eines impertinenten Mädchens, das ihr direkt ins Ohr trompetet hatte. Es fuchtelte ihr frech mit dem Instrument vor der Nase herum und erwartete anscheinend auch noch Applaus dafür. Insa holte tief Luft. Am liebsten hätte sie ihr das vermessene kleine Grinsen aus dem Gesicht geschimpft. Doch dann erinnerte sie sich an ihre unschlagbare Waffe. Sie nahm ihre Kamera aus der Korbtasche und schoss blitzschnell ein Foto von ihr. Das Mädchen machte große Augen. Insa war, als wüchse es zusehends unter der Aufmerksamkeit, die sie ihr schenkte, und zwar gleich um mehrere Zentimeter. Das Mädchen lächelte erfreut in die Linse, und Insa machte noch ein Bild und noch ein drittes, als der ganze Bus lachend zu applaudieren begann.

Der Fahrer trat auf die Bremse. Er drehte sich um, neugierig auf das Spektakel hinter seinem Rücken. Dann betätigte er einen Hebel, die Türen öffneten sich mit einem satten Zischen der Hydraulik. Der Fahrer deutete mit dem Kinn auf Insa.

»Señorita, el papá!«

Insa dankte ihm mit einer Verbeugung und sprang aus

dem Bus. Er hatte direkt vor Hemingways Anwesen gehalten. Wenn das kein gutes Omen war.

Sie winkte dem Fahrer zum Abschied und lief durch die sengende Sonne auf das Eingangstor zu. Hier war die Luft eine andere als in der Stadt, es wehte ein beinah frischer Wind.

Insa richtete sich kerzengerade auf und drückte den Klingelknopf. Nach einer endlos scheinenden Weile wurde geöffnet. Womit hatte sie gerechnet? Sicher nicht damit, dass er selbst öffnen würde, aber dass ein Hausangestellter in weißem Hemd und schwarzer langer Hose derart würdevoll auf sie herabsah, obwohl er kaum älter als sie selbst sein konnte, überraschte sie dann doch. Sie streckte ihm ihre Hand entgegen.

»Insa Schönberg, ich bin die Fotografin aus Deutschland.« Das Faktotum rührte sich nicht, stattdessen sah es etwas ratlos auf ihre Finger hinunter, als überlegte es, was es damit anfangen sollte. Insa machte eine kleine freundliche Geste, eine Art Wedeln, wie der Flossenschlag eines kleinen Fisches ... Ihr Gegenüber würde sie nicht ergreifen. Denn trotz seines jugendlichen Alters war ihm offenbar an nichts mehr als an seiner Butlerwürde gelegen. Oder vielleicht gerade deswegen? Immerhin entschied er sich zu sprechen.

»César Villareal. Majordomus.«

Damit trat er einen Schritt beiseite und ließ sie ein. Endlich. Insa fing ihre rechte Hand mit der linken, ganz als hätte der Fisch sich ungezogenerweise selbstständig gemacht. Majordomus, was sollte das bitte sein? Insa schritt an ihm vorbei und konnte aus dem Augenwinkel gerade noch sein ziemlich breites Grinsen sehen.

Er brachte Insa durch den großen Garten zu einer ziemlich beeindruckenden Villa hinauf, führte sie in eine Art Wohnzimmer und bedeutete ihr zu warten. Sie war bei Hemingway zu Hause, Insa hätte den Mann am liebsten umarmt.

»Danke vielmals, César.«

Wie von einem Fluch befreit machte César auf dem Absatz kehrt und verließ den Raum, so schnell es seine Rolle zuließ. Insa sah sich um, und eine leise Ehrfurcht erfasste sie. Das also war das Haus des berühmtesten Schriftstellers der Welt, und sie stand mittendrin.

Sie bewegte sich vorsichtig vorwärts, als könnte eine plötzliche Bewegung all das, was sie sah, zerreißen wie einen Schleier. Als könnte sich dieser Raum, dieser Tag verflüchtigen, als wäre die Welt ein Bild, das sich als Rauch erwies, als Illusion. Und dahinter würde hässlich und kalt die Realität auftauchen. Insa traute sich nicht, ihre Kamera zu benutzen, aber sie nahm sich vor, sich jedes Detail einzuprägen. Diese strahlend weißen Wände, der Raum war ungeheuer luftig, von einer ruhigen, unaufgeregten Helligkeit und picobello aufgeräumt. Trotz der Unmengen von Dingen und Möbeln wirkte er überhaupt nicht vollgestellt oder überladen. Im Gegenteil, er strahlte eine wohltuende Sauberkeit aus, eine Gelassenheit, vollkommen klar und leicht. Die Wände zierten einige Gemälde, dazu Fotografien und Stierkampfplakate. Daneben Vasen voller Blumen, allerlei Dosen und Schachteln und eine umfangreiche Bar. Insa sah in die angrenzenden offenen Räume, die ineinander übergingen, und überall sah sie Regale mit Büchern, zahllose Exemplare stapelten sich zusätzlich auf Stühlen und Tischen, warteten verschnürt in Paketen auf ihren neuen Besitzer, darauf, aufgeschnitten, beachtet und studiert zu werden. Es würde sicher Jahrzehnte dauern, all diese Werke zu lesen. So viel Wissen, so viel Poesie hatte etwas Einschüchterndes, der Hunger dieses Lesers jedenfalls schien unermesslich zu sein. Insa taumelte, der Gedanke an irgendeine Form von Hunger hatte ihr den eigenen, wenn auch weit profaneren, ins Gedächtnis gerufen. Dazu meldeten sich ihre Füße vehement. Sie waren nicht einverstanden mit den neuen Schuhen. Aber es war klüger, sich nicht zu setzen, sie wollte ihm unbedingt stehend gegenübertreten.

Insa zwang sich, sich wieder auf ihre Umgebung zu konzentrieren. Neben den Büchern stachen die zahlreichen Souvenirs ins Auge. Scheinbar aus jedem Land der Welt hatte er Artefakte zusammengetragen, afrikanische Masken, asiatische Schnitzereien und europäische Skulpturen wechselten einander ab. Sie fragte sich, was es bedeutete, so viel zu reisen? War er nur wissensdurstig oder war er getrieben, gar vor irgendetwas auf der Flucht? Einer Erinnerung? Den Steuerbehörden? Exfrauen? Oder einem Dämon, der ihn verfolgte? Der Geist des einen oder anderen Tieres war mit Sicherheit dabei, denn gekrönt wurden all die Habseligkeiten, all die Kunst und die zahllosen Bücher von einer ungeheuren Menge an Jagdtrophäen.

Rehe mit Hörnern, Geweihe, ausgestopfte Leiber von Tigern und Antilopen, Zebrafelle und sogar ein Hocker aus einem Elefantenfuß war in einem der Zimmer zu sehen. Insa konnte es nicht verhindern, sie fragte sich, ob Antilope wohl schmeckte? Ihr Magen knurrte vernehmlich. Erschrocken bedeckte sie ihren Bauch mit den Händen. Das Geräusch war sicher im ganzen Haus zu hören gewesen. Insa horchte, doch da war einfach nichts. Keine sich nähernden Schritte. Auch kein Geklapper und keine

Musik. Nicht das geringste Zeichen einer menschlichen Existenz.

Vielleicht war sie der letzte Mensch auf Erden? Vielleicht war sie ganz allein. Mit diesen scheußlichen toten Tieren.

Das Gesicht des schönen Mannes tauchte kurz vor ihrem inneren Auge auf. Wenigstens ihn hätte sie gerne noch einmal gesehen, bevor sie einsam in diesem Haus zugrunde ging ... Insa lauschte in die Stille hinein. Noch immer waren keine Schritte zu hören. Aber irgendwo bellte ein Hund, und ganz weit entfernt glaubte sie jetzt doch ein Radio plärren zu hören. Weiter nichts.

Unschlüssig sah Insa sich um. Vielleicht sollte sie sich doch auf einem der Sofas niederlassen?

Ihr Blick fiel auf eine Dose auf einem der Beistelltischchen. Wie zufällig schlenderte sie darauf zu, man konnte nie sicher sein, ob man nicht beobachtet wurde. Vorsichtig hob sie den Deckel an, sie durfte auf keinen Fall Spuren hinterlassen oder etwas zerbrechen. Doch statt der erhofften Bonbons fanden sich darin nur schnöde Zigaretten. Insa seufzte und sah ins Nebenzimmer. An dessen gegenüberliegendem Ende stand ein Fernrohr. Es war auf das Fenster zum Garten ausgerichtet. Sie schlich hinüber, legte ihr Auge ans Okular und spähte hindurch. Es glitzerte ihr verführerisch hellblau entgegen. War das etwa Wasser? Aber natürlich, er hatte einen Swimmingpool. Insa schwenkte das Rohr langsam nach links, dahinter lag ein weitläufiger Garten. Beinah aufdringlich lebendig und von einem grellen Grün, glich er einem modernen, abstrakten Gemälde. Aber was waren das für kleine weiße Schildchen? Merkwürdig, sie erinnerten fast an –

Plötzlich verdunkelte sich das Bild. Insa schreckte zurück und fand sich einem wahren Koloss gegenüber. Sie sah an ihm hoch und in sein Gesicht, das war er, unverkennbar Ernest Hemingway. Und er war offensichtlich ziemlich ungehalten. Begeisterung sah jedenfalls anders aus. Insa sah ihm direkt in die Augen, knipste ihr strahlendstes Lächeln an und bemühte sich, das Fernrohr unauffällig in seine Ursprungsposition zurückzudrehen.

»Meine Güte, jetzt haben Sie mich aber ganz schön erschreckt. Ihr Butler hat mich reingelassen, ein wirklich netter Mann. Und da Sie sich nicht blicken ließen, dachte ich, es kann nicht schaden, mich ein wenig umzusehen. Sie haben doch hoffentlich nichts dagegen? Ich freue mich wirklich, Sie endlich kennenzulernen, Sie sind ja nicht gerade leicht zu fassen.«

Er schwieg. Insa überlegte, vielleicht erwartete er etwas von ihr, aber sie hatte nicht die geringste Idee, was das sein konnte. Sie streckte sich, sie würde sich durch sein Schweigen ganz sicher keine Angst einjagen lassen. Sie nahm sich die Zeit, ihr Gegenüber in aller Ruhe zu betrachten.

Hemingway trug eine weite, fleckige Leinenhose mit ausgebeulten Knien, er war barfuß, und sein Oberkörper war vollkommen nackt. Insa wusste nicht recht, wohin mit ihrem Blick. Es maunzte leise, jetzt erst bemerkte sie, dass er ein winziges Katzenjunges an seine Brust drückte. Dem schien das zu gefallen, es schloss die Augen und schmiegte sich an sein üppiges Brusthaar. Er liebkoste es zärtlich, dann sah er Insa mehr als feindselig an.

»Du musst die Kraut sein.«

Insas Gesicht schmerzte fast vom Dauerlächeln, und sie setzte von Neuem an.

»Mister Hemingway, ich bin so glücklich –«

Natürlich lächelte er nicht zurück. Er unterbrach sie lieber.

»Über was?«

Sie ließ sich nicht irritieren, sie deutete auf das Kätzchen.

»Hat sie schon einen Namen?«

Hemingways Blick wurde einen Hauch milder.

»Du magst Tiere?«

Insas Blick wanderte unwillkürlich zu dem Löwenfell, das samt Kopf auf dem Boden als Teppich diente. Kein schönes Ende für einen König, fand sie.

»Wenn sie lebendig sind …«

Er musterte ihr Gesicht. Das war sicher ein Fehler gewesen. Zu allem Unglück meldete sich ausgerechnet jetzt ihr Magen zurück. Sicher fühlte er sich akustisch belästigt, er sollte ja so empfindlich sein. Aber Hemingway grinste breit.

»Na, das jedenfalls klingt in meinen Ohren wenig tot.«

Doch statt ihr irgendetwas Essbares anzubieten, ließ er sich langsam in einen Sessel fallen und setzte das Katzenjunge auf seinen imposanten Bauch. Wo es, sichtlich zu seinem Entzücken, augenblicklich herumzuschnüffeln begann. Es tappte mit seinen Pfoten durch das Gestrüpp seiner Brustbehaarung. Insa entschied, sich auf das Sofa gegenüber zu setzen. Sie wünschte wirklich, der Mann würde sich etwas überwerfen.

»Principessa.«

»Wie bitte?«

Insa sah ihn fragend an, was sollte das sein, irgendein komisches Kompliment?

»Die Katze.«

»Ah ja, natürlich.«

»Eine Katze verfügt über absolute emotionale Aufrichtigkeit. Menschliche Wesen sind, aus dem einen oder anderen Grund, in der Lage, ihre Gefühle zu verbergen. Die Katze tut das nicht.«

Er begann sie in aller Ruhe zu mustern. War ihm daran gelegen, sie zu verunsichern? Er schien alle Zeit der Welt zu haben. Insas Gedanken rasten. Es war wichtig, sich durch seine Blicke nicht irritieren zu lassen, souverän zu bleiben, professionell. Sein Blick wanderte von ihrem Gesicht hinunter über ihr bunt gemustertes Kleid bis zu ihren Füßen, die in Sandalen steckten, dann wieder ihren Körper hinauf und verharrte schließlich auf ihrer Frisur. Wie ein Herrscher in seinem eigenen Inselstaat, schoss es ihr durch den Kopf. Ob es sich so anfühlte, berühmt zu sein? Insa hatte das Gefühl, er mochte, was er sah. Immerhin, sie fuhr sich mit den Händen durchs Haar und räusperte sich entschlossen.

»Ich soll Ihnen Grüße ausrichten, von Ledig-Rowohlt.«

Das Kätzchen jammerte leise.

»Sie braucht etwas zu trinken. Wie ist es mit Ihnen – wie war noch mal Ihr Name?«

»Insa Schönberg.«

Einen kurzen Moment sahen sie einander direkt in die Augen. Insa war, als wären sie Gegner in einer Schlacht, die versuchten, einander einzuschätzen, Stärken zu erkennen, Schwächen aufzudecken, die Kraft des Gegenübers und den Grad seiner Entschlossenheit abzuwägen – und sich für den Fall der Fälle innerlich zu wappnen. Er sah auf ihre Hände, die sie unbewusst zu Fäusten geballt hatte, und lächelte belustigt. Das hier würde kein Sonntagsspaziergang werden. Doch die hatte Insa schon immer öde gefunden.

»Haben Sie Durst?«

Er machte sich nicht einmal die Mühe zu verstecken, dass es sich bei dieser Frage um einen Test handelte. Doch er sollte besser nicht den Fehler begehen, sie zu unterschätzen, sie war trotz ihres jugendlichen Alters durchaus in der Lage, für das, was ihr am Herzen lag, zu kämpfen. Er würde sich noch wundern, das konnte sie ihm schon mal versprechen. Und ganz sicher fürchtete sie sich nicht vor seiner berüchtigten Trinkfestigkeit.

»Ich könnte ein ganzes Schwimmbad leer saufen.«

Hemingway sah aus, als hätte er Zahnschmerzen. Insa lächelte nonchalant, sie hatte noch nie Angst davor gehabt, Fehler zu machen. Auch nicht im Englischen. Er runzelte die Stirn und verfiel in einen schnarrenden teutonischen Akzent.

»Du. Warten!«

Behutsam setzte er das Kätzchen neben sich, ging zur Tür und rief den Butler.

»César? Die Deutsche ist unser Gast. Sorg bitte dafür, dass mein Schlafzimmer bereit ist, wenn wir zurückkommen.«

Sein Schlafzimmer? Hoffentlich war das nur ein sprachliches Missverständnis. Und wo war eigentlich seine Frau? Die Katze machte sich daran, aufs Sofakissen zu pinkeln. Nun, sie würde sie nicht davon abhalten. Vielleicht sollten sich die Menschen wirklich mehr an den Tieren als Vorbilder orientieren. Insa grinste.

Doch das Lachen verging ihr schnell. In etwa so schnell, wie Hemingway in der Lage war, seine Drinks zu kippen. Insa war der Illusion erlegen, die letzten Monate, die Partys mit den Hamburger Journalisten, die mitternächtlichen

Gespräche mit Pierer und die zahllosen Festlichkeiten in New York, hätten sie ausreichend auf diese Art Gelage vorbereitet. Aber sie hatte die Rechnung nicht mit einem ausgewachsenen Trinker seines Kalibers gemacht. Allein für die Fahrt mixte Hemingway zwei beeindruckende Becher mit Martini on the rocks, und zwar für jeden von ihnen. Er verfrachtete sie mitsamt der Plastikeimer in seinen Wagen, und sie brachen zu einer seiner Lieblingsbars auf. Auf der zwanzigminütigen Fahrt leerte er schweigend seine Drinks. Insa blieb nichts anderes übrig, als es ihm nachzutun. So war sie schon bei der Ankunft im El Floridita ziemlich beschwipst. Hemingway verwandelte sich beim Anblick der Bar vom grübelnden Menschenfeind in einen erstaunlich gut aufgelegten Starschriftsteller.

Geschmeidig betrat er die rosa gestrichene Bar, grüßte hier einen Polizisten, mit dem er *manchmal Fische tauschte, gegen dessen Willigkeit, beide Augen zuzudrücken*, deutete auf einen sehr dünnen Mann, der allein am Fenster saß und angeblich *heimlich für das FBI arbeitete*, und nickte einer traumhaft gekleideten Frau zu, *Tanzlehrerin, Insa verstehe schon* ... Das tat sie nicht wirklich, aber sie tat so, als ob, und folgte ihm leicht benommen zu seinem Stammplatz am Tresen.

Sobald Hemingway Daiquiris bestellt, sie gekostet und für *formidabel* befunden hatte, bemühte Insa sich möglichst unauffällig, sich an der Theke festzuhalten, um nicht vom Hocker zu kippen, und das Gespräch auf ihr Anliegen zu lenken.

»Das Porträt, das mir vorschwebt –«

Insa sah ihn an, es fiel ihr nicht leicht, sich auf sein Gesicht zu fokussieren. Hatte sie etwa den Faden verloren? Kein Wunder, sie war inzwischen fast verhungert. Vergeblich hielt Insa nach so etwas wie Nüssen Ausschau. Hemingway aber studierte seelenruhig und bewundernswert nüchtern ihr Gesicht. Insa rutschte unruhig hin und her. Sie hatte den Eindruck, es fehlte nicht viel, und er hätte die Konturen ihrer Wangen mit dem Daumen nachgezeichnet.

»Ich habe das vage Gefühl, dein Gesicht zu kennen.«

Insa jubelte innerlich, natürlich, er hatte die *LIFE* gelesen. Bescheiden spielte sie mit ihrem Strohhalm herum.

»Das könnte sein, ich bin eine Art Berühmtheit.«

Diese Bemerkung schien Hemingway aus irgendeinem Grund enorm zu amüsieren. Insa spürte leisen Zorn in sich aufsteigen, doch sie zwang sich, cool zu klingen.

»Ich habe einen Schnappschuss von Greta Garbo gemacht. Er wurde der Titel der vorletzten *LIFE*.«

Er schwieg beharrlich und trank. Aber Insa fuhr unbeirrt fort.

»Und das erregte natürlich ziemliches Aufsehen. Sie lebt ja seit Jahrzehnten im Verborgenen. Ich habe sie gesehen und sofort gewusst, was ich tun muss. Das klingt einfach, aber es ist eine Frage des richtigen Instinkts, verstehen Sie?«

Er schwieg, wahrscheinlich hatte sie ihn beeindruckt.

»In der dazugehörigen Reportage wurde auch ich abgebildet.« Höchstwahrscheinlich war er noch nicht häufig einer jungen Frau wie ihr begegnet. Einer, die mit derartiger Kühnheit, mit früh entwickelter Begabung ausgestattet war. Insa leerte zufrieden ihr Glas.

»Und was ist mit mir?« Sein Gesicht senkte sich ganz nah zu ihrem herunter.

»Was soll mit Ihnen sein?« Ihr Herz pochte rasant. Sie musste etwas Zeit gewinnen. Sonst verriet sie noch, wie nervös sie seine prüfenden Blicke machten.

»Was verrät dir dein Instinkt über mich?«

»Das verrate ich Ihnen mit meiner Kamera.«

Er war nicht weiter auf ihre Bemerkung eingegangen, sondern hatte es auf einmal eilig gehabt, nach Hause zu kommen. Auf der Rückfahrt überkam ihn plötzliche Gesprä-
chigkeit, und er begann vom Krieg zu erzählen, ein Thema,
bei dem Insa sich mehr als unwohl fühlte. Nicht nur weil
sie Mühe hatte, seiner schier endlosen Kette von helden-
haften Anekdoten zu folgen, die dazu zahllose Vokabeln
enthielt, die ihren sprachlichen Horizont um ein Vielfaches
überstiegen. Sogar während des leichten Lunches aus
Huhn, Salat und tropischen Früchten redete er ungebremst
weiter wie ein Wasserfall und leerte dazu eine ganze Flasche Amarone, allein. Denn immerhin gelang es Insa, ihm
vorzugaukeln, sie würde ebenfalls von dem Wein trinken,
unterstützt von César, der augenzwinkernd so tat, als
schenkte er ihr nach. Ihr schwirrte der Kopf schon mehr
als bedenklich, und sie musste ihre gesamte Konzentration
darauf verwenden, hin und wieder ein bedauerndes Brummen von sich zu geben und skeptisch die Augenbrauen zu
heben. Sicher waren ihm zahllose, fraglos grässliche Dinge
im Krieg widerfahren, doch sie konnte nur noch mit über-
menschlicher Kraftanstrengung die Augen offen halten.

»Liebe ist Liebe, und Spaß ist Spaß. Aber es ist immer
sehr still, wenn die Goldfische sterben.«

Hatte er das wirklich gesagt? Insa lächelte schief und
erhob sich von der Tafel. Das Zimmer schwankte um sie
herum. César schob ihren Stuhl zur Seite und bot ihr den
Arm. Sie wollte sich bedanken und Hemingway versi-
chern, dass sie sich auf die gemeinsame Porträtsitzung
freute, doch ihr gelang nur ein verwaschen gemurmeltes

»Mittagschlaf«. Fast hätte Insa übersehen, dass Hemingway den Raum verließ, glücklicherweise sorgte César dafür, dass sie hinterherkam. Das sollte nicht zur Gewohnheit werden, Insa kicherte unkontrolliert – bis er die Tür zu seinem Schlafzimmer aufriss. Er stapfte hinein, César entfernte sich, sie blieb zögernd im Türrahmen stehen.

Erwartete er wirklich, dass sie ihm in sein halbdunkles Schlafzimmer folgte? Warum sollte sie das tun? Natürlich, in ihrem überfluteten Gehirn formierte sich ein widerspenstiger Gedanke, sie war Freiwild für ihn! Er drehte sich um und sah sie milde an.

»Du solltest dich hinlegen.«

Insa stemmte ihre Hände in die Hüften und deutete abfällig auf sein Bett. »Aber ganz bestimmt nicht hier.«

Er wurde so plötzlich wütend, dass sie es nicht hatte kommen sehen können. Sein Blick durchbohrte sie förmlich mit einer Art weiß glühendem Zorn.

Insa biss sich auf die Zunge. Hatte sie ihn etwa in seiner Ehre verletzt? Wieso hatte sie nicht nachgedacht? Sie sollte sich endlich angewöhnen, nicht jeden Gedanken laut auszusprechen, sich diplomatisch zu verhalten, vernünftig zu sein und bedacht. Wenn da bloß ihr Temperament nicht wäre. Sie sah ihm ins Gesicht, seines war ja auch nicht gerade ohne. Eigentlich sah er gar nicht so aufbrausend aus, und sie fand, in seinem fortgeschrittenen Alter könnte er sich langsam etwas mäßigen. Er war ja nicht mehr der Jüngste, sein Haar ganz weiß. Und seine Augen, nun ja, etwas glasig waren sie schon, aber das war sicher seiner Trinkfreudigkeit geschuldet. Er war schon wieder in Gedanken. Was ihn wohl so beschäftigte? Wahrscheinlich überlegte er, wie er die kleine Deutsche am schnellsten wieder loswerden könnte. Niemals hätte sie gedacht, dass er ihr derart misstrauisch gegenübertreten würde. Insa brauchte dringend eine Pause. Sie schüttelte den Kopf.

»Nein, Mister Hemingway, das haben Sie falsch verstanden. Ich glaube … ich sollte …«

»Dinner pünktlich um acht.« Mit einem letzten eisigen Blick schloss er die Tür.

Insa schossen Tränen in die Augen. Das war dumm gewesen. Er hatte gar keine unredlichen Absichten gehabt. Schlimmer hätte ihre erste Begegnung kaum verlaufen können.

Sie ließ sich aufs Bett fallen und schloss die Augen. Und doch, er hatte sie in sein Haus eingeladen, vielleicht war das ein gutes Zeichen, spukte es Insa noch durch den Kopf, dann sank sie endlich in einen tiefen Schlaf.

10

Als Insa die Augen öffnete, brauchte sie einen Moment, bis ihr einfiel, wo sie sich befand. An der Decke drehte ein glänzender Ventilator seine Runden, die Vorhänge wehten in der abendlichen Brise, leise Musik drang von draußen herein. Insa rekelte sich, sie fühlte sich erfrischt. Immerhin, sie war ein gutes Stück weitergekommen, sie hatte gerade in Hemingways Haus ein Schläfchen gemacht, und das war weit mehr, als sie sich heute Morgen hätte träumen lassen. Wenngleich die erste Begegnung alles andere als geglückt war. Sie überlegte, wie sie ihn beschreiben würde. Unberechenbar auf jeden Fall, verschlossen, sogar argwöhnisch.

Dieses Foto würde ihr nicht zufliegen, so viel war sicher. Insa drehte sich zum offenen Fenster und atmete tief ein, es dämmerte bereits. Wie spät mochte es sein? Auf dem Nachttisch stand ein Wecker, Viertel vor acht?

Mit einem Satz sprang sie aus dem Bett, das Dinner! Und er hatte um Pünktlichkeit gebeten. Insa stürzte ins Bad, warf sich eine Handvoll Wasser ins Gesicht und lief zurück ins Zimmer. Sie suchte den Raum ab, wo waren nur ihre Schuhe geblieben? An der Wand lag auf einem Hocker ihr akkurat gepackter Koffer, wie kam der denn hierher? Er hatte ihn doch nicht etwa abholen lassen, ohne sie zu fragen?

Doch als Insa beinahe pünktlich den nur von Kerzen

erleuchteten Salon betrat, hatten sich die restlichen Gäste bereits eingefunden. Es war ihr gelungen, sich in Windeseile umzuziehen, sie war keine fünf Minuten zu spät. Und das Kleid passte anscheinend zum Anlass, César jedenfalls nickte ihr heimlich anerkennend zu. Sogar Hemingway bedachte sie mit einem wohlgefälligen Blick. »Dann sind wir ja vollzählig.« Er schien vollkommen ausgewechselt, die Liebenswürdigkeit in Person. Doch so leicht käme er ihr nicht davon, Insa lächelte in die Runde und sprach ihn leise an.

»Hatte ich schon zugesagt, hier zu wohnen?«

Er wandte ihr galant den Kopf zu.

»Ich werte ein fehlendes Nein immer als Ja. Sollten Sie auch mal versuchen. Macht das Leben angenehm.«

Insa lachte perlend, während sie den Aperitif entgegennahm, den César ihr reichte.

»Ich denke ja nicht daran. Ich bin vielmehr dafür, die Antwort meines Gegenübers ernst zu nehmen. Und zwar auch, wenn es mir nicht passt.«

Hemingway hob scherzhaft den Finger. »Das werde ich mir merken, da können Sie Gift drauf nehmen.«

Damit wandte er sich an seine Gäste und deutete auf Insa.

»Fräulein Schön-und-irgendwas, sie ist eine *Kraut* und verträgt so gut wie nichts. Aber sie ist den weiten Weg über den Ozean gekommen, um mich abzulichten.«

Alle sahen sie an, Insa spürte den eigenen Herzschlag in ihren Schläfen, doch sie schaffte es, dass ihrer Stimme keine Aufregung anzuhören war.

»Insa Schön-berg. Mister Hemingway war so freundlich, mich mit Nachdruck auf dieses herrliche Anwesen einzuladen. Ich werde mein Bestes geben, um ein außergewöhnliches Foto von ihm zu machen. Und ich freue mich auf die Arbeit.«

Hemingway deutete eine ironische Verbeugung an. »Außergewöhnlich, soso. Na, wir werden sehen.« Dann stellte er Insa die Gäste vor.

Zu der wechselnden Runde seines Mittwochsdinners gehörten an diesem Abend eine betagte französische Schauspielerin, die sich zur Erholung auf Kuba befand, ein ehemaliger Boxer mit dem merkwürdigen Namen Sid Angelino, ein kindlicher irischer Schriftsteller mit Hautproblemen und ein kastenförmiger kleiner General mit farbigen Brillengläsern und vollkommen undurchsichtigem Gesichtsausdruck. Der Gastgeber hatte offensichtlich eine Vorliebe für explosive Mischungen, alle stritten sich lebhaft über die kubanische Politik. Man warte noch auf Miss Mary, verkündete Hemingway, es sei denn, sie sei schon eingetroffen und er habe sie bloß noch nicht entdeckt, bei der trüben Beleuchtung, unter der er hier gezwungen sei, den Abend zu verbringen. César, der gerade eine Schale Oliven auf dem Beistelltischchen neben Insa auffüllte, murmelte leise, seine Frau bestehe nun einmal darauf.

Hemingway drehte den Kopf blitzschnell in Césars Richtung.

»Und ich werde mich erst durchsetzen, wenn der erste Gast in diesem Haus versehentlich eine Küchenschabe verspeist hat.« Er lachte trocken. »Meine Ohren waren schon immer exzellent.«

César machte, dass er wegkam.

Einem derart wechselhaften Menschen war Insa noch nie begegnet. Sie machte sich im Geist eine Notiz, sie musste dringend mehr über Hemingways Vergangenheit herausfinden. Insa bemerkte, dass der irische Schriftsteller etwas verloren abseits stand und sich nervös umsah, als erwartete er jeden Augenblick eine unangenehme Überraschung. Insa lächelte ihm möglichst harmlos zu, worauf er sich unauffällig zu kratzen begann. Ob er Angst vor Frauen hatte? Er war wirklich noch sehr jung.

»Sie sind aus Irland?«

Er warf ihr einen unsicheren Blick zu, hatte sie womöglich etwas Falsches gesagt? »Seamus, aus Glengarriff. Es hat mich fast zwei Monate auf der Straße gekostet, dann war ich endlich bei IHM …« Er hatte eine überraschend raue, aber sehr angenehme Stimme, bestimmt war er ein Dichter.

»Sind Sie sein Schüler?«

Seamus zuckte zusammen und wurde womöglich noch nervöser.

»Wo denken Sie hin? Er, er ist der Größte … und ich …«

Er verstummte ratlos, Insa lächelte ihm aufmunternd zu, seine Züge entspannten sich ein wenig, und er wagte einen neuen Anlauf. »Ich habe ihn vor ein paar Wochen gebeten, sich einige meiner Gedichte anzusehen, aber er, er sagte, er habe keine Zeit, ich soll sie ihm hierlassen, doch –« Er beugte sich zu Insa und flüsterte ihr ins Ohr, so leise, dass sie ihn kaum verstand. »Er schreibt gar nicht, ich habe es mit eigenen Augen gesehen. Tag für Tag steht er nur an seinem Tisch. Und tut nichts …!« Er kratzte sich erneut, wandte sich plötzlich ab und huschte Richtung Veranda, als befürchtete er, bei etwas Verbotenem erwischt zu werden. Insa sah ihm nach, vielleicht hatte er schon länger psychische Probleme? Sie schauderte. Oder Hemingway hatte ihn so weit gebracht. So würde sie ganz sicher nicht enden.

110

»Sie sind deutsch, Fräulein Schönberg?« General Lanham war es gelungen, sich vollkommen lautlos von hinten zu nähern.

»Das ist korrekt. Ich stamme aus Göttingen, einer kleinen Universitätsstadt im Norden.« Insa kannte diesen Typ Mann, er erinnerte sie an ihren Stiefvater, und sie wusste, wie man ihm begegnen musste, nämlich möglichst offensiv.

»Darf ich fragen, woher Sie Mister Hemingway kennen?«

»Sie dürfen. Wir waren zusammen im Krieg, die Befreiung des Ritz geht auf seine Kappe.« Er sah versonnen in sein Glas. »Mein Gott, das waren Zeiten!«

»Das Hotel Ritz wurde befreit?«

»Ganz genau, Kindchen, in Paris. Wir haben natürlich die ganze Stadt befreit, aber Hem, der kümmerte sich im Alleingang um das Ritz. Er hat dort über Tage eine bombastische Party geschmissen, jedenfalls der Legende nach.« Er lächelte gezwungen, Insa wusste nicht, was sie von ihm halten sollte.

Hemingway gesellte sich zu ihnen.

»Was meinst du mit Legende, Buck? Es ist alles wahr, das weißt du doch, mein Freund.«

Der General schüttelte den Kopf.

»Das sagen alle Schreiberlinge.«

Hemingway gab ein dröhnendes Lachen von sich und deutete Richtung Esszimmer.

»Wir fangen an, ich kann nicht riskieren, dass meine Gäste verhungern, bloß weil die Miss sich nicht blicken lässt.«

Der General bot Insa seinen Arm an, sie hakte sich bei ihm ein. »Können Sie mir vielleicht auch sagen, was es mit dem All Souls' Day auf sich hat?«

Lanhams Gesicht verfinsterte sich. »Die Schlacht vom Hürtgenwald, allerdings kann ich das, ich war da. Wir haben gewonnen. Mehr müssen Sie nicht wissen.«

Er würde nicht ein weiteres Wort darüber verlieren, und Insa floh an ihren Platz, erleichtert, dass sie zwischen dem Boxer und der Schauspielerin sitzen sollte und nicht neben dem verschwiegenen General.

Mademoiselle Valery sprach leider weder Englisch noch Deutsch, und Insas Französisch beschränkte sich auf ein paar wenige Brocken. Trotzdem erzählte sie Insa in aller Ausführlichkeit, dass sie sich viel besser fühle, seit sie auf Kuba sei. Offenbar war sie auf Hemingways Einladung hier, um sich von einem Schicksalsschlag zu erholen, und auch César tat das Seine dazu, sie aufzupäppeln, etwa indem er ihr einen speziellen Eierpunsch servierte. Immer wieder warf sie Hemingway dankbare Blicke zu und scherzte mit ihm in ihrer Muttersprache.

Hemingway blühte in Gesellschaft seiner Gäste mehr und mehr auf, genoss seine Rolle als Gastgeber sichtlich und versprühte nach allen Seiten Witz und Charme. Er bedachte jeden mit der gleichen geistreichen Aufmerksamkeit, hob das Glas auf die Schauspielerin und den Dichter, beide reisten in den kommenden Tagen zurück nach Europa, scherzte und ließ eine Köstlichkeit nach der anderen auffahren. Insa gelang es, sich zu entspannen, woran ihr zweiter Tischnachbar keinen unwesentlichen Anteil hatte. Er mochte um die vierzig Jahre alt sein, aber es war schwer einzuschätzen. Sein argloser Ausdruck wollte nicht zu den Furchen in seinem Gesicht und sein durchtrainierter Körper nicht zum Rest seiner abgerissenen Erscheinung passen. Dazu prangte in seinem Gebiss eine unübersehbare Lücke.

»Der falsche Schneidezahn verabschiedet sich immer wieder.« Er schnitt eine Grimasse, während er vorsichtig in seine Vorspeise biss.

»Einer der größten Champions aller Zeiten.« Hemingway saß ihnen schräg gegenüber. Insa bemerkte echte Ehrfurcht in seiner Stimme.

»Eligio Sardiñas Montalvo.« Der Boxer gab eine Art friedfertiges Protestbrummen von sich.

»Sie kommt gerade aus New York.« Hemingway gab die Salatschüssel weiter.

»Sie kennen New York, Mister –«

»Nicht Mister, nennen Sie mich Sid Angelino, das tut jeder. Aber bitte, Sie müssen mir eine Frage beantworten, was tragen die Männer in diesem Jahr?«

Insa begriff nicht, was er meinte.

»Die Männermode, wie ist die zurzeit in New York?«

Insa brach in Gelächter aus, sicher machte er einen Scherz. Doch Sid Angelino lachte nicht, er nestelte an seiner Serviette herum. Ihr fiel auf, dass sein Anzug an den Ärmeln abgenutzt war, er musste jedoch einmal sehr teuer gewesen sein.

»Entschuldigung, das kommt nicht oft vor, dass ein Mann sich bei einem Abendessen für Kleider interessiert.«

»In meinen besten Zeiten besaß ich einen Anzug für jeden einzelnen Tag des Jahres. Ich war berühmt für meinen Waschbärmantel!«

Sid Angelino wirkte nicht gekränkt, im Gegenteil, er schien stolz auf seine Vergangenheit zu sein. Auch wenn sie weit zurückliegen mochte.

Insa nickte ernsthaft. »Der stand Ihnen bestimmt ganz hervorragend.«

Und sie beschrieb Sid Angelino so detailliert sie konnte,

woran sie sich erinnerte. Die glamouröse Kleidung der Männer im Harlemer Apollo Theater, die Anzüge der weltmännischen Journalisten in Uptown und die fantasievollen Aufzüge der Künstler, die sich im Village herumtrieben. Während er ihr gebannt lauschte, betrachtete sie ihn unauffällig.

Seine ausdrucksstarken Hände und den eleganten, wenn auch inzwischen zu großen, auf geradezu tragische Weise unmodern gewordenen Anzug. Auf seiner Brust entdeckte Insa ein enormes Kreuz.

»Das ist ein interessantes Schmuckstück, gibt es eine Geschichte dazu?«

Er legte unwillkürlich seine Finger darauf. »Es bedeutet mir alles. Ich könnte es niemals verkaufen.« Seine Stimme war zu einem rauen Flüstern geworden.

Insa beeilte sich zu nicken. Natürlich, er war hoffnungslos verarmt, das war offensichtlich. Und das erklärte auch den geradezu unheimlichen Appetit, mit dem er sein Essen verschlang. Auch Insa hatte einen Bärenhunger, und sie schwelgten gemeinsam in den wundervollen Speisen, die der Koch auftischte. Gegen Ende des Festmahls, als sie herauszufinden versuchte, womit Sid Angelino eigentlich seinen Lebensunterhalt bestritt, wich er aus. Von seinen Anfängen als Boxer erzählte er hingegen gern. Er schilderte ihr gerade, wie es ihm gelungen war, als Kind mithilfe von Stummfilmen historischer Kämpfe das Boxen zu lernen, als Hemingways Frau eintrat.

Mary Welsh war seine vierte Ehefrau, so viel war Insa bekannt. Es hieß, sie hätten sich in London kennengelernt, und sie war Journalistin gewesen, hatte ihre Arbeit aber für ihn aufgegeben. Viel mehr hatte Insa nicht in Erfahrung bringen können. Umso überraschter war sie, statt der erwarteten Hausfrau, die ihr Leben dem weltbekannten Genie gewidmet hatte, einer spröden Person in sportlichem Aufzug, mit dunklem Nagellack und wasserstoffblonder Kurzhaarfrisur gegenüberzustehen. Sie stellte ein riesiges Kuchenpaket auf dem Esstisch ab und sah triumphierend in die Runde.

»Tada!«

Hemingway sprang auf und stürzte zu seiner Frau. Für einen kurzen Moment sah es so aus, als würde er sie mit seiner Wucht umwerfen, doch dann erwies sich, dass sein eigentliches Interesse dem Dessert hinter ihr galt.

»Darling! Du bist unbezahlbar!«

»Über Geld sprechen wir lieber nicht vor unseren Gästen …«

Sie lächelte eine Spur boshaft, das war auf jeden Fall ein heißes Eisen zwischen den beiden, dachte Insa. Sie fragte sich, die wievielte Ehe es wohl für Miss Mary sein mochte. Sie wirkte jedenfalls nicht gerade wie ein unbeschriebenes Blatt, im Gegenteil. Miss Mary nahm Insa ins Visier, Insa glaubte ein kaum merkliches Aufblitzen von Misstrauen zu erkennen.

»Und Sie sind?«

Damit hatte sie nicht gerechnet, Insa lächelte betont artig und machte Anstalten aufzustehen. »Insa Schönberg, ich bin Fotografin, Ihr Gatte war so nett, mich einzuladen.«

Miss Mary bedeutete ihr, sitzen zu bleiben. »Sie wollen ein Foto von ihm machen? Für wen?« Sie ließ sich am Tisch nieder und nahm sich eine Zigarette, der junge Ire gab ihr Feuer.

Insa wurde heiß, hoffentlich wurde sie nicht rot. »Ich arbeite frei, für deutsche Illustrierte. Aber auch für die *LIFE*.«

Unbeeindruckt blies Miss Mary eine Rauchwolke in ihre Richtung. Sie sah Insa schweigend an, ohne dabei wirklich unfreundlich zu sein. Sie wusste, was sich gehörte, und sie hatte jede Menge Erfahrung nicht zuletzt darin, unliebsame Besucher zu examinieren.

»Sie hat die Garbo vor die Linse gekriegt, kannst du dir das vorstellen?« Hemingway war kaum zu verstehen, er kaute glücklich auf einem großen Kuchenstück herum. »Zufällig, auf der Straße.«

»Papa. Das ist aber sehr unhöflich.« Obwohl sie missbilligend den Kopf schüttelte, war Miss Marys Stimme von nahezu unendlicher Sanftmut, wie die einer erfahrenen Tierbändigerin. Hemingway warf ihr einen jähen Blick zu. Insa war sich sicher, wenn Miss Marys Tonfall nur eine Spur harscher gewesen wäre, wäre er auf der Stelle explodiert. Er hatte das Kuchenpaket zu sich herangezogen und sich unauffällig darüber hergemacht. Miss Mary schob sich die Zigarette in den Mundwinkel und zog mit einer raschen Bewegung an dem Kuchenpaket. Hemingway ließ seine Pranke darauf fallen, stieß kindliche Schmerzenslaute aus. Als plante er wirklich, alles allein zu verschlingen. Miss Mary drohte ihm mit der Gabel wie mit einem Florett, endlich ließ er los, und der ganze Tisch brach in Gelächter aus.

Den Rest des Abendessens verbrachten Hemingway und Miss Mary damit, Insa über ihre Herkunft auszufragen. Sie betonten, sie sei die erste junge Deutsche der Nachkriegsgeneration, die sie zu Gesicht bekämen, und Hemingway stellte ihr jede Menge politische Fragen. Insa versuchte sie so gut sie konnte zu beantworten, doch sie geriet immer wieder ins Stottern, sie war es nicht gewohnt, bei solchen

Themen Englisch zu sprechen und die richtigen Vokabeln zu finden.

»Wie stehen Sie denn zum Kommunismus?«

Insa überlegte fieberhaft, was sie darauf antworten sollte, als ausgerechnet Miss Mary sich ihrer erbarmte.

»Ich glaube, es reicht jetzt.« Sie legte ihre Hand auf Insas. »Keine Sorge, Sie schlagen sich ganz passabel. Und Papa hat noch keinen Gast gefressen. Er schießt nur ab und zu auf sie …«

Hemingway grinste wölfisch. »Es gibt immer ein erstes Mal.«

Alles lachte laut, und Insa lachte mit, wenn sie auch bezweifelte, dass das wirklich als Scherz gemeint war. Hemingway stand auf. Offenbar war der Abend für ihn hier zu Ende. Alle beeilten sich, seinem Zeichen zum Aufbruch Folge zu leisten, das Abrupte daran schien ihnen bekannt zu sein. Auch Insa wollte sich gerade zurückziehen, als Miss Mary sie aufhielt.

»Wir zwei nehmen noch einen Schlummertrunk auf der Veranda zu uns. Ich treffe Sie gleich dort.«

Damit ging sie hinaus, um die anderen Gäste zu verabschieden. Das war offensichtlich ein Angebot, das sich nicht ablehnen ließ. Insa holte tief Luft, trank ein Glas Wasser und versuchte sich zu wappnen, irgendetwas sagte ihr, dass Miss Mary sie einer genauen Begutachtung unterziehen würde. Sie wandte sich in Richtung der Veranda und sah durch die offene Tür, wie Hemingway Sid Angelino ein paar Dollarscheine zusteckte. Der protestierte zwar, aber schwach und offensichtlich nur der Form halber. Denn als Hemingway ihm auf den Rücken seines staubigen Anzugs klopfte, überzog ein ungetrübt dankbares Lächeln sein Gesicht.

Insa brauchte dringend einen Augenblick allein, und ihr fiel nichts Besseres ein, als auf die Toilette zu flüchten. Erleichtert schloss sie die Tür hinter sich und holte tief Luft. Von einem Sims starrte sie eine in Formalin eingelegte Fledermaus an.

Als Insa wenige Minuten später im Korbsessel gegenüber von Miss Mary Platz nahm, lächelte die ihr geradezu wohlwollend entgegen. Vor ihnen standen zwei Gläser mit einer leuchtenden Flüssigkeit. Miss Mary erhob ihr Glas und prostete ihr zu. Insa zwang sich, ihren Blick zu halten.

»Die *LIFE* also. Wie alt sind Sie?«

Insa nahm einen Schluck. Was immer es war, es schmeckte bitter und merkwürdig säuerlich. »Zweiundzwanzig. Aber spielt das eine Rolle?«

Miss Mary studierte Insas Gesicht. »Und diese Frage beweist, wie jung Sie noch sind.«

Insa fühlte sich, als würde sie in einem Fach examiniert, auf das sie nicht vorbereitet war. Und trotz der leutseligen Art, ihres damenhaften Auftretens und des freundlichen Eingreifens beim Essen bezweifelte sie, dass die Prüferin ihr wohlgesinnt war.

»Wo genau in Deutschland sind Sie aufgewachsen?«

Sie würde sich nicht unter Druck setzen lassen, statt einer Antwort lehnte Insa sich zurück und sah in die Nacht. Ein zärtlicher Wind wehte über ihre Stirn. »In Göttingen. Die Familie meiner Mutter kommt von dort.«

Insa schloss die Augen und genoss das Gefühl auf ihrer Haut.

»Sie ist sicher sehr schön.« Ihre Stimme klang wehmütig, doch Insa war sicher, dieser Satz war ihr herausgerutscht.

Sie spürte, dass Miss Mary sie immer noch ansah, und entschloss sich, sie zu belügen. »Nein, eher nicht.«

»Dann kommen Sie nach Ihrem Vater?«

Insa setzte sich auf, sie nahm einen weiteren Schluck und entschied sich für die halbe Wahrheit. Sie spürte den Blick ihres Gegenübers ihre Beine entlangwandern und schlug sie übereinander.

»Ich weiß nicht viel über ihn. Er ist nach Amerika gegangen. Bereits vor einiger Zeit. Dort verliert sich seine Spur.«

Miss Mary nickte wissend. Das Getränk hatte seine anfängliche Bitterkeit so gut wie verloren.

»Und Ihre Mutter hat bald wieder geheiratet.«

Das war keine Frage, sondern eine Feststellung, und Insa erinnerte sich unwillkürlich an den Anblick ihrer Mutter in dem rosafarbenen Kleid, das sie auf dem Standesamt getragen hatte. An den Schimmer in ihrem Gesicht. Und an ihre eigene Wut über den Verrat, als den sie diese Hochzeit empfunden hatte und immer noch empfand. Sie fühlte sich durchschaut, ein unangenehmes Gefühl. Was auch immer der Grund war, eines war sicher, Miss Mary war alles andere als begeistert über ihren Besuch. Auch jetzt musterte sie sie ohne jede Hemmung über den Rand ihres Glases. Meine Güte, sie konnte doch nichts dafür, dass sie so jung war.

»Seit wann tragen Sie die Haare so?«

Insa wunderte sich, was nur hatte alle Welt mit ihrer Frisur?

Bald darauf hatte Miss Mary sich zurückgezogen und Insa in der tropischen Nacht allein zurückgelassen. Sie saß eine Weile einfach da und erholte sich von den Eindrücken dieses Tages. Dann holte sie ihr Notizbuch und machte sich daran, ihre Gedanken aufzuschreiben. Und das, was sie als Nächstes tun würde. Insa kaute auf dem Stift herum, eine Angewohnheit, die ihre Mutter schier in den Wahnsinn getrieben hatte, und dachte über den Schriftsteller nach. Doch sie kam zu keinem Schluss, im Gegenteil, es war fast, als würde Hemingway mit jeder Minute, die sie ihn kannte, komplexer. Wie ein riesiges Puzzle, bei dem ihr die Hälfte der Teile fehlte. Gegen das Gefühl der Verwirrung half nur eins, sie musste sich mit Wissen wappnen. Sie schlug das Buch auf und notierte:

– So viele Informationen wie möglich sammeln.

Auch die Nachfrage zu ihren Haaren schien ihr bemerkenswert, das musste etwas zu bedeuten haben. Insa nahm sich vor, dem auf den Grund zu gehen. Aus Miss Mary wurde sie noch weniger schlau, sie verhielt sich ihr gegenüber ebenso vertraulich wie verschlossen, feindselig wie neugierig. Sie hatte ihr eine angenehme Nacht gewünscht, *im kühlsten Raum des Hauses*. Sie hatte sie vor Hemingways Laune in Schutz genommen. Und doch sagte Insa ihr Gefühl, sie würde sich vor dieser kühlen, androgynen Frau hüten müssen. Sie musste etwas über das Verhältnis der beiden herausfinden.

– César befragen, besonders zur Ehe.

Insa ließ den Stift sinken und überlegte, vielleicht stimmte ja, was sie glaubte. Unter seiner bärbeißigen Art war er vielleicht ein liebenswürdiger Mensch, der einem ihm vollkommen unbekannten Fräulein ohne jeden Hintergedanken sein Schlafzimmer überließ, einfach weil es kühler war als der Rest des Hauses. Doch sie konnte sich nicht helfen, irgendetwas sagte ihr, dass das ein frommer Wunsch war, weiter nichts. Und dass Miss Mary ihr nicht umsonst durch die Blume zu verstehen gegeben hatte, dass sie sie im Auge behalten würde.

11

Eine gewaltige Flut von Schimpfwörtern ging auf irgendeinen armen Tropf am anderen Ende der Leitung nieder.
Insa putzte sich die Zähne. Sie fragte sich, ob der sich
überhaupt irgendeiner Missetat schuldig gemacht hatte
oder ob er einfach nur als Blitzableiter diente. Beides
konnte sie sich lebhaft vorstellen, sie spülte sich den Mund
aus, jetzt, wo sie einen ersten Eindruck von Hemingway
gewonnen hatte. Plötzlich war es still. Insa wagte nicht,
sich zu rühren. Was mochte als Nächstes kommen? Eine
Explosion? Ein Schuss? Die Waffen im Schrank im Schlafzimmer waren sicher nicht nur Dekorationsobjekte. Sie
schlich zur Tür und öffnete sie einen Spalt weit, es wäre
doch schade, das Finale zu verpassen. Ein Hörer wurde
mit Karacho auf die Gabel geworfen.

»Nitwit!«

Was immer das heißen sollte. Insa notierte sich das
Wort, sie würde es nachschlagen. Dann machte sie sich
auf die Suche nach etwas Trinkbarem. Sie folgte ihrer
Nase, und der Duft von Kaffee führte sie direkt zur Küche.
Als sie um die Ecke lugte, fand sie den Koch über eine
Pfanne gebeugt und lächelte ihn an. »Das Abendessen war
phänomenal!« Doch der Koch wedelte sie gereizt mit seinem Schneebesen hinaus wie ein lästiges Kind. Insa lief
den Flur entlang und spürte eine leichte Übelkeit in sich
aufsteigen.

Am entgegengesetzten Ende polterte Hemingway schon wieder los, diesmal in einer anderen Sprache, sie lauschte, das musste Französisch sein. Insa flüchtete ins Esszimmer, und kaum hatte sie am gedeckten Frühstückstisch Platz genommen, tauchte eine junge Frau auf und servierte ihr schüchtern frischen Kaffee. Insa stellte sich ihr vor und trank vorsichtig einen Schluck, ihr war etwas flau. Die Frau murmelte ihren Namen, es klang wie *Stehahh*, und huschte davon. Insa überlegte gerade, wie sie am besten mit Stella ins Gespräch kommen könnte, als Hemingway das Zimmer betrat. Er schien sie nicht zu bemerken, leise pfeifend ließ er sich am anderen Ende des Tisches nieder. Insa beobachtete ihn verdrossen, die Streitigkeiten schienen ihn geradezu beflügelt zu haben. Eine schlohweiße Katze strich um seine Beine, sprang auf seinen Schoß und begann nachdrücklich zu schnurren. Er betrachtete das Tier mit einer geradezu erschütternden Zuneigung. Insa fragte sich, wie das derselbe Mann sein konnte, den sie eben noch Schimpfkanonaden hatte abfeuern hören. Vorsichtshalber lächelte sie zu ihm hinüber, es war ja nicht auszuschließen, dass er sie doch noch bemerken würde. Aber Hemingways Aufmerksamkeit schien voll und ganz von seiner Tätigkeit gefesselt zu sein, er stapelte abwechselnd Pfannkuchen und Dosensardinen aufeinander und begoss das Ganze mit Ahornsirup. Dann begann er sich die Mahlzeit mit seiner Katze zu teilen, und Insa fürchtete, doch noch von Übelkeit übermannt zu werden. Sie richtete den Blick starr auf die Schale mit einer Grapefruit vor sich, das einzige Frühstück, das für sie in den nächsten Stunden überhaupt infrage kam. Sie war mit einer Cocktailkirsche verziert, gezuckert und vorgeschnitten, wirklich hübsch. Insa nahm den Löffel in die Hand und überlegte fieberhaft, wie sie Hemingway auf die Fotosession ansprechen konnte, als er das Wort ergriff.

»Boise, darf ich vorstellen? Das ist unser neuer Hausgast. Eine Deutsche. Ja, ich weiß. Wir mögen die Deutschen nicht. Wie sie heißt? Warte, ich komm gleich drauf. Ihr Name klingt irgendwie seltsam. Ilse? Inka?«

Insa zwang sich zu lachen. »Guten Morgen, liebe Boise. Dein Vater ist ziemlich verkatert, kann das sein? Ich hoffe, er lässt seine schlechte Laune nicht an dir aus? Das zeugte nämlich von einem, lass es mich direkt sagen, schäbigen Charakter. Ich heiße übrigens Insa. Wie jeder hier weiß.«

Damit stand sie auf, sie würde hier nicht als Bittstellerin auftreten, lieber behielt sie ihren Stolz. »Und jetzt entschuldige mich bitte, ich brauche dringend eine Dusche. Eiskalt.«

Sie legte ihre Serviette auf den Tisch und wandte sich zum Gehen.

»Hat Ihnen Ihr Tischnachbar gestern Abend gefallen?«

Hemingway dachte augenscheinlich nicht daran, von ihr abzulassen. Insa beschloss, sein Spiel mitzuspielen. Sie tat, als hätte sie nur nach der Kaffeekanne greifen wollen, schenkte sich nach und nahm wieder Platz.

»Sid Angelino? Ein wirklich netter Mann. Er hat so ein sanftes Gemüt, beinah unschuldig.«

Hemingway stieß ein Wiehern aus.

»Das ist gut! Wissen Sie, warum er begann, seine Kämpfe zu verlieren? Er hatte sich die Franzosenkrankheit eingefangen!«

Sie hatte keine Ahnung, was er meinte, und er lachte sich kaputt. »Die Syphilis!« Er klopfte sich auf die Schenkel. Insa hatte noch nie jemanden getroffen, der über einen derart befremdlichen Humor verfügte. Sie musste so schnell wie möglich raus hier, sonst konnte sie für nichts garantieren. Und ihr Foto könnte sie dann sicher vergessen. Insa überlegte fieberhaft, was sie tun konnte, um die Situation zu ihren Gunsten zu wenden – und entschied sich für einen uralten Trick, sie gab das hilflose Reh.

»Oh. Nein. Entschuldigen Sie bitte …!«

Insa drückte sich die Hand vor den Mund und rannte Richtung Badezimmer. Eine Frau, die sich übergeben musste, hatte noch jeden gerührt. – Nun, ja, ihn offenbar nicht. Er lachte immer lauter. »Die Schauspielerin ist übrigens morphiumsüchtig und wirklich unbegabt. Sie spielt fast so miserabel wie Sie!«

Insa hatte sich hinter Sonnenbrille und Strohhut verschanzt und auf einer der schneeweißen Liegen am Pool zurückgezogen und schwor sich, von jetzt an wachsamer zu sein. Sie würde nicht noch einmal zulassen, dass Hemingway sich derart unverschämt über sie lustig machte. Natürlich war ihr aufgefallen, dass der Boxer ein Hallodri war. Und die Schauspielerin war ihr durchaus etwas wacklig erschienen, auf ihren mageren Beinen. Unruhig ließ sie ihren Blick über den Garten schweifen, es wurde Zeit, dass sie etwas tat, um an ihr Ziel zu kommen, statt hier untätig herumzulungern. Weiter hinten, unter einem beeindruckenden Baum, leuchteten ihr die kleinen weißen Schilder, die ihr schon durch das Fernrohr aufgefallen waren, entgegen. Insa schlenderte hinüber, um sie sich genauer anzusehen.

»Sie interessieren sich für die Gräber?« Wie aus dem Nichts war César auf einmal neben ihr aufgetaucht.

»Wie bitte?« Insa glaubte sich verhört zu haben. Doch als sie näher kam, erkannte sie kleine hölzerne Grabsteine.

Machakos, Negrita, Black Dog stand darauf geschrieben. »Sind das …?«

César nickte kummervoll. »Die Katzen. Zurzeit haben wir achtundfünfzig Tiere, doch Papa lebt schon einige Jahre hier, also –«

Sie nickte verständnisvoll. Dann wandte sie sich an ihn und begann ihn sanft mit Fragen löchern. Die meisten Menschen schätzten es, wenn man ihnen zuhörte, das hatte Insa schon bei ihren ersten fotografischen Begegnungen in Hamburg gelernt.

»Unterschätze nie, wie gern die Menschen von sich erzählen, viele haben niemanden, der ihnen zuhört. Und jeder hat seine eigene Geschichte, die Gehör verdient.« Manchmal konnte Insa Pierers Stimme so klar hören, als ob sie neben ihr stünde. Sie vermisste sie plötzlich schmerzlich, wie gut wäre es, wenn sie sie hin und wieder um Rat fragen könnte. Sie hätte ganz bestimmt eine Idee, wie sie Hemingways Panzer knacken könnte. Ein Jammer, dass Pierer so ungern telefonierte. Andererseits hatte Insa ihre Ratschläge in den letzten anderthalb Jahren derart eifrig in sich aufgesogen, dass sie sie sich jederzeit in Gedanken vorsagen konnte. Und schon fühlte sie sich gleich weniger allein.

»Wenn Sie mir folgen wollen? Ich führe Sie gern herum.«

César zeigte Insa den Garten, und sie lauschte aufmerksam seinen Erläuterungen, zu der riesigen Ceiba, dem Wahrzeichen des Anwesens, zu Mandelbäumen und Königspalmen. Er zeigte ihr stolz chinesische Honigbäume, die ausladenden Avocados, die blühenden Tamarinden und die zahlreichen satt behängten Mangobäume. Insa erkannte die Früchte vom Leiterwagen wieder, die sie bei ihrem ersten Spaziergang in Havanna gesehen und noch nie probiert hatte. »Wir haben siebzehn verschiedene Sorten.« César pflückte zwei besonders schöne Exemplare und verschwand im Haus, um sie aufzuschneiden. Kurz darauf kredenzte er ihr die Frucht und wollte sich zurückziehen, aber sie bestand darauf, dass er sich zu ihr setzte. Er beobachtete sie genau, und Insa war von der Mango hingerissen. Eine ganz unbekannte Konsistenz, so glatt und schmelzend, eine feine, säuerliche Frische. »Du meine Güte, das schmeckt herrlich! Bitte, nehmen Sie doch auch ein Stück.«

César zögerte.

»Jetzt sagen Sie bloß nicht, dass er das nicht erlaubt?«

Er aß aus reiner Höflichkeit eine kleine Ecke.

»Aber nein, er ist wie ein Vater für mich, er sorgt für mich wie für einen Sohn.«

Wie interessant, Insa bat ihn mit Blicken, weiterzuerzählen.

»Es gab einen Unfall, mein Bruder, er starb. Da hat Papa mich zu sich geholt, damit ich meine Mutter unterstützen kann.« Er schwieg einen Moment. »Ich habe es keinen Augenblick bereut. Auch wenn er … ist, wie er ist.«

»Du stammst aus Kuba?«

»Bin noch nie woanders gewesen. Aber meine Hochzeitsreise, ich spare eisern, sie soll nach Amerika gehen.«

»Du bist verlobt?«

César wuchs mehrere Zentimeter. »Sie heißt Elpidia, das schönste Mädchen von ganz Matanzas.«

»Ich gratuliere dir, du siehst sehr glücklich aus.« Insa kam ein Gedanke. »Meinst du, Elpidia hätte gern ein schönes Bild von dir? Damit sie dich betrachten kann, wenn sie dich vermisst?«

Insa konnte förmlich sehen, wie die Versuchung in ihm arbeitete. Wie er sich fragte, ob das gegen irgendeinen Kodex verstieß.

»Einverstanden!«

Am späten Nachmittag erschien César zur Fotosession, und allein sein Auftreten hatte etwas Rührendes. Die nervöse Gespanntheit des Modells angesichts der Ungewissheit seiner Wirkung und wie es darauf hoffte, von seiner besten Seite gesehen zu werden. Und César hatte einiges dafür getan. Sein krauses Haar glitzerte vor Pomade, sogar seine Augenbrauen schien er damit gekämmt zu haben. Dazu trug er ein schneeweißes Hemd, eine frisch gebügelte Hose und glänzend gewienerte Schuhe. Als Insa ihn bat, auf der Veranda für sie zu posieren, wollte er sich lieber nicht anlehnen. Er stand etwas steif und verloren an einer der Säulen herum. Doch die Bilder sollten in erster Linie ihm gefallen, seiner Mutter und seiner Verlobten, nicht ihr, und Insa lobte seine Würde, die ihm offensichtlich sehr wichtig war. Sie achtete darauf, ihn vorteilhaft einzufangen und so, dass er stattlich wirkte und erwachsen. Aber eine Sekunde bevor sie die Sitzung beenden wollte, hatte Insa eine Idee. Sie fragte César, wie er Elpidia kennengelernt habe. Sofort begann er eine komplizierte Geschichte, die seine Schwestern, ein paar hohe Schuhe und eine Schmetterlingsfarm beinhaltete. Es war faszinierend, seine Verwandlung mitanzusehen. Er wirkte wie frisch in Glück gebadet, seine Haltung war von natürlicher Grazie, sein wahres Wesen schien in seinen Augen auf. Insa schoss eine ganze Serie von Bildern und strahlte ihn an. Sie war sicher, es war eines dabei, das er mögen würde.

Den Rest des Tages verbrachte Insa allein, und sie übte sich in Geduld. Doch irgendwann konnte sie nicht mehr ignorieren, dass absolut niemand sich blicken ließ. Sogar das Abendessen war sie gezwungen, allein zu sich zu nehmen. Sah man von Maya ab, Stellas Zwillingsschwester, die etwas längeres Haar hatte, aber genauso schweigsam war wie diese. Langsam begann Insa sich zu fragen, wo die viel gepriesene amerikanische Gastfreundschaft geblieben war. Hatte sie etwas falsch gemacht? Irgendeinen unverzeihlichen, einen Kardinalfehler begangen? Es war an der Zeit, etwas zu unternehmen. Sie würde weder in Untätigkeit noch in Wehleidigkeit versinken, das konnten gerne andere tun, ihr Fall war das nicht. Wie hatte Pierer gesagt? »Eine Frau braucht einen Plan.« Dem konnte Insa nur zustimmen, und deshalb rief sie jetzt sofort Willem an. Es läutete, sie schickte ein Stoßgebet gen Himmel und hoffte inständig, dass er zu Hause war. Sie brauchte nicht nur einen Plan, sie brauchte auch dringend eine warme menschliche Stimme. Endlich wurde abgehoben, Insa nannte ihren Namen, es rumpelte vernehmlich, jemand fluchte unterdrückt, dann war es still.

»Willem?«

»Lieveling! Wie schön, dich zu hören.« Er atmete schwer.

»Ist dir etwas passiert?«

Es klang, als ließe Willem sich auf ein Polstermöbel fallen. »Aber nein, ich war nur eingeschlafen. Es war sooo spääääät gestern …!« Er gähnte ausführlich. »Da habe ich ein winziges Nickerchen gehalten. Aber erzähl du. Wie ist es dir ergangen? Und wie verläuft die Begegnung mit dem Giganten? Hattest du ihn schon vor der Linse? Ich habe mir schon Wunder was ausgemalt, als ich so gar nichts von dir gehört habe. Ich fürchtete wirklich, das legendäre Monster hat meine neue Freundin verschlungen. Na los, ich will alles wissen! Warum sagst du denn nichts?«

Insa lachte.

»Gut – schwierig – nein – du lässt mich ja nicht zu Wort kommen? Aber ernsthaft, es ist so viel aufregender, als ich es mir vorgestellt habe. Stell dir vor, ich wohne jetzt hier. Also, man hat mich zwangsumgesiedelt. Kennst du einen Sid Angelino? Der war gestern zum Abendessen hier, ein schräger Vogel, sag ich dir. Und Hemingway? Er gibt ihm Geld, glaube ich. Zu mir war er gemein, und heute Morgen hat er sich über mich lustig gemacht. Seine Frau beobachtet mich mit Argusaugen, wahrscheinlich fürchtet sie, ich könnte ihr ihren Goldjungen wegnehmen. Als ob ich Interesse daran hätte, mit einem behaarten Riesen, der noch dazu mein Vater sein könnte, etwas anzufangen. Wofür hält sie mich? Ich meine, ich bin vielleicht jung, aber ich bin doch eine professionelle Fotografin. Was ich will, ist eine gute Aufnahme von ihm, weiter nichts. Genau die werde ich auch bekommen. Und wenn ich mich dafür auf den Kopf stellen muss. Wenn er mich weiter auflaufen lassen, ignorieren oder ärgern will, auch gut. Wenn er allerdings glaubt, er habe mehr Durchhaltevermögen als ich, dann hat er sich geschnitten!«

»Lieveling!« Willem rang nach Luft, er wusste offenbar nicht, wo er anfangen sollte. »Machst du Witze? Jeder hier weiß, wer das ist. Sid Angelino ist eine Legende! Er wird verehrt wie ein Heiliger. Hast du seinen göttlichen Körper bemerkt? Sag nicht, du hast ihn berühren dürfen?« Seine Stimme überschlug sich fast, er lachte seltsam atemlos. »Aber ich schweife ab. Seine Gattin hält dich für eine dieser jungen Frauen, die anderen die Männer wegschnappen. Ich bin sicher, sie verfügt über einen reichen Schatz an Erfahrung in dieser Hinsicht. Wer also könnte ihr das verdenken. Im Übrigen, wann hast du das letzte Mal in den Spiegel gesehen? Und ja, das wirst du. Denn ich höchstpersönlich werde dich mit allen mir zur Verfügung stehenden Mitteln unterstützen. Und wenn ich dich bis zum Sankt-Nimmerleins-Tag stützen, ablenken und unterhalten muss, ich werde mich nicht beschweren.«

Insa wäre ihm am liebsten um den Hals gefallen. »Ach, Willem …«

»Keine Sentimentalitäten, jedenfalls nicht am Telefon. Ich hole dich ab. Zehn Uhr pünktlich. Es wird Zeit, dass du unter Leute kommst. Und damit meine ich richtige Leute, sicher keine halben Rentner, die deine Qualitäten nicht zu schätzen wissen. Und ganz bestimmt keine missgünstigen Ehefrauen.«

Insa zog die Nase hoch. »Danke.«

»Dafür nicht. Halt durch. Und zieh dir was Hübsches an. Nicht so einen Fetzen wie beim letzten Mal.«

»Aye, aye.«

»Das ist mein Mädchen!«

12

Die schönste Frau der Welt schwamm nackt. Insa schloss die Augen und ließ sich treiben. Ava Gardner hatte vollkommen ungeniert die Hüllen fallen lassen und in diesem Pool geplanscht, wie Gott sie schuf. Das hatte César ihr anvertraut. Und das würde sie auch gern einmal ausprobieren, Insa seufzte tief. Sie sollte sich anziehen, aber es war einfach zu angenehm, hier im Wasser zu schweben. Das Gesicht des schönen Mannes tauchte aus der Dunkelheit vor ihr auf. Ob sie ihn jemals wiedersehen würde? Es plätscherte leise. Insa war plötzlich seltsam zumute, als wäre sie nicht allein. Auf einer der Liegen residierte eine der Katzen, Insa glaubte sich zu erinnern, dass dies nur dem ältesten aller Kater erlaubt war, kam aber nicht auf dessen Namen. Er jedenfalls hatte seine Augen geschlossen und strafte sie mit Verachtung. Insa sah über ihre Schulter, nichts. Sie drehte sich langsam im Kreis. Dahinten, was bewegte sich dort? Nein, das war nur ein großes Blatt in der Abendbrise. Natürlich, das Fernrohr, Insa sah hoch zum Fenster.

In der Dunkelheit konnte sie nichts erkennen. Und überhaupt, sie hatte nichts zu verbergen. Im Gegenteil. Wenn man ihr alles mögliche Aufreizende unterstellte, konnte sie sich umso leichter dementsprechend verhalten. Sie stieg aus dem Wasser, verschmähte das Handtuch, richtete sich zu voller Größe auf und stolzierte in Richtung Haus.

»Willem, kannst du dir das vorstellen? Ich bin gerade anderthalb Tage bei ihm, und schon bin ich am Ende meines Lateins!« Insa ließ sich auf den Beifahrersitz plumpsen.

Er schüttelte besänftigend den Kopf.

»Aber nein. Es fühlt sich vielleicht kurz mal so an, aber das bist du nicht.«

Sie sah ihn düster an. »Ich bin die Maus, mit der er spielt. Bevor er sie verschlingt!«

»Weißt du, warum Katzen das tun?«

»Nein, aber ich bin sicher, du wirst es mir gleich erklären.« Insas Laune besserte sich langsam. Es tat gut, eine Verschnaufpause und einen Verbündeten zu haben.

Doch Willem bereitete es augenscheinlich eine diebische Freude, sie zappeln zu lassen.

»Na los, spuck es aus! Bitte, bitte.«

Insa begann sich zu fragen, ob sie irgendetwas an sich hatte, das die Leute auf die Idee brachte, derart mit ihr umspringen zu können. »Jetzt!«

Willem grinste.

»Nicht schlagen, ich bin Brillenträger.«

Insa blitzte ihn an.

»Okay, sie tun es, weil das Angsthormon das Fleisch der Maus süßer werden lässt.«

»Oh. Du meinst, er will mich wirklich verspeisen!?«

»Ganz genau.«

»Quatsch!« Und doch ging Hemingway ein Ruf wie Donnerhall voraus. Was hatte Ledig-Rowohlt gesagt, *ein Frauenverschlinger? Notorisch?* Sie war gewarnt worden. Doch sich selbst hatte sie nicht in dem Bild gesehen. »Vielleicht ist es einfach ein Reflex?«

Das Auto gab ein merkwürdiges Röhren von sich. Willem verdrehte belustigt die Augen. »Wäre das denn besser?«

Insa überlegte. »Eigentlich schon. Ich würde ihn gerne mögen, irgendwie.«

»Dann magst du ihn bereits. Irgendwie.« Willem parkte den Wagen.

»Ach so?«

»Jupp.« Willem zog den Schlüssel aus dem Schloss, hievte sich aus dem Sitz, tänzelte gut gelaunt um den Wagen herum und öffnete ihr galant die Tür. Wahrscheinlich hatte er recht, Insa griff seine Hand. »Aber jetzt wird erst mal getanzt!«

Als sie den Club betraten, wurde eine weiche Rumba gespielt, und sie begannen auf der Stelle zu tanzen. Fast träge und zärtlich umfasste Willem Insa und begann sie sanft in seinen kräftigen Armen zu wiegen. Sie lehnte sich an ihn, schloss die Augen und gab sich ganz den Schwingungen seiner Schritte hin. Sie konnte spüren, wie die Spannung der letzten Stunden von ihr abfiel. Doch nach einer Weile bemerkte sie, dass etwas nicht stimmte.

Es fühlte sich an, als wäre Willem nicht bei ihr, nicht wirklich anwesend. Insa öffnete die Augen, sein Blick war glasig, er sah sie nicht an. Seine Bewegungen hatten etwas eigentümlich Eckiges bekommen. Sie sah sich um, die meisten Gäste tanzten, an den Tischen saßen vereinzelte Paare, auf der Bühne spielte eine Combo. Ihr stockte der Atem, dort, hinter einer Trommel, saß wie eine Erscheinung aus einer anderen Welt der schöne Mann.

Ein schnelleres Stück begann, Willem wirbelte sie schwungvoll im Takt im Kreis. Insa wurde einmal um ihre Achse gedreht und verlor den Mann aus den Augen. Sie fürchtete schon, sie hätte sich getäuscht. Den ganzen Tanz über versuchte sie, noch einen Blick auf den schönen

Mann zu erhaschen, stellte sich vor, er würde sie entdecken und von der Bühne herabsteigen, sie vor aller Augen umfassen und sie an sich ziehen … Kaum war das Lied verklungen, drehte Willem sich ohne jede Vorwarnung um und ließ sie einfach stehen.

Insa verstand nicht. Sie sah ihm hinterher, was war bloß in ihn gefahren? Es war merkwürdig, er glitt förmlich durch den Raum. In einer etwas dunkleren Ecke am anderen Ende des Clubs stand ein Mann. Es war, als ob Willem auf ihn zusteuerte, wenn auch nicht direkt, er näherte sich ihm auf Umwegen, in einer Art Zickzackkurs. Doch statt zu warten, zog der Mann sich ins Dunkel zurück. Und auf einmal fiel es Insa wie Schuppen von den Augen. Wie hatte sie das nur übersehen können. Willem war wie Professor Sattmann! Der war in Göttingen ihr Nachbar und, das hatte Insas Vater ihr erklärt, vom anderen Ufer gewesen. Einen Ausdruck, den Insa nicht sofort entschlüsseln konnte, aber in den darauffolgenden Monaten hatte sie sich eine Art solides Halbwissen darüber angeeignet. Sie begriff, dass es Menschen gab, die das eigene Geschlecht bevorzugten. Was das Wort Geschlecht bedeutete, verstand Insa allerdings erst Jahre später. Sie kicherte, im Rückblick war natürlich mehr als klar, was Willem wollte, seine einfühlsame Art, sein Auftreten hatten Bände gesprochen. Sie hatte sie nur nicht lesen können. Insa stand immer noch wie Falschgeld am Rande der Tanzfläche herum, als sie auf einmal seinen Blick auf sich spüren konnte.

Sie schlenderte in Richtung Bar und suchte sich einen Platz, an dem der schöne Mann sie gut sehen konnte. Sie hätte schwören können, er sah die ganze Zeit zu ihr herüber. Und doch ging er ganz in seinem Spiel auf. Wie konnte das sein? Wie seine Hände über die Haut der Congas flogen, sie schlugen und über sie strichen, Insa konnte sich nicht sattsehen daran. Ihr war, als könnte sie seine schlanken Finger, seine behutsamen Handteller auf sich fühlen. Wie eine ganze Reihe kleiner Schockwellen, die tatsächlich auf ihr landeten und eine Flut von Gänsehaut-schaudern auslösten. So hatte sie sich in ihrem ganzen Le-ben noch nicht gefühlt. Es war, als befände sich in ihrem Inneren ein gewaltiger Magnet. Und der schöne Mann war ganz eindeutig aus Metall.

»Ein Penny für deine Gedanken.«

Insa warf Willem einen unmissverständlichen Blick zu.

»Verzeih, ich hatte etwas zu erledigen …«

Er sah aus, als hätte er heimlich eine fremde Sahnetorte verschlungen, sich seiner Schuld bewusst, um Verständnis heischend, aber auch erfüllt mit dem Stolz jener, die ein Wunder erlebt haben.

Insa nickte verständnisvoll. »Soso.«

Willem nahm ihre Hand und drückte einen Kuss darauf. »Danke, dass du meine Freundin bist. Mein Geschmack ist nicht ganz ungefährlich hier, wie du dir vorstellen kannst. Du siehst aber auch verändert aus. Was ist passiert?«

Insa klimperte unschuldig mit den Wimpern. »Ach nichts, ich habe nur der Musik gelauscht.«

Willem sah zur Bühne hinüber. »Verstehe. Ach übrigens, er heißt Arsenio.«

»Oh, wirklich, wie das Gift?« Insa kicherte haltlos.

»Schlaues Mädchen!« Willem fiel in ihr Gelächter ein.

Wenig später brachen sie auf, denn besser konnte es in dieser Nacht für keinen von beiden mehr werden. Willem setzte Insa an der Pension von Señorita Calderon ab. Sie schwiegen eine kleine Weile, jeder für sich und ein biss-chen verzaubert. Insa klemmte sich seinen Stadtplan unter den Arm und gab ihm einen Kuss auf die Wange. Sie tauschten einen Blick, Worte waren nicht nötig. Insa stieg aus, winkte Willem, und er antwortete mit einer hübschen Schlangenlinienfahrt. Dann machte sie das Fahrrad vom Zaun los und brach auf. Ganz allein in die Nacht, sie kam sich vor wie ein Eroberer auf einem neuen Stern. Die Welt war so voller Wunder, und sie wollte sie alle ergründen.

13

In Wahrheit bedeutete Arsenio *der Männliche*, Insa hatte sich am Vormittag in die Bibliothek zurückgezogen und eine ganze Reihe von Wörterbüchern gefunden. Sie spürte eine Sehnsucht in sich aufsteigen, aber verbot sich, ihr nachzugeben und sich auf dem Teppich auszustrecken, auf dem Hemingway sich seinem Mittagsschlaf hinzugeben pflegte. Insa zwang sich, sachlich zu bleiben, und schlug im Oxford Dictionary *nitwit* nach. Sie hatte es geahnt, besonders zimperlich war er nicht, es wurde mit *Schwachkopf* übersetzt. Wenn ihr Aufenthalt so weiterginge, würde sie es bald selbst benutzen. Ihre Laune sank gen Gefrierpunkt ab, wenn sie daran dachte, dass sie seit drei Tagen in der Finca festsaß, ohne an ihr Foto zu kommen. Immer wieder hatte sie Hemingway auf die Fotosession angesprochen, und immer wieder hatte er sie vertröstet. Insa hatte sich damit beschäftigt, die anderen Angestellten zu fotografieren. Sie porträtierte den chinesischen Koch, Perez Wong, zusammen mit Bebo, dem milchgesichtigen Küchenjungen, der seinem Chef rotzfrech auf der Nase herumtanzte, Unfug mit Lebensmitteln trieb und ihn erfolgreich zur Weißglut brachte, aber Neues erfuhr sie von ihnen nicht. Papa war ein Genie, darum waren ihm alle Launen zu verzeihen, er war anspruchsvoll, aber gerecht, und er half den Armen mit beispielloser Großzügigkeit. Insa konnte die ewigen Lobeshymnen langsam mitbeten.

Auch die Zwillinge, Stella und Maya, schwärmten von Papas gütigem Wesen und seiner unerschöpflichen Weisheit. Insa beschlich langsam der Verdacht, man habe sie alle zu genau diesem Zweck angeheuert. Auch wenn sie natürlich genau wusste, dass das ein albernes Hirngespinst war, schien Hemingway wirklich über eine erhebliche Macht zu verfügen. Zumindest war er spielend in der Lage, die Menschen zu manipulieren. Oder wie sonst wäre zu erklären, dass angeblich alle Welt ihn vergötterte? Einzig Insa schien immun gegen ihn zu sein. Vielleicht verfügte er über eine Art Zauberkraft, die bei ihr nicht wirken wollte? Und vielleicht war genau das ihre Chance, dass sie im Gegensatz zu allen anderen einen nüchternen Kopf behielt.

Gestern war sie dem Gärtner begegnet. Schon in den vorhergehenden Tagen hatte sie mehr als einmal beobachtet, wie ein paar Nachbarsjungen versucht hatten, die schönsten Früchte mit Stöcken von den Mangobäumen zu holen, sehr zum Verdruss von Tito Rivera. Dessen freundliches Wesen hatte sich in dem Augenblick, in dem sich jemand an seinen geliebten Pflanzen verging, in das einer echten Furie verwandelte. Eine Liebe, die er mit Hemingway teilte, wie Rivera erzählte, während Insa ihn zusammen mit seinem Lieblingsbaum ablichtete. Die Ceiba war ein eigentümliches Gewächs, ausladend und groß, der Stamm übersät mit warzenartigen Dornen, doch hoch oben blühte er in prächtigstem Rosa. Rivera verschränkte die Arme und erzählte eine Schauergeschichte, von der er steif und fest behauptete, sie wäre wahr. Was Insa nicht bezweifelte, sie war einfach zu abscheulich, um nicht ausgedacht zu sein. Angeblich hatte Hemingway ausdrücklich verboten, die Wurzeln der Ceiba anzurühren, die jedoch seit geraumer Zeit das Haus untergruben und, wie Miss Mary beklagte, den Boden in ihrem Schlafzimmer anhoben. Um den kostbaren Boden zu retten, hatte sie in Abwesenheit ihres Mannes die Dielen hochheben lassen und die darunterliegende riesige Wurzel von Rivera entfernen lassen. Als der Herr des Hauses früher als erwartet zurückkehrte und sie dabei erwischte, gelang es ihm gerade noch, aus dem Fenster zu flüchten. Miss Mary aber musste seinen geradezu biblischen Tobsuchtsanfall über sich ergehen lassen. Hemingway beruhigte sich angeblich erst, als seine Frau tat, was er ihr befahl. Er zwang sie, sich vor den Baum zu knien und ihn um Vergebung zu bitten. Hatte sie Rivera vielleicht falsch verstanden? Doch sein Englisch war hervorragend, daran konnte es also nicht liegen. Insa nahm sich vor, niemals einen Mann zu heiraten, der Frauen derart behandelte. Denn selbst wenn Miss Mary ihre Entscheidung freiwillig getroffen hatte, selbst wenn sie bereit gewesen war, sich unterzuordnen, ja selbst wenn sie inzwischen daran gewöhnt sein sollte, wirklich niemand sollte heutzutage seine Frau so behandeln. Das hier war das zwanzigste Jahrhundert und nicht das Mittelalter.

»Warum hat er so reagiert?«

Rivera legte seine Hand auf den Stamm. »Sie ist heilig und darum unberührbar. Wie die Palme besitzt sie eine eigene Persönlichkeit. Bei Sturm und Wetter bleibt sie unversehrt. Niemals wird sie geschnitten oder gar gefällt, ohne die Erlaubnis der Götter.«

César läutete zum Lunch, und Insa verabschiedete sich, entschlossen, die festgefahrene Situation notfalls zu sprengen, es musste etwas geschehen, mit oder ohne Genehmigung irgendwelcher Himmelswesen, und zwar jetzt. Sie betrat das Esszimmer.

Hemingway und Miss Mary saßen schon am Tisch und schwiegen sich an. Insa grüßte höflich und nahm Platz. Hemingway starrte schweigend aus dem Fenster, kritzelte plötzlich etwas in ein Büchlein und schlang nebenbei das Essen hinunter. Was für eine Sünde, der Lauch, mit dem Bebo gestern noch herumgefuchtelt hatte wie mit einem Schwert, hatte sich in eine wundervolle kalte Suppe verwandelt. Nach einer Weile fragte Miss Mary freundlich, wie Insa die letzten Tage verbracht habe.

Sie trank einen Schluck Wein. »Ich habe Porträts von den Bewohnern der Finca gemacht. Ich glaube, es sind ein paar darunter, die Ihnen gefallen werden.«

Hemingway warf ihr einen mürrischen Blick zu. »Wer gefallen will, liegt schon mal grundsätzlich falsch.«

Am liebsten hätte sie Kontra gegeben und ihm erklärt, dass es sich bei den Bildern um Gastgeschenke handelte, eine Form der Höflichkeit, die ihm gerade abhandengekommen zu sein schien. Doch Miss Mary mischte sich ein. »Ach du meine Güte, lass doch bitte unseren Gast in Frieden.« Sie bedeutete César abzuräumen und wandte sich an Insa. »Ich habe mir von Perez sein berühmtes Kokosnusseis zum Dessert gewünscht, Sie werden sehen, es ist göttlich!«

»Wie du redest. Geschwollen wie eine alternde Diva, das passt nicht zu dir.« Hemingways Ton war schneidend.

Miss Mary nahm einen kleinen Schluck Wasser. »Wie diese Grausamkeit nicht zu dir.«

Insa wünschte, sie könnte sich unsichtbar machen.

Miss Mary fuhr mit bewundernswertem Gleichmut fort. »Bloß weil du einmal nicht deinen Willen bekommst …«

Insa fragte sich, welchen Preis es Miss Mary gekostet

haben mochte, sich diese engelhafte Eigenschaft anzuge-
wöhnen. Miss Mary ging zur Bar und schenkte sich ein
Glas Whiskey ein, den Kopf erhoben, die Schultern derart
angespannt, dass Insa sich unwillkürlich fragte, ob sie damit rechnete, etwas hinterhergeworfen zu bekommen.
Durch welches Fegefeuer mochte diese Frau gegangen
sein? Doch Hemingway hatte bereits wieder begonnen,
sich mit seinem Notizbuch zu beschäftigen, und strich ra-
biat ganze Seiten durch.

Miss Mary setzte sich mit ihrem Glas zu Insa. »Er will
nicht, dass ich ein eigenes Leben habe. Obwohl er mich
tagelang, was sage ich, über Wochen ignoriert, ist es ihm
wahrhaftig lieber, ich drehe langsam durch, während er im
Nebenzimmer erfolglos mit seinen dämlichen Dämonen
kämpft oder mit irgendwelchen Kumpanen auf Sauftour
geht. Mal ganz abgesehen von ...« Miss Mary trank und
sah Insa durch das Glas hindurch in die Augen. Als könnte
sie ihre Verbündete werden. Als wollte sie Insa bitten, ihr
beizuspringen. Obwohl sie viel zu jung war dafür.

Hemingway stand plötzlich auf. Er war beängstigend
ruhig.

»Hör auf zu zetern. Fahr doch einfach. Lass mich allein.
Ich brauche dich nicht.«

Miss Mary lachte tonlos. »Du bist ein schreckliches
Kind.«

Als Antwort warf Hemingway sein Notizbuch aus dem
Fenster. Niemand rührte sich. Endlich stand er auf und
ging zur Tür. »Wir gehen aus. Ich ersticke hier.«

Er machte Insa ein Zeichen, ihm zu folgen. Sie wusste
nicht, was sie tun sollte. Ihre Eltern hatten sich bis zuletzt
gestritten, dass die Fetzen flogen. Das war für Insa immer
ein Zeichen für wahre Liebe gewesen. Auch als das Gegen-

teil längst bewiesen war. Sie fühlte sich wie damals, als ob zwei Menschen mit aller Kraft an ihr zerrten und sie auseinanderzögen. Sie konnte es schmerzhaft und körperlich spüren. Sie sah zu Miss Mary, die bedeutete ihr, ruhig mitzugehen, und sie sah auch wirklich aus, als wäre sie gern eine Weile für sich allein. Insa nickte ihr schnell zu – und lief Hemingway in Richtung Auto nach.

Im Wagen schwieg Hemingway wie gehabt, er stierte aus dem Fenster. Insa hatte das Gefühl, es könnte wichtig sein, ihm die Eröffnung des Gesprächs zu überlassen, und schminkte sich rasch die Lippen nach. Sie wollte, dass er von sich aus auf sie zuging. Vielleicht würde es ihr gelingen, ihn dahin zu bringen, dass er von ihr fotografiert werden wollte. Sie klappte ihre Puderdose zu, sie musste ihre Herangehensweise ändern. Sie würde auf keinen Fall aufgeben.

Der Lincoln kam vor einer Bar zum Stehen, Juan, der Chauffeur, sah sich zu ihnen um und verkündete, sie hätten ihr Ziel erreicht. Und die Hemingway-Show begann. Sobald er das Auto verließ, legte er einen Schalter um und begann förmlich zu strahlen. Insa beobachtete, wie er die Bartender, seine Bekannten, die Touristen und Einheimischen herzlich begrüßte, ihnen aber zugleich signalisierte, dass er keine Zeit hatte, sich zu unterhalten, dass er gekommen sei, um nachzudenken und zu trinken. Allein. Sie spürte die fragenden Blicke der Leute auf sich, konnte förmlich hören, wie sie sich fragten, wer die junge Frau in den Caprihosen an seiner Seite wohl sein mochte. Wenigstens nahmen die anderen Gäste sie wahr, Insa hatte nicht die geringste Ahnung, wozu Hemingway sie eigentlich mitgenommen hatte.

Eine kleine Combo fing zu spielen an, ein altes Ehepaar begann langsam zu tanzen. Sie würde ihm nicht als Maus dienen, aber süß konnte sie gerne sein. Insa kletterte auf den Barhocker neben ihm und wippte mit den Füßen. Der Barkeeper sah nicht schlecht aus, natürlich kein Vergleich zu Arsenio, aber wenigstens war er jung. Insa stützte ihre Ellbogen auf den Tresen und legte ihr Kinn darauf. Sie saugte an ihrem Strohhalm und schmachtete ihn auffällig an. Der Barkeeper beeilte sich, eine Schale Nüsschen vor sie hinzustellen, von Hemingway aber kam keine Reaktion. Sie betrachtete das tanzende Paar. Wie es sich wohl anfühlen mochte, so klein und alt zu sein und immer noch zusammen zu tanzen?

»Sie haben ja Katzenaugen.«

Insa zuckte zusammen, jetzt hatte sie ihn fast vergessen.

»Und Sie können ja sprechen! Faszinierend.«

Hemingway lächelte sie an. Er grinste nicht sarkastisch, nicht spöttisch. Genau genommen war es das erste Mal, dass er sie einfach nur anlächelte. Insa fand allerdings, dass ihm das nicht wirklich stand, dieses Lächeln. Es war seltsam breit, tatsächlich reichte es von einem Ohr zum anderen, und irgendwie passte es nicht zum Rest seiner Erscheinung. Als hätte er zu viele Zähne.

»Tja, ich rede nur, wenn ich etwas zu sagen habe, im Gegensatz zu den meisten Menschen.«

Eigenlob, versteckt in einer Beleidigung, das wurde ja immer besser. Und plötzlich wusste Insa, wie sie es anstellen musste. Sie sah auf ihre Hände. Dann hob sie langsam ihren Blick, verletzlich und harmlos. Sie würde zu ihm aufsehen und ihn bei seiner Eitelkeit packen. Er sollte glauben, dass sie ihn bewunderte. Und vielleicht sogar mehr ... Insa biss sich scheu auf die Unterlippe. Er runzelte die

Stirn, als bemerkte er ihre Veränderung, könnte den dazu passenden Gedanken aber nicht recht fassen. Insa machte einen schüchternen Schmollmund. »Darf ich Sie etwas fragen, Mister Hemingway?«

»Schießen Sie los, Kindchen.«

»Ihre Ideen, die kommen doch aus dem echten Leben, oder?«

Er guckte entgeistert ob einer derart ausgeprägten Naivität, und Insa fragte sich, ob sie es übertrieben hatte.

»Das ist wahr, ich schöpfe aus dem, was passiert. Aber das ist nicht die eigentliche Arbeit. Die Idee ist das geringste Problem. Es geht darum, alles, was überflüssig ist, wegzulassen. Dazu muss ich die Ideen zerkauen, verschlingen, verdauen und wieder ausscheiden. Was dann noch übrig ist, ist es wert, aufgeschrieben zu werden. Das Gewölle.«

Hemingway bestellte eine weitere Runde und versank erneut in Schweigen. Insa aber dachte nicht daran zurückzurudern. Sie öffnete ihre Augen weit und ließ ihren Blick über seinen Schädel wandern. Der in seiner kantigen Größe tatsächlich ziemlich spektakulär war.

»Wie ist das, wenn man der berühmteste Schriftsteller der Welt ist?«

Er reckte das Kinn vor, als überlegte er, ob er sich über diese langweiligste aller Fragen ärgern sollte. Insa überkam kurz das Gefühl, einen Fehler gemacht zu haben. Doch dann änderte sich seine Stimmung. Seine Augen wurden klarer, sein Tonfall weich.

»Die Welt ist genauso schön wie früher. Nur die Idioten rücken näher. Und man braucht mehr Schlaf. In der restlichen Zeit tendiert die Welt nämlich dazu, auseinanderzufallen. Verstehen Sie das, Fraulein?«

Das Wort Fräulein sprach er absichtlich ohne Pünktchen aus, da war sie sicher. Insa nahm sich vor, das Thema Deutschland so weit wie möglich auszusparen.

»Ich vergesse das Gesicht meines Vaters, jeden Tag verschwimmt es mehr.« Sie wusste selbst nicht, warum sie das gesagt hatte. Obwohl es die Wahrheit war. Sie spürte ein Kitzeln im Gesicht. Ungeduldig wischte sie mit den Fingern darüber. Wie seltsam, das mussten Tränen sein. Ein Glas wurde sachte vor ihr abgestellt.

»Austrinken.« Seine Stimme klang unendlich weich, und doch hätte sie ihm niemals widersprochen. Sie griff das Glas mit beiden Händen. Es schmeckte ganz anders als die Büchsenware, die sie bisher gekostet hatte, und doch wusste sie sofort, was das war, das war Ananassaft. Sie leerte gehorsam das Glas und warf ihm einen dankbaren Blick zu. Und sie hatte das leise Gefühl, er mochte sie vielleicht doch.

Am nächsten Morgen wachte sie früh auf. Es war eine heiße Nacht gewesen, zahllose Träume hatten sie heimgesucht, sie hatte grässlichen Durst. Insa tappte im Dunkeln ins Bad und goss sich ein Glas Wasser ein. Sie trank es in einem Zug aus und sah aus dem Fenster. Was sie brauchte, war ein Bad. Sie schlich durch den Garten in Richtung Swimmingpool. Die Silhouetten der Palmen zeichneten sich gegen die Dämmerung ab. Sie streifte die Pantoffeln von den Füßen und sah hinauf zum Licht. Wie eine Decke aus Hoffnung, die sich beinah unmerklich ausbreitete. Sie hatte plötzlich Lust, nackt zu baden. Und wenn er sie sehen könnte? Sollte er sie doch ruhig betrachten. Auf einmal war sich Insa sicher, dass es ihr gelingen würde, das Foto zu ergattern. Eine frivole Idee ergriff Besitz von ihr.

Sie zog sich das Nachthemd über den Kopf und ließ es einfach fallen. Ein Windhauch strich über ihre Schultern. Auf einmal war sie sich sicher, dass sie ein aufregendes Leben haben würde.

Insa drehte sich um ihre eigene Achse. Wenn sie es recht bedachte, war dies das erste Mal in ihrem Leben, dass sie vollkommen nackt unter freiem Himmel stand. Sie gluckste, ein Vergnügen, an das man sich gewöhnen konnte. Nichts an dem, wie sie geschaffen worden war, konnte falsch sein. Sollten sie doch alle gaffen. Das hier war ihr Leben. Es gehörte niemandem sonst. Nicht einmal dem Mann, den sie eines Tages lieben würde. Insa lief zum Beckenrand und steckte die Zehen ins Wasser. Einfach köstlich, dieses Gefühl, und sie wollte mehr davon. So langsam es nur ging, ließ sie sich ins Becken gleiten. Jede noch so kleine sinnliche Sensation wollte genossen werden. Sie kam im Wasser zu stehen und strich die Oberfläche mit den Händen entlang, hob die Arme, drehte sich und ließ sich ins Wasser fallen. Es umschloss sie wie ein kühles Bett, wie die Arme einer vertrauten Person. Irgendwo ging die Sonne auf. Insa vergaß alles um sich herum. Sie ließ sich treiben. Zwischen ihren halb geöffneten Wimpern spielten Licht und Schatten miteinander. Sie spürte, wie die Sehnsucht sie umarmte. Es war, als ob die ganze Welt sie umfing.

Das Wasser hatte ihr entgegengeglitzert. Insa war fast, als begrüßte es sie. *Da bist du ja! Willst mich einfangen? Na, dann viel Glück!* Sie war das erste Mal allein unterwegs und plante, die Docks zu fotografieren, das ölige Hafenwasser, die ganze Härte der Industrielandschaft. All das faszinierte sie. Maschinen und Flächen, Dunkel, die Wellen, Mauern, Räume – Insa nahm ihre Kamera aus der Lederhülle, das

Herz schlug ihr bis zum Hals. Es galt so viel zu beachten. Sie warf einen Blick durch den Sucher. Funkelnd tanzten die Splitter aus Licht auf ihrer Netzhaut. Dann plötzlich Pierers Stimme in ihrem Ohr: »Ohne den Schatten hat das Licht keine Bedeutung.« Ihr war, als schwirrte alles, was sie in den letzten Wochen gelesen hatte, jedes Bild, das sie studiert hatte, jetzt in ihrem Kopf wie ein Schwarm von wilden Vögeln. Verband sich zu einem fordernden Summen, das ihr zuzurufen schien, es zu beachten, zu bedenken.

Sie versuchte sich zu erinnern. Was hatte Pierer über Kompositionen gesagt? Was über Lichteinfall? Sie hatte Margaret Bourke-White zitiert: »Die Dinge wahrnehmen, sehen und am Sehen Freude haben; sehen und staunen; sehen und belehrt werden.« Besonders gemocht hatte Insa den Schluss: »Dinge wahrnehmen, die Tausende von Kilometern entfernt sind, hinter Mauern, in Innenräumen, an die heranzukommen gefährlich ist; Frauen, die Männer lieben, und Scharen von Kindern.«

Insa fotografierte sich in einen wahren Rausch der Formen und Linien. Sie arbeitete, bis ihr die Finger steif wurden. Die Augen todmüde, aber stolz kehrte sie zurück in die Pöseldorfer Villa, in der Gewissheit, gute Ausbeute mitzubringen, etwas verstanden zu haben. Sie entwickelte den Film, hängte zufrieden die ersten Abzüge zum Trocknen auf, ahnungslos. Bis Pierer die Dunkelkammer betrat, mit einem flüchtigen Blick sämtliche Arbeiten umriss und sie mit einem einzigen Satz zunichtemachte. »Das bist nicht du.«

Den Rest der Nacht hatte Insa auf die Fotos gestarrt in dem Versuch zu ergründen, ob das wahr sein konnte. Und wenn nicht, was stimmte stattdessen? Am Morgen verstand sie endlich, was Pierer meinte. Sie hatte versucht, den Stil eines anderen zu kopieren. Schlimm genug, und außerdem hatte sie alles getan, um ihrer Lehrerin zu gefallen. Was in deren Augen so etwas wie eine Todsünde darstellte. Sie kam sich selbst sehr klug vor, als sie sich vornahm, sich künftig nur noch an sich selbst zu orientieren. Auf ihre innere Stimme zu hören, wann immer es möglich war. Doch wie sollte sie das angehen?

Ihr war, als wüsste sie jeden Tag weniger, wie sie das angehen konnte. Insa richtete sich auf und watete zum Rand des Pools, sie wollte zurück ins Bett. Doch als sie aus dem Wasser stieg, war ihr Nachthemd verschwunden. Sie traute ihren Augen kaum. Jemand musste es entwendet haben. Wirklich ungeheuer witzig. Für diese Art von fragwürdigem Humor kam eigentlich nur eine einzige Person infrage. *Geh dorthin, wo die Angst auf dich wartet,* Pierer wäre stolz auf sie. Endlich mal ein Leitsatz, den sie tatsächlich umsetzte. Insa schlüpfte in die Pantoffeln und schlenderte hocherhobenen Hauptes splitterfasernackt durch den Garten. Eigentlich ein ziemlich prickelndes Gefühl. Wäre da nicht das Kichern gewesen, das Insa zu hören glaubte. Dieses Scheusal, das würde er noch bereuen.

14

Am Vormittag, Insa hatte lange geschlafen, fiel ihr Hemingways Notizbuch wieder ein. Sie beschloss, es sofort zu suchen, und trat auf die Veranda. Niemand war zu sehen, sie lief schnell um die Ecke des Hauses. Da unter dem Fenster des Esszimmers, im Blumenbeet musste es irgendwo gelandet sein.

Doch da war nichts, wahrscheinlich hatte Hemingway es längst geholt, oder der Gärtner hatte es gefunden. Gerade als sie sich umdrehte, entdeckte sie es. Es lag unter einem Blatt verborgen, schnell nahm sie es an sich und kehrte, ihre Beute unter den Arm geklemmt, in ihr Zimmer zurück. Aber als sie es aufschlug, entpuppte es sich als enttäuschend. Hemingway hatte erst einige Seiten gefüllt, und besonders aufschlussreich war es auch nicht. Das einzig Interessante schien Insa eine Reihe von Wörtern zu sein, von denen sie kein einziges kannte: *spurs, fighting cockerels* und *tortoise shells*.

Insa zog sich an, ließ das Notizbuch unauffällig auf einer Ablage im Flur liegen und trank einen schnellen Kaffee. Von oben war Miss Marys Stimme zu hören, wie sie einer der Maids Anweisung gab, ihre Sachen zu packen. Sie würde heute Abend für einige Tage verreisen, und das ausdrücklich gegen Hemingways Willen. In der vorhergehenden Nacht hatte Insa die beiden noch lange streiten hören. Zwar hatte Miss Mary bei der Hochzeit vor sieben Jahren versprochen, ihm zuliebe ihre Arbeit als Journalistin aufzugeben, inzwischen hatte sie jedoch ihre Meinung geändert. Und auch die Zeiten waren andere. Sie wollte wieder arbeiten und hatte vor, in New York an alte Kontakte anzuknüpfen. Insa ahnte, dass Hemingway das überhaupt nicht passte. Er verlangte von seiner Ehefrau, dass sie ihr Leben dem seinen unterordnete, und warf ihr vor, ihn im Stich zu lassen. Sie hatte auch mit angehört, wie Hemingway seine Frau als *useless parasite* beschimpft und ihr Verschwendungssucht vorgeworfen hatte. Er brüllte sie an, sollte sie sich ihm verweigern, könnte er nichts versprechen. Türen wurden geschlagen, dann war es gespenstisch still geworden.

Insa hatte über Sinn und Zweck der Ehe nachgedacht, ein Konstrukt, das ihr vollkommen überflüssig, ja sinnlos schien, je mehr sie davon mitbekam. Dann war sie weggedämmert. Entschlossen schlug Insa das Wörterbuch auf, *nutzlose Parasitin*, was für eine traurige Beschimpfung. Ihr wollte einfach nicht in den Kopf, warum Hemingway einerseits erwartete, dass Miss Mary tatenlos an seiner Seite ausharrte, ihr dann aber vorwarf, dass sie von seinem Einkommen lebte. Ein einziger Widerspruch, dieser Mann. Was die Vokabeln aus seinem Notizbuch zu bedeuten hatten, war ihr auch vollkommen schleierhaft – *Sporen, Kampfhähne, Schildkrötenpanzer*? Sosehr sie auch grübelte, es wollte ihr nicht gelingen, sich darauf einen Reim zu machen. Sein strikter Tagesablauf – er schrieb ab fünf und trank dazu Martini, fuhr gegen elf zum Aperitif, machte nach dem Lunch einen Mittagsschlaf, widmete sich seiner umfangreichen Korrespondenz und Telefonaten, aß zu Abend, ging aus oder las – passte nicht zu seiner Ausgelassenheit, wie seine fehlenden Manieren nicht zu seinem Charme, seine Eloquenz nicht zu seiner Streitsucht. Insa hatte den Eindruck, sie hatte langsam seine ganze Widersprüchlichkeit und sämtliche seiner zahllosen Launen kennengelernt. Nur ihn kannte sie nicht.

Sie nahm sich noch einmal ihren Band mit seinen Kurzgeschichten vor, durchforstete sie nach einem Hinweis, der ihr helfen konnte, etwas über sein Verhältnis zu anderen Menschen, insbesondere zu Frauen zu erfahren. Insa blätterte durch die Seiten. Es gab eine Frau, die tot im Wasser trieb, die vergaß sie am besten gleich wieder. Eine Nichte, die sich um einen alten Mann kümmerte. Fünf Huren, die auf einen Zug warteten, eine von ihnen war wahnsinnig dick, sie fragte sich, warum, schob den Gedanken aber als unlösbar beiseite ... Insa fand noch einige interessante Ausdrücke für Frauen wie *Drachen, Kaulquappen, Blondinen*. Nichts, was ihr weiterhalf, aber doch ziemlich interessant. Als sie zu einer Stelle kam, die von einem keuschen Jungen handelte, der gegen die Sünde kämpfte, und darüber nachdachte, ob ihr das irgendetwas verriet, tappte eines der Katzenjungen ins Zimmer und steuerte direkt auf sie zu. Das war ganz sicher ein Zeichen. Insa lachte, sie sollte über dem vielen Grübeln ihre gute Laune nicht verlieren.

Wenig später, sie lief durch den Garten, um das Kätzchen zu seiner Mutter zurückzubringen, roch Insa etwas Ungewohntes. Das war eindeutig Rauch. Sie folgte dem Geruch und entdeckte ganz am Ende des Geländes Miss Mary, zu deren Füßen verschiedene Schachteln, ein Sack, ein Karton standen. Sie zerriss Papiere und fütterte ein kleines Feuer damit.

»Geschenke von Verehrern, Liebesbriefe, nutzloser

Tand.« Miss Mary sah einem Stapel Briefe beim Verbrennen zu.

Insa wusste nicht recht, was sie antworten sollte. Sie lächelte vage, steckte die Nase in das Fell des Tieres und schwieg.

»Vorsicht, das ist kein Spielzeug. Es zerbricht, wenn es fallen gelassen wird.«

Insa hatte nicht das Gefühl, dass es Miss Mary um das Katzenjunge ging.

»Sie fahren heute noch nach New York? Um wieder zu arbeiten?«

Miss Mary sah grimmig in die Flammen. »Sie wissen, dass ich Kriegsreporterin war? Auch für die *LIFE* übrigens.«

Insa erschrak, das hätte sie vor ein paar Tagen auf der Terrasse gern gewusst, bevor sie so hemmungslos mit ihrem Garbo-Scoop angegeben hatte.

»Als ich Papa kennenlernte, habe ich gearbeitet. Ich bin ein unabhängiger Mensch gewesen. Hätte ich damals geahnt, dass meine eigene Identität einmal derart dahinschmelzen würde … Sie müssen wissen, dass ich ihn anfangs nicht mal besonders mochte. Er sprach so schlecht von seiner Mutter, das schien mir ein Alarmsignal zu sein.« Miss Mary schnaubte. »Die einzige Frau, die er wirklich hasst. Abgesehen von der, mit der er jeweils verheiratet ist.«

Ratlos, ob es darauf überhaupt eine kluge Erwiderung geben konnte, streichelte Insa das Kätzchen. Dann gab sie sich einen Ruck und sah Miss Mary an. »Woran liegt es, dass er sie hasst?«

Miss Mary wischte sich den Schweiß von der Stirn. »Oh, das ist einfach. Sie sind nie so gefügig, wie er sich das vorgestellt hat. Und das wiederum liegt an seinem Geschmack für Frauen mit eigenständigem Wesen. Denn eigentlich verabscheut er kaum etwas so sehr wie Anhängsel. Sie erkennen den Widerspruch?«

Sie nahm eine Schachtel und leerte sie über den Flammen aus, dass die Funken flogen. Dabei sah sie sehr traurig aus.

»Einzige Ausnahme war die über alles erhabene Adriana. Ein Traumgespinst. Der verzweifelte Versuch mit der jungen Muse. Nur dass der leider vollkommen schiefging. Er hat sich in aller Öffentlichkeit lächerlich gemacht. *Über den Fluss und in die Wälder.* Dahin wäre er nachher zu gern verschwunden. Nur war es dafür zu spät …« Sie machte eine bittere Pause und sah dem sich auflösenden Rauch hinterher. »Und diesen Fehler wird er nicht wiederholen. Dafür werde ich sorgen. Und wenn es das Letzte ist, das ich tue. Begreifen Sie das?«

Insa verstand nur die Hälfte von Miss Marys Worten. Doch das, was darunter lag, konnte nicht deutlicher sein.

»Aber wissen Sie, was?« Miss Mary nickte Rivera zu, das Feuer im Auge zu behalten, und wandte sich Richtung Haus. »Diese jungen Dinger, sie halten sich für bedeutsam, dabei sind sie nicht mehr als eine Fußnote. Und erledigen sich von selbst.«

Sie ging davon, Insa sah ihr nach.

Miss Mary drehte sich noch einmal um. »Er hasst es, wenn man nicht aufrichtig ist.«

»Obwohl er selbst es mit der Wahrheit nicht gerade genau nimmt?«

Miss Mary lächelte. »Oh, er lügt natürlich wie gedruckt. Er nennt es nur anders. Das ist das Privileg der Dichter, fürchte ich.«

Insa sah ihr nach. Sie hatte das dringende Gefühl, noch

etwas sagen zu müssen. »Gute Reise! Und, äh, ich habe einen Freund!«

Das war eine Lüge. Vielleicht auch nicht. Insa wusste es selbst nicht so genau. Sie setzte die Katze auf dem Boden ab. Die Wahrheit hatte ihrer Ansicht nach sowieso schon immer einen faden Beigeschmack gehabt. Insa fand sie nüchtern, sauber und alles andere als verlockend. Hatte sie nicht ein Dasein voller Abenteuer und Triumphe verdient? Und diese Meinung würde sie sich ganz bestimmt nicht durch eine Moralpredigt verderben lassen. Insa sah das Kätzchen über die Wiese tollen, es verfolgte todesmutig einen riesigen Schmetterling. Sie hatte keine Angst, sich die Finger zu verbrennen. Im Gegenteil, sie würde die Gefahr suchen. Und sie fand, sie hatte das Recht, sich zu nehmen, was sie haben wollte. Erst recht nach allem, was sie schon erlebt hatte. Ein Foto, Champagner und Käsebrot und hin und wieder eine kleine Küsserei. Gegen falsche Verdächtigungen, seien sie auch noch so verschlüsselt vorgetragen, war sie allerdings allergisch. Sie dachte ja nicht im Traum daran, dieser Frau den Mann abspenstig zu machen. Unterstellte man ihr aber einfach alles Mögliche, bitte schön, dann könnte sie sich auch dementsprechend verhalten.

Vielleicht war es wirklich höchste Zeit, die Wahl der Waffen zu überdenken. Und außerdem war sie ihm noch eine Rache schuldig, für sein nächtliches Lachen und den Streich, den er ihr gespielt hatte. Insa sah auf die Uhr, perfekt, es war Mittag, die Zeit, zu der Hemingway gewöhnlich Siesta hielt.

Sie nahm ihre Kamera und lief in Richtung Bibliothek. Vorsichtig öffnete sie die Tür. Und richtig, sie konnte ihn schon von Weitem schnauben hören, wie einer dieser Meeressäuger, die nur hin und wieder an die Wasseroberfläche kommen, um Luft zu holen. Insa schlüpfte aus ihren Schuhen und schlich barfuß auf den reglosen Körper zu. Da unten lag er, einfach so auf dem Boden. In einem fleckigen Streifenhemd und den immer gleichen Kakishorts, aus deren Hosentasche sein kleiner Nylonkamm ragte. Er hatte den Kopf auf den Arm gelegt, direkt neben einem seiner riesigen Mokassins, die wie verlorene Boote auf einem Teppichteich neben ihm dümpelten. In einem tiefen, bewusstlosen Zustand schlief er seinen Rausch aus. Und doch, ihre Hände zitterten bei der Vorstellung, dass er sie erwischen könnte. Insa hielt den Atem an und schoss blitzschnell ein paar Bilder. Nicht auszudenken, was passieren würde, wenn er sie ertappte. Er würde mit Sicherheit versuchen, ihr den Hals umzudrehen. Für einen Moment überkam sie leise Reue. Beklommen sah sie auf den hilflosen Mann zu ihren Füßen. Sie schüttelte entschieden den Kopf. Für Gewissensbisse hatte sie keine Zeit. Und warum sollten für sie andere Regeln gelten als für ihn?

Insa entfernte sich rückwärts in Richtung Tür, innerlich jubilierend, sie hatte etwas gegen ihn in der Hand! Denn diese Bilder würden ihn wenig schmeichelhaft wirken lassen. Ein gestrandeter Wal. Ein würdeloser Koloss. Nur für den Notfall, sie zuckte mit den Schultern, als eine Art Lebensversicherung.

15

Am nächsten Tag war Insa allein mit Hemingway auf der Finca zurückgeblieben. Gleich nach dem Frühstück schwang sie sich auf ihr Fahrrad und fuhr nach Havanna, um die Filme zum Entwickeln in das Fotolabor zu bringen. Sie genoss es, dem Einfluss Hemingways und der bedrückenden Atmosphäre für ein paar Stunden zu entkommen. Außerdem waren ihr auf dem Rad schon immer die besten Ideen gekommen. Während sie zur Schule geradelt war, hatte sie beschlossen, sich bei der Fotografie-Pionierin Rosemarie Pierer zu bewerben, die sich, nachdem sie sich von ihrem siebzehnten Brief endlich hatte erweichen lassen, als wichtigster Mensch in ihrem Leben erweisen sollte.

Mit dem Fahrrad war es ihr auch gelungen, die Aufmerksamkeit ihres ersten Auftraggebers, des berühmten Fritz Loewke, zu erlangen. Und schließlich hatte sie es ihrem ersten Flirt geschenkt, zum Trost, als sie ihm das Herz ein wenig brechen musste. Augstein hatte es zunächst nicht haben wollen, er tat so, als wäre er überzeugt, zu alt dafür zu sein, etwas Neues zu lernen, er werde sich die Gräten brechen. Doch sie hatte ihn so lange aufgezogen, bis er es angenommen und ihr das Versprechen gegeben hatte, es in Ehren zu halten. Immerhin hatte das alte Rad sie nicht nur sicher nach Hamburg gebracht, es hatte außerdem ihrem Vater gehört. Rudolf Augstein versprach, es zu hüten wie seinen Augenstern.

Insa trat in die Pedale, sie liebte den warmen Wind auf Kuba. Irgendwie war er nicht von dieser Welt. Sie durfte nicht vergessen, Willem zu fragen, ob er etwas über Hemingways Muse, Adriana, den gescheiterten Roman und das darauffolgende Desaster in Erfahrung hatte bringen können. Insa erreichte den dicht besiedelten Teil der Stadt. Ein kleiner Junge gaffte ihr mit offenem Mund hinterher, sie streckte ihm die Zunge raus, er rannte erschrocken davon. Wohin sie auch kam, die Leute sahen ihr nach, aber das machte Insa nichts aus, sie war es gewohnt, spätestens seit sie ihre umwerfende Kurzhaarfrisur trug.

Eigentlich hatte sie nie groß darüber nachgedacht, wie sie auf andere wirkte. Bis zu jenem Morgen in Hamburg. Wie gewöhnlich hatten Insa und Pierer ein schnelles Frühstück im Stehen eingenommen, als ihre Mentorin sie auf einmal durch ihre todschicke Brille taxierte. Insa fühlte sich, als würde an ihr Maß genommen. Die Auftragslage mochte noch so prekär sein, die Chefin legte immer Wert auf ein modisch aktuelles Äußeres, und sie liebte es, Kleider einzukaufen. Was auch für Insa von Vorteil war, erbte sie doch das eine oder andere Stück.

Auch an diesem Morgen trug sie einen von Pierer übernommenen Pullover, den sie wie üblich etwas bearbeitet hatte. Sie hatte die Bündchen entfernt und den Ausschnitt erweitert, dazu trug sie ihr einziges Halstuch, das sie neulich auf einer Parkbank unweit der Isestraße gefunden hatte. Insa überlegte gerade, ob daran etwas falsch sein konnte, als Pierer ohne Vorwarnung begann, ihre elegante Bluse aufzuknöpfen. Was sollte das werden? Machte sie ihr etwa Avancen? Pierer hielt Insa die Bluse hin.

»Was guckst du denn so belämmert? Ich habe nicht vor, über dich herzufallen. So gut solltest du mich inzwischen kennen. Na, was ist, brauchst du eine schriftliche Einladung oder probierst du die jetzt endlich an?«

Insa wusste, bei diesem Tonfall ihrer Chefin galt es möglichst rasch zu reagieren. Selbst wenn diese im hautfarbenen Unterrock vor einem stand. Sie zog sich den Pullover über den Kopf und beeilte sich, in die Bluse zu schlüpfen.

»Aha!«

Irgendetwas hatte sie anscheinend richtig gemacht.

»Das Modell ist unpässlich, du wirst einspringen müssen. Aber keine Sorge, du wirst es lieben, das sagt mir mein Urin. Also, hopp, hopp!«

Keine anderthalb Stunden später fand Insa sich umgezogen, gepudert und frisiert an einer Eisenbahnbrücke wieder. Zum ersten Mal in ihrem Leben stand sie als Modell vor einer Fotokamera.

»Ja, das hat schon etwas. Aber lehn dich mal gegen die Streben.«

Insa versuchte möglichst grazil auf einem Bein zu balancieren und gleichzeitig ihre linke Schulter anzulehnen.

»Genau, schön locker. Das finden sie sicher todschick. Diesen Kontrast von Haut und Rost.«

Unermüdlich streckte und drehte Insa sich, warf genießerisch den Kopf nach hinten, lachte direkt ins Objektiv und hatte überhaupt einen Heidenspaß. Es fiel ihr leicht zu posieren. Wenn die Aufmerksamkeit auf ihr ruhte, blühte sie auf. Sie konnte das Adrenalin durch ihre eigenen Adern pulsieren fühlen. Es war, als begänne sie von innen heraus zu leuchten, bescheinigte ihr Rosemarie Pierer, das nannte man Naturtalent.

Am nächsten Abend hatte Pierer sie zu sich gerufen.

»Insa, setz dich mal einen Augenblick zu mir.«

Sie hielt ihr ein Glas Sekt entgegen.

Insa nahm es etwas verunsichert, so war sie sonst nie.

»Gerne, oh, danke schön, ja, gibt es denn etwas zu feiern?«

Pierer stieß ihr Glas gegen Insas. »Ich komme gerade von einem Kunden, und ich muss sagen, er war mehr als angetan. Man bescheinigt dir unverbrauchte Frische, und das ist ja nicht verkehrt in dieser nach Leichtigkeit dürstenden Zeit. Was hältst du davon, wenn ich dich häufiger einsetze? Du hast nämlich ganz offensichtlich das Glück, mit deinem Look ziemlich genau dem Zeitgeschmack zu entsprechen. Und bist noch dazu unbefangen, was vor der Kamera recht selten ist. Wenn du deine anderen Pflichten nicht vernachlässigst, steht meiner Ansicht nach einer kleinen Karriere auf dem Nebengleis nichts im Weg.«

Vor lauter Schreck trank Insa das ganze Glas in einem Zug leer.

»Im Übrigen erhältst du natürlich ein Honorar.«

Pierer legte zwanzig Mark auf den Tisch.

»Danke, das ist sehr großzügig.«

»Ach, papperlapapp, das ist doch selbstverständlich!« Sie kramte ein Etui aus ihrer Kostümtasche, fischte eine ihrer dünnen Zigaretten heraus und zündete sie an. »Wir Frauen müssen zusammenhalten. Und nehmen, was uns zusteht. Gerade in Zeiten wie jetzt. Und in unserem Metier.« Pierer sah aus wie eine Katze, die voller Verachtung aus dem Fenster in eine verregnete Landschaft blickt.

Insa beeilte sich, etwas zu entgegnen. »Warum ist es in diesen Zeiten besonders wichtig?«

Pierer nahm einen tiefen Zug und blies eine ganze Reihe von perfekten Ringen aus Rauch in die Luft. »Ach Schätzchen, siehst du denn nicht, was passiert? Kaum kommen die Kerle aus dem Krieg zurück, sollen die Weibchen zurück an den Herd. Da hilft auch kein vollmundiger Satz im Grundgesetz. Aber wir lassen uns nicht mehr ins Bockshorn jagen. Wir kämpfen für unseren Platz auf diesem Planeten. Stimmt's oder habe ich recht?«

Insa ballte im Spaß ihre Faust und hielt sie kämpferisch in die Luft.

»Unbedingt. Wir lassen uns nicht die Butter vom Brot nehmen!«

Pierer beugte sich vor.

»Versprich mir, dass du dich nicht verbiegen lässt.«

Insa lächelte Pierer direkt ins Gesicht.

»Worauf Sie sich verlassen können.«

Auch der letzte Rauchring löste sich in Luft auf. Pierer sah ihm gedankenverloren hinterher und schenkte noch einmal ein.

»Nobel geht die Welt zugrunde!«

Insa brachte die Filme ins Labor und die Abzüge zu Señorita Calderon. Als die ihre Bilder sah, warf sie die Hände in die Höhe, drückte Insa an sich und führte eine glückliche Pantomime auf, sie sähe aus wie eine Prinzessin. Danach versuchte sie eine geschlagene Stunde lang, Insa mithilfe von Rum und Törtchen eine saftige Klatschgeschichte, verwegene Gerüchte oder sonst etwas Brauchbares, das sie an ihre Freundinnen weitertratschen konnte, aus den Rippen zu leiern. Insa blieb standhaft, den Teufel würde sie tun und von der Ehekrise oder seinen unberechenbaren Launen erzählen. Doch die Señorita hatte selbst einige Geschichten auf Lager, die man sich auf Kuba über *Cheminguey* erzählte und die sie nur zu gern weitergab. Auch wenn das alles nur *Geschichten* waren, war es doch interessant zu hören, wie sagenumwoben er war, wie sehr er verehrt wurde und wie wild er es zuweilen trieb. Etwa, dass er in letzter Zeit angeblich häufig barfuß durch Kuba streifte. Wie ein obskurer Inselkönig, schoss es ihr durch den Kopf.

Beim Abschied griff die Señorita nach Insas Hand, sie hoffe so sehr, ihm eines Tages leibhaftig zu begegnen, und umarmte Insa vorsichtig, aber ausführlich. Als wäre die allein durch die Nähe zum Schriftsteller mit Sternenstaub bedeckt, der eventuell durch ein Wunder auf sie abfärben könnte.

16

Sie hatte das Tanzkleid angezogen, ihre glamourösesten Schuhe und extra viel Lippenstift aufgelegt – und es hatte sich gelohnt. Das Cabaret Tropicana war einer der berühmtesten Nachtclubs der Welt. Wäre das Wort mondän noch nicht erfunden, für das hier wäre es irgendjemandem sicher in den Sinn gekommen. Insa hatte sich geschworen, sich ab jetzt von nichts mehr beeindruckt zu zeigen außer von Hemingway. Doch das hier übertraf alles, was sie sich in ihren gewagtesten Träumen hatte vorstellen können. Halb offene Decken überspannten das elegante Ambiente, darüber funkelten die Sterne. Eine wilde Mischung aus High Society, Einheimischen, Touristen und einigen ziemlich fragwürdigen Gestalten hatte sich an den gedeckten Tischen versammelt und lauschte einer zärtlichen Musik, die sich derart weich von der Showbühne in den Saal ergoss, dass Insa war, als liefen die Klänge an ihr herunter wie öliges Wasser, wie ein betörendes Parfüm. Trotzdem war ein Raunen zu vernehmen, als Hemingway eintrat. Denn natürlich nutzte er den Club als Bühne für sein Hemingway-Theaterstück.

Aus dem eben noch ramponierten Wrack von einem Schriftsteller, das mit jedem Tag mehr einem geheimnisvollen, dunklen Schmerz ausgeliefert schien, der ihn auszuhöhlen drohte, war in Bruchteilen von Sekunden ein reizender, sogar verführerischer Partylöwe geworden – gut aussehend, optimistisch und siegesgewiss. Insa fragte sich, welche Version ihr die liebere war. Und welcher sie eigentlich Glauben schenken sollte. Er führte sie formvollendet zu seinem Tisch und grüßte dabei lässig nach rechts und links. Insa konnte fast körperlich spüren, wie sehr er die Aufmerksamkeit, die sie erweckten, genoss, und sie strahlte auf sie ab. Er rückte einen Stuhl vom Tisch und bot ihn ihr an, und sie konnte nicht anders, sie begann den Abend zu genießen. Er setzte sich und beugte sich vertraulich zu ihr hin.

»Siehst du die drei Typen dahinten?«

Insa sah sich um, ihr fiel nichts auf.

»FBI. Ich bin ihnen ein Dorn im Auge, sie halten mich für alles Mögliche. Spion der Sowjets zum Beispiel ... Spaßig, oder?«

Sollte das ein Scherz sein? Insa war nicht sicher. Sie entschied sich zu lachen. Vielleicht litt er unter Verfolgungswahn, auch dann wäre eine milde Reaktion eine gute Wahl. Oder doch nicht? Hemingway jedenfalls lachte nicht mit, er bestellte Highballs. Einige Leute kamen, um ihn zu begrüßen, jeder wurde großspurig an den Tisch geladen. Insa trank in seinem Tempo und also viel zu schnell aus den übergroßen Gläsern. Inzwischen hatte sich ein ganzer Pulk an ihrem Tisch versammelt, und auf der Bühne begann eine exotische Show. Halb nackte Tänzerinnen in enormen Federkostümen wackelten mit den Hüften wie balzende Vögel. Einige von ihnen warfen Hemingway vielsagende Blicke zu. Der schaffte es, zurückzuflirten, zeitgleich seine Gläser zu leeren, zu rauchen und seine Freunde zu unterhalten. Oder was immer er dafür hielt.

»... zur Feier meines fünfzigsten Geburtstags habe ich dreimal gevögelt, im Klub zehn Tauben geschossen, mit

Freunden eine Kiste Piper Heidsieck Brut getrunken ...
und einen Roman beendet.« Er lachte gallig. »Da war ich
noch nicht so verflucht nutzlos wie jetzt ... Noch irgendwelche Fragen offen?«

Hemingway sah sich Beifall heischend um. Der Tisch
reagierte mit Gelächter, nur Insa sah ihn aufmerksam an.
Sie hatte das Gefühl, ihr schwärmerischer Gesichtsausdruck war längst zu einem künstlichen Lächeln geronnen.
Insgeheim begann ihr sein supermännliches Gehabe auf
den Geist zu gehen, was Hemingway sicher mit seinem
»eingebauten Bullshit-Detektor«, den er bei jeder Gelegenheit erwähnte, nicht verborgen bleiben würde. Gleich
würde er ihr eine seiner boshaften Fragen stellen, um sie
vor seinen Freunden zu blamieren. Ein Zigarettenmäd-
chen kam vorbei, Insa nahm sich eine Schachtel Karamell-
bonbons und stopfte sich eine ganze Handvoll daraus in
den Mund. Besser kauen, als dass sie etwas sagen musste.
Eine übertrieben teuer gekleidete Frau, die ihr vage bekannt vorkam, ließ sich auf Hemingways Schoß nieder
und deutet auf Insa.

»Wer ist das kleine Mädchen, das du uns mitgebracht
hast?«

»Darf ich euch meine neue Freundin vorstellen? Sie ist
eine Kraut. Und na ja, ihr wisst, was ich von denen halte.«

Die Entourage lachte. Was sollten sie auch sonst machen.

Insa sah ihm aufmüpfig in die Augen.

»Sie haben sicher eine passende Geschichte dazu?«

Das schien ihm zu gefallen. Er nahm die Haltung eines
finsteren Märchenonkels ein und begann mit sonorer
Stimme zu erzählen. »Einmal habe ich einen besonders
frechen, patzigen SS-Kraut umgelegt. Als ich ihm sagte,

dass ich ihn töten würde, antwortete der Kerl doch: ›Du wirst mich nicht töten. Weil du Angst hast, und weil du einer degenerierten Mischrasse angehörst. Außerdem verstößt es gegen die Genfer Konvention.‹ – ›Du irrst dich, Bruder‹, sagte ich zu ihm und schoss ihm dreimal schnell in den Bauch, und dann, als er in die Knie ging, schoss ich ihm in den Schädel, sodass ihm das Gehirn aus dem Mund lief. Oder war es die Nase?«

Insa schluckte ihre Tränen hinunter, reichte der Aufgetakelten die Hand, die sie perplex ergriff, und schüttelte sie

»Mein Name ist Insa Schönberg. Ich bin Fotografin und hatte gehofft, ein brauchbares Porträt von diesem Mann machen zu können.« Sie stand auf. »Aber ich fürchte fast, dafür ist es zu spät. Wir schreiben nämlich das Jahr 1953 … und der Krieg ist schon lange vorbei.«

»Leopoldina Rodriguez.« Sie hielt Insas Hand eine Sekunde länger als nötig in ihrer, als wollte sie ihr heimlich Mut zusprechen. Auf der Bühne wurde der letzte Takt des Finales gespielt. Applaus brandete auf. Hemingway klatschte langsam in die Hände und sah ihr ins Gesicht. Insa war froh, dass es ihr gelungen war, die Tränen der Wut hinunterzuschlucken. Einen Wimpernschlag lang hatte sie das Gefühl, mit ihrer Wehrhaftigkeit seinen Respekt erlangt zu haben, dann schloss sich das Fenster wieder. Sie brauchte dringend eine Luftveränderung und machte sich auf in Richtung Powder Room. Sie ließ sich kaltes Wasser über die Handgelenke laufen, als sich die Tür öffnete und Leopoldina Rodriguez neben sie trat. »Wir haben uns schon einmal in einer Bar gesehen, erinnern Sie sich? Ich bin das, was man hier eine *Tanzlehrerin* nennt. Vielleicht ahnen Sie, was das ist? Und ich kenne Papa besser als viele hier, mehr müssen Sie nicht wissen. Nur eins noch, er ist sehr unglücklich. Versuchen Sie ihn zu verstehen.« Damit strich sie Insa über die Schulter und verschwand in einer der Kabinen.

Als Insa einigermaßen wiederhergestellt in den Saal trat, sah sie sich unverhofft dem schönen Mann gegenüber.

»Arsenio.«

Mehr war nicht nötig. Nur sein Name, den er aussprach, als wäre er ein Zauberspruch. Ein magischer Ausdruck. Ein Fluch. Sie stand sofort in seinem Bann. Er führte sie einfach zur Tanzfläche. Und Insa begann zu schweben. Arsenio wiegte sie derart selbstverständlich in seinem Arm, hielt und führte sie und zog sie immer wieder an sich, dass ihr war, als wäre sie, als wäre er zu nichts anderem geboren worden. Zu nichts anderem, als dass die Musik sie trug. Sie war ihre Sprache. Und ihr ganzer Sinn, das war die Nähe zu ihm. Zu diesem Mann. Irgendwann war die Musik vorüber, doch Arsenio ließ sie nicht los. Er führte sie in den Garten, zu einem Baum voller Blumen. Wie exotische Fische am Grunde des Meeres leuchteten unzählige pinkfarbene Blütenfäden im Dunkel. Er sah sie mit sprechenden Augen an. Und Insa legte ihre Arme um seinen Hals und küsste ihn. Ein bisher nie gekanntes Verlangen überrollte sie wie eine tief liegende Welle. Sie wollte nichts, als von ihr verschlungen zu werden.

»Lass sie los, oder ich breche dir sämtliche Gräten.«

Insa wusste nicht, wie ihr geschah, Hemingway stand plötzlich neben ihr, schwang drohend eine Champagnerflasche in Arsenios Richtung, der flüchtete, ohne sich noch einmal umzusehen. Derart unsanft aus ihrem Rausch ge-

rissen, hätte Insa am liebsten losgeheult, wäre das nicht
so entsetzlich peinlich gewesen. Sie drehte sich um und
wollte einfach nur weg. Aber Hemingway war schneller,
schon hatte er sie am Handgelenk gepackt und zerrte sie
unsanft mit sich in Richtung Tisch. Wie ein ungezogenes
Kind! Insa versuchte mit aller Kraft, sich loszumachen.
Doch sie war vollkommen machtlos gegen seinen eiser-
nen Griff.

Im Gehen sah sie sich nach Arsenio um, doch der war
wie vom Erdboden verschluckt. Sie erreichten stolpernd
den Tisch, aber er dachte auch jetzt nicht daran, sie loszu-
lassen. Insa zappelte, so stark sie konnte. Hemingway
stellte sie vor sich hin wie eine Puppe, legte seine Pranken
auf ihre Schultern und redete auf sie ein wie auf einen
jungen, ungezogenen Hund.

»Der Kerl ist ein berüchtigter Aufreißer. Ein Schurke. Er
hat an jedem Finger zehn Mädchen. Und du willst doch
sicher nicht als Flittchen gelten? Was aber sofort passiert,
wenn du dich mit einem wie ihm einlässt.« Er sah sie an,
als hätte sie ihn enttäuscht. »Wie kann man nur so verteu-
felt einfältig sein!«

Was fiel ihm ein, sie derart bloßzustellen? Insa spürte die
Blicke der Leute auf sich. Und überhaupt, sie glaubte ihm
kein Wort, er musste sich täuschen.

»Ich kann sehr gut allein auf mich aufpassen. Ich ver-
bitte mir diese Behandlung, Sie sind nicht mein Vater. Halten Sie sich gefälligst aus meinem Leben raus!«

Er ließ sie los, als hätte er sich verbrannt. Sah sie nur
an. Verletzt, bis ins Mark getroffen. Das hatte sie nicht
gewollt. Hemingway sah auf einmal todmüde aus. Aus-
gelaugt wie ein Tier nach einem Leben voller verlorener
Kämpfe und vom letzten Verlust tief in der Seele getrof-

fen. Ohne Vorwarnung wurde Insa von einer Welle Mitleid überflutet.

Zaghaft griff sie nach seiner Hand, aber sie konnte sie nicht erreichen. Er würdigte sie keines weiteren Blickes mehr, schickte seine Freunde weg und bezahlte die Rechnung. Nebeneinander gingen sie zum Wagen und fuhren schweigend durch die Nacht. Insa fühlte sich seltsam, als wäre sie in ihre eigene Falle getappt. Sie war komplett durcheinander, denn sie hatte nicht die geringste Ahnung, was das zu bedeuten hatte. Jedenfalls war sie heilfroh, dass sie im Dunkeln ihr Gesicht ausruhen konnte. Gerne hätte sie gewusst, was sie von alldem halten sollte. Was sie fühlen oder denken sollte. Eine merkwürdige Scham erfüllte sie, doch sie hätte nicht einmal sagen können, ob für ihn oder für sich selbst. Zugleich war sie euphorisch und aufgekratzt. Doch dann passierte etwas vollkommen Unerwartetes. Es dauerte ein paar Sekunden, dann erst begriff sie, dass das, was sie auf ihrem Kopf spürte, Hemingways Hand sein musste. Er strich ihr übers Haar. Zaghaft fast, behutsam und tastend. Wie die Hand von jemandem, der etwas Derartiges schon eine Ewigkeit nicht mehr getan hatte. Oder noch nie.

»Es kann ein Segen sein, ein Gesicht zu vergessen.«

Insa genoss die Liebkosung. Sie wusste sofort, dass er von ihrem Vater sprach, doch sie schwieg. Ein Teil von ihr wollte antworten, aber ein anderer, weitaus größerer wollte auf keinen Fall, dass er damit aufhörte. Am liebsten hätte sie die Glieder von sich gestreckt und einen tiefen Ton der Zufriedenheit ausgestoßen. Doch dann fiel ihr ein, dass er sicher eine Reaktion von ihr erwartete.

»Oh.«

Sie schmiegte sich mit dem Hinterkopf in die gewölbte

Fläche seiner Hand. Hauptsache, er hörte nicht auf damit. Auf einmal begann er zu flüstern.

»Ein gutes Gedächtnis kann auch ein Fluch sein. Ich sehe meine Mutter immer noch vor mir, wie sie sich über mich beugt. Mir die Schleife ins Haar bindet. Und ich verabscheue sie immer noch aus tiefstem Herzen. Sie war eine Bitch.«

Insa erschrak über den Hass in seiner Stimme. Seine Hand hielt inne. Er schwieg eine Weile.

»Das Einzige, was ich von ihr bekommen habe, ist die Waffe, mit der sich mein Vater erschossen hat. Ich hatte sie gebeten, sie mir zu senden. Sie schickte einen Schokoladenkuchen mit.«

Unvorstellbar, den eigenen Vater auf eine so grausame Weise zu verlieren. Insa spürte Panik in sich aufsteigen. Sie verbot sich, an dieser Stelle weiterzudenken, und atmete tief ein und aus.

»Grace, nie war ein Vorname weniger treffend.«

Es klang, als spuckte er den Namen aus. Doch seine Hand begann wieder, Insa zärtlich über ihren Kopf zu streichen. Ihr fiel ein, dass er in einer seiner Geschichten von einer Frau mit kurzen Haaren geschrieben hatte. Auch Miss Mary hatte sie nach ihrer Frisur gefragt, und hatte nicht auch Willem eine Andeutung gemacht? Irgendetwas schien ihn an Frauen mit kurz geschnittenen Haaren zu fesseln.

»Ich hätte immer gern eine Tochter gehabt. Na ja, ich bekam immerhin Gregory.«

Insa verstand seinen beißenden Spott nicht. In seiner Gegenwart fühlte sie sich, als wäre sie einem permanenten Wetterumschwung ausgesetzt. Jetzt gerade hatte ein prasselnder Schwall kalten Regens sie erwischt. Der Wagen hielt, sie waren an der Finca angekommen. Hemingway sah auf sie hinunter. Es war ein wichtiger Moment, das konnte sie an seinem Gesicht ablesen.

»Meine Mutter hätte es lieber gehabt, wenn ich als Mädchen geboren worden wäre.«

Er stieg aus, der Chauffeur öffnete Insa die Tür, sie bedankte sich mit einem Lächeln und beeilte sich, Hemingway zu folgen.

»Ich weiß nicht, ist das nicht ein eher harmloser Wunsch?«

»Vielleicht hätte sie trotz ihres Mangels an Talent eine große Karriere als Opernsängerin hingelegt. Stattdessen wurde sie bei ihrer ersten Premiere angeblich derart von Kopfschmerzen gepeinigt, dass sie nicht auftreten konnte. Ich nenne es einfach Feigheit. – Sie zog mich im Kleid auf. Ließ mein Haar lang wachsen und bürstete es jeden Abend mit einhundert Strichen. Hatte sie einen schlechten Tag, prügelte sie mich mit derselben Bürste grün und blau. Und davon gab es viele. Jede Menge schlechte Tage.« Hemingway schwieg einen Moment. »Tja, das Leben ist kein Wunschkonzert! Für keinen von uns.«

Ohne nachzudenken, legte Insa ihre Wange an seine Brust.

»Ich habe heute noch Albträume davon. Nicht vom Krieg und nicht vom Versagen. Von ihr. Und dabei ist sie schon über ein Jahr tot. Und ich bin längst ein erwachsener Mann. Seltsam, nicht wahr?«

Sie sollte etwas Kluges sagen. Doch ihr fiel absolut nichts ein. Stattdessen bekam sie einen nervösen Schluckauf. Und er lachte. Wieder einmal.

»Haha, dachtest du, das wäre wahr? Du bist ja noch naiver, als ich dachte! Hahahaha! Gute Nacht!«

Er tat so, als wäre alles, was er ihr erzählt hatte, nur ein Scherz gewesen. Insa aber wusste, dass es wahr war. Er drehte sich noch einmal zu ihr um und machte ein Gruselgesicht.

»Und hüte dich vor verhinderten Opernsängerinnen!«

Insa sah ihn kühl an.

»Gute Nacht.«

Sie nahm ihm übel, dass er sie dem schönen Arsenio entrissen hatte, wie edel seine Motive auch gewesen sein mochten. Er hatte ihn ihr verdorben, und er hatte sie vor seinen Augen behandelt wie ein unmündiges Kind. Doch dann jubilierte sie innerlich trotzig, sie war ihm gerade im Auto ein gutes Stück nähergekommen.

Insa wandte sich Richtung Haus und lief ein paar Schritte, als ein schreckliches Geräusch sie innehalten ließ. Langsam drehte sie sich um. Sie wusste sofort, dass sich etwas Furchtbares abspielen musste. Eine Gestalt, die nur noch entfernt an Hemingway erinnerte, kauerte in eigentümlich gekrümmter Haltung mitten auf der Straße. Er rührte sich nicht. Und dann war da noch der Ton, der von dort ausging. Ein hohes, leises Geheul, unklar, von wem es wirklich kam. Sie näherte sich langsam, als ob sie eine Gefahr abwenden müsste, indem sie lautlos blieb. Als sie beinah neben ihm stand, löste sich seine Erstarrung.

Etwas begann ihn zu schütteln, er zitterte wie eines dieser hohen Gräser am Strand. Sie fürchtete sich vor dem, was ihr doch längst klar war, er weinte bitterlich. Vor ihm lag eine seiner geliebten Katzen, der kleine Körper ganz verdreht zu seinen Füßen. Sie war nicht mehr zu retten. Insa zwang sich hinzusehen. Das Tier atmete noch, doch wahrscheinlich war sein Rückgrat gebrochen. Auf einmal war es still. César brachte etwas, das verdächtig nach einer

Waffe aussah. Ein Bus mit Nachtclubtouristen fuhr gaffend viel zu nah vorbei, es kümmerte ihn nicht. Hemingway hob die Hand und schoss dem Tier in den Kopf. Dann nahm er es in den Arm und wiegte es wie ein Kind.

Am Morgen bestattete Hemingway den Kater auf dem Tierfriedhof beim Pool, er steckte einen kleinen weißen Grabstein aus Holz in den Boden. Der Kater hatte Uncle Willie geheißen und war wahrscheinlich der Älteste von allen. Insa und das Personal standen an seiner Seite. Niemand sprach ein Wort. Alle teilten seinen Kummer, Hemingway aber trauerte ungeniert. Endlich hob er sein Glas und hielt eine kleine Rede.

»Ich musste Menschen erschießen, aber niemals jemanden, den ich kannte und elf Jahre lang geliebt habe. Und niemanden, der mit zwei gebrochenen Beinen in der Lage war zu schnurren.«

Wie auf ein geheimes Zeichen ließen sie ihn allein mit seinem Verlust. Einen flüchtigen Moment lang glaubte Insa sich von einer alles umspannenden Liebe erfasst, fast fühlte sie sich auf eine unsinnige Weise glücklich. Sie war dankbar für die Gabe des Lebens, auf eine Art, wie man es nur sein kann, wenn etwas wirklich Bedauernswertes geschehen ist.

17

Als Insa Hemingway gegen Mittag des darauffolgenden Tages über den Weg lief, wirkte er, als wäre nichts geschehen. Er sah sie an, als hätte er ihre Existenz vergessen. Bis ihm wohl einfiel, dass Insa ganz allein mit ihm in der Finca war, und er sich an seine Gastgeberpflichten erinnerte. Wenn er auch eine ungewöhnliche Art und Weise hatte, das zu zeigen.

»Vielleicht werde ich wirklich alt. Und ängstlich. Die Menschen sind mir ein Graus. Jeden Tag mehr. Aber ich bin doch ein Mann. Und also brauche ich –«

Insa fiel ihm vorsorglich ins Wort.

»Aber nicht doch, Reife und Erfahrung haben oft mehr Reiz als unreife Jünglinge, ich –«

Er unterbrach sie, obwohl er geschmeichelt schien.

»Mumpitz. Ich rede von der See! Schnapp deinen Badeanzug. Und einen Sonnenhut. Dann kannst du zeigen, wie wagemutig du bist, Kraut.«

Insa fühle sich geadelt. Soweit sie es mitbekommen hatte, gab es nur eine andere Person, die mit ihm an Bord gehen durfte, seine Frau. Doch Miss Mary hatte in letzter Zeit angeblich die Lust aufs Angeln verloren. Und jetzt war also sie die Auserwählte. Insa machte eine Aye-aye-Geste und wollte in ihr Zimmer laufen. Doch Hemingway hob die Hand.

»Aber keine Kamera. Keinem dieser elenden Knipser ist

es je gelungen, das Edle und Erhabene des Meeres, die archaische Tiefe der Jagd auf seinen Bildern einzufangen.«

Ein Jagdausflug? Das konnte ja heiter werden, Insa schickte ein Stoßgebet zum Himmel und bat, dass die Spritztour glimpflich verlaufen würde, ohne Kentern, Meeresungeheuer oder Seekrankheit. Oder einen seiner Wutanfälle. Im Gegenteil, sie wollte ihn becircen. Sie würde eine derart überzeugende Nixe sein, Loreley konnte sich hinter ihrem Felsen verstecken. Wenn ihn das nicht auf andere Gedanken bringen würde und ihr das Porträt verschaffte, würde nichts das tun.

Insa sagte zu, packte eilig ihre Badesachen, und keine Stunde später gingen sie bereits in Cojímar an Bord der *Pilar*. Sie war sofort hellauf begeistert, das Schiff war wunderschön, auch wenn es eigentlich ein Boot war, wie der Skipper Gregorio Fuentes erklärte. Ein reizender Mann, den Hemingway mit den Worten »Das ist Gregorine, einer der aufrichtigen Menschen der See« vorstellte. Gregorio lächelte sehr scheu und machte sich wieder an seinem Boot zu schaffen. Insa kletterte an Deck herum, ließ sich alles nur Mögliche erklären. Sie lauschte entzückt den knarzenden Tauen. Selbst das Tuckern des Motors klang in ihren Ohren wie Musik. Das gleißende Licht der Sonne und das kalte Blau des Meeres entzückten sie, und sie hielt ihre Nase in den Wind. Von Minute zu Minute fühlte sie sich befreiter. Das Meer schien ihr gnädig, der Himmel freundlich, vielleicht war das Glück ihnen heute zugetan?

Auch Hemingway schien ihr mit jeder Seemeile, die sie sich vom Festland entfernten, ruhiger, mehr bei sich zu sein. Insa aber wurde, kaum hatten sie das offene Meer erreicht, von einem schier endlosen Übermut gepackt. Es war, als schäumte die Freude am Leben in ihr hoch und sprudelte über. Sie erinnerte sich an die Shantys, die ihr Musiklehrer so gern mit seiner Oberstufe gesungen hatte, und schmetterte drauflos. Sehr zum Vergnügen von Gregorio, der sich offensichtlich freute über eine junge Frau, die so unverfroren sang und so laut. Insa konnte ihn sogar überreden, ihr kubanische Flüche beizubringen, und sie hängte sich in die Segel und rief sie laut in Richtung Horizont.

»Está de pinga!«

Hemingway brach in schallendes Gelächter aus. Er lachte derart heftig, dass Insa schon fürchtete, er könnte ins Wasser fallen.

Bald darauf ankerten sie an einer Sandbank, und Insa sprang kopfüber ins Wasser. Als Gregorio einen Mocca servierte und sogar Kekse dazu, erklärte Hemingway, die meisten Landratten, sogar die männlichen, hätten keine Idee, was es hieße, ein Tier zu verfolgen, es zu jagen und endlich zu erlegen. Insa nickte kernig.

»Banausen.«

Sie entdeckte seine Angel, die schon in der Nähe bereitlag. »Zeigen Sie es mir? Das wäre phänomenal!«

Hemingway sah sie an und zeigte seine Zähne. Sie war nicht sicher, ob das ein Lächeln sein sollte oder ob er versuchte, einen Haifisch zu imitieren. Sie erwiderte seine Grimasse und verschlang ihren Keks.

»Abgemacht. Aber denk nicht, das wird ein Spaziergang.«

Hemingway erwies sich als geduldiger Lehrer. Er brachte ihr bei, die Angel mit dem Köderfisch zu bestücken. Er lehrte sie den Schwung, mit der sie die Angel auswerfen, und die Handgriffe, mit der sie sie wieder einholen konnte. Insa tat ihr Bestes. Ganz gelehrige Schülerin, lehnte sie sich achtlos vertrauensvoll an ihn und meisterte die Aufgaben mit Bravour. Sie hielt die Angel mit beiden Händen, so wie er es ihr gezeigt hatte, und sah zu ihm hinauf. Er schien ihr wie ein wildes Tier, dessen Verhalten sie Schritt für Schritt zu lesen lernte. Sie stellte sich vor, Hemingway fräße ihr bald aus der Hand. Ein lammfrommer Riese, der nach und nach Vertrauen fasste. Sie genoss das Gefühl, ihm allmählich näherzukommen. Plötzlich ruckelte es. Insa schlug das Herz bis zum Hals. Das musste ein ziemlich großer Fisch sein. Hemingway beugte sich über die Reling und sah ins Wasser hinunter.

»Du hast Glück, dass es kein Blauer Marlin ist, der zählt zu den größten Lebewesen und ist unglaublich schnell. Das ist wohl ein Dorado, schönster Tiefseefisch und ein großartiger Fang – wenn er dir nicht entwischt!«

Insa kämpfte mit der Angel, es zerrte gewaltig, sie hielt dagegen, mit all ihrer Kraft. Er gab ihr Anweisungen, aber sie schaffte es allein, die Angel einzuholen und den Fisch an Bord zu hieven.

Sie fand ihn eher hässlich, wenn sich auch herausstellte, dass sie als Einzige dieser Meinung war.

»Seine Farbe variiert je nach seinen Empfindungen, Hunger, Ärger, Angst, sexuelle Erregung …«

Hemingway sah sie prüfend an, hoffte er auf eine prüde, erschrockene Reaktion? Den Gefallen tat sie ihm ganz sicher nicht. Er hielt ihr sein Messer hin. Der abgrundtiefe Schreck, der sie erfasste, dass sie dafür verantwortlich war, dass dieses Wesen hier um sein Leben zappelte, traf Insa vollkommen unvorbereitet. Sie nahm das Messer, aber sie war unfähig, etwas zu tun. Starr sah sie auf den Kampf, der sich zu ihren Füßen abspielte, doch konnte sich nicht rühren. Sie hörte ihn irgendetwas rufen. Aber sie verstand seine Worte nicht. Es rauschte zu sehr in ihren Ohren.

Unwirsch riss er ihr das Messer aus der Hand. »Du darfst niemals ein Tier unnötig leiden lassen. Verstehst du das nicht?«

Er schnitt rasch die Kiemen entlang. Insa schämte sich für ihre Zimperlichkeit. Hemingway begann das Tier auszuweiden.

»Ich habe noch keinen Toten gesehen. Obwohl ich im Krieg aufgewachsen bin.«

Insa wusste selbst nicht, warum sie das gesagt hatte. Er sah einen kurzen Augenblick aufs Meer hinaus, als wäre er ganz allein. »Lieber tot als krank.«

Sie wollte etwas erwidern, doch ihr wurde schlecht. Hemingway hielt sie fest, während sie sich über die Reling übergab. Das tat ihr gut. Er rührte etwas in ihr an. Doch als sie ihre Stirn dankbar an seine Wange schmiegte, wich er zurück. Es war, als unterstellte er ihr, mit ihm zu spielen, wie vorhin, als sie so getan hatte, als klaute sie einen der Köderfische aus dem Bottich, um ihn roh zu verspeisen. Gregorio hatte laut gelacht, und auch Hemingway hatte milde gelächelt. Doch davon war jetzt nichts mehr zu spüren. Er schwieg, verschlossen, ja kalt, während die Sonne sich zum Horizont hinabsenkte. Und Insa war, als stünde sie wieder am Anfang, genauso allein wie er.

Nach dem Törn wurden die meisten Fische verschenkt, und danach lud Hemingway Gregorio und die Crew, das war Tradition, in die Bar La Terraza ein. Insa wurde ungefragt mitgenommen. Sie aßen gebackenen Fisch, und Hemingway unterhielt den ganzen Laden mit Geschichten auf Spanisch. Und sie war froh über die Verschnaufpause, sie beobachtete, wie er aufblühte unter den Gästen der einfachen Pinte und wie entspannt er mit ihnen scherzte. Ein weiterer Wetterumschwung. Plötzlich drehte er sich zu ihr um und deutete auf Gregorio.

»Freundschaft bedeutet gemeinsame Vergangenheit. Sieh uns an. Woher kamen wir? Das spielt keine Rolle. Eines Tages trafen wir uns, zwei Fremde. Ich mit meiner, er mir seiner Lebensgeschichte. Doch sie haben sich zu einer verbunden.«

Insa begriff nicht, was er ihr damit sagen wollte. Sie war müde und fing allmählich an, das ewige Rätselraten sattzuhaben. Hemingway zahlte und warf eine Handvoll Münzen auf den Boden. Sofort balgte sich eine Gruppe Jungen in abgerissenen Kleidern darum. Insa sah ihn entgeistert an. Er schien das grässliche Schauspiel auch noch zu genießen.

»Papa, das finde ich wirklich entsetzlich, was Sie da machen!«

Er warf ihr einen lauernden Blick zu.

»Und warum, bitte schön?«

Insa sah auf die Jungen hinunter, die am Boden krochen.

»Das ist so kolonialistisch. Als wären Sie der weiße Herrscher, der den Schwarzen die Glasperlen zuwirft.«

Hemingway zuckte unbeteiligt mit den Achseln.

»Ich will bloß sicherstellen, dass ich auch nächstes Mal wieder freudig empfangen werde.«

Im Wagen fühlte Insa eine tiefgreifende Erschöpfung in sich aufsteigen, nach der langen Fahrt auf dem Boot und der anstrengenden Angelei wollte sie sich am liebsten im Bett verkriechen, und als sie sich wenig später im Flur voneinander verabschiedeten, taumelte sie vor Müdigkeit.

Er sah sie weich an. »Weißt du, warum ich töte?«

Insa schüttelte mit letzter Kraft den Kopf.

»Das Gefühl der Rebellion gegen den Tod, das man erlebt, wenn man ihn eigenhändig verursacht. Das verschafft mir eine kolossale Freude.«

Sie nickte mühevoll.

»Wenn man etwas liebt, ist es keine Sünde, es zu töten. Verstehst du das?« Hemingway gab ihr einen Kuss auf die Stirn.

»Tapferes Mädchen. Morgen sehe ich mir deine Fotos an.«

Insa konnte nur noch stumm staunen, woher kam gerade jetzt dieser Stimmungsumschwung? Er aber drehte sich um und tänzelte leichtfüßig davon. Sie schloss die Zimmertür hinter sich, lehnte sich dagegen. Dieser Tag war verwirrend gewesen, sie war so hin und her geworfen gewesen wie selten in ihrem Leben. Ihr war, als gelangte sie an eine Grenze. Als verschwämmen die Grenzen zwischen dem, was sie vorgab, und dem, was wirklich war. Was empfand sie, was spielte sie nur? Manchmal wusste sie es selbst nicht mehr. Als ob der Boden unter ihren Füßen zu wanke begänne. Und das hatte nichts mit dem Tag auf dem Wasser zu tun.

In der Nacht tauchte sie wieder auf, die immer wiederkehrende Erinnerung. Sie waren zusammen am Meer, die ganze Familie. Es war Sommer, und sie sollte schwimmen lernen. Ihr Vater verbrachte jeden Tag eine halbe Ewigkeit damit, ihr zu zeigen, mit welchen Bewegungen sie über Wasser blieb. Er fasste ihre Arme und Beine, schob und lenkte sie. Sie lernte ihren eigenen Kräften zu vertrauen. Seine großen Hände hielten sie sicher. Sie erinnerte sich an seinen Pfefferminzgeruch. Auf einmal sagte er, sie sei bereit für einen Sprung. Er wollte mit ihr von dem hohen Steg hinunterspringen, der so endlos weit ins Meer hinaus verlief. Aber sie fürchtete sich. Vor der Tiefe, dem Wasser, dem Sprung. Sie klammerte sich an ihn, bettelte, es nicht tun zu müssen, bat um Zeit.

Sie rang mit sich, kämpfte ihre Angst nieder. Nur um immer wieder von ihr überwältigt zu werden. Doch dann kam der letzte Tag der Ferien, und Insa wusste schon beim Aufstehen, dass sie es heute wagen würde, wagen müsste. Sie stand fröstelnd auf dem Steg, die Zehen auf dem Holz eingerollt, die Hand in der ihres Vaters geborgen. Weit unter ihr der Meeresspiegel. Insa blickte in die grüne Tiefe. Eine unberechenbare Unendlichkeit, verheißungsvoll, erschreckend ungewiss und ganz sicher zu dunkel. Zum ersten Mal nahm sie bewusst wahr, was für ein winziges Wesen sie in dieser Welt war. Sie trippelte mit den Füßen und sah zu ihrem Vater hoch. Ihr Blick krabbelte an seinem Arm hinauf, wie eine Ameise, die sich mutig den ganzen Weg nach oben durch das Dickicht hinaufkämpft, durch den Urwald aus Haaren, bis ihr Blick an seiner Schulter zu stehen kam. Er lächelte aufmunternd, und Insa presste fest die Lippen aufeinander und nickte. Ihr Vater hob sie auf und umschlang sie mit seinen Armen. Sie legte ihre Beine um seinen Bauch und klammerte sich fest. Er sah ihr noch einmal fragend ins Gesicht, ob sie sich auch wirklich sicher genug fühlte. Statt einer Antwort hielt Insa sich die Nase zu und kniff die Augen fest zusammen. Dann sprangen sie – in einen sprudelnden Abgrund, der sie verschlang und in einer Fontäne aus Blasen und Licht und grenzenlosem Glück wieder ausspuckte. Doch seine Arme hatten sie losgelassen. Sie musste sich allein durch das tobende, unendliche Wasser zurück an die Oberfläche kämpfen. Zurück an die Luft. Insa hatte geheult und geschrien wie ein Baby, als sie zurück auf den Steg geklettert war. Die Leute hatten sie angestarrt, die anderen Kinder hatten gelacht, als sie gerufen hatte, sie hasse ihn. Später hatte er gesagt, das sei zu ihrem Besten gewesen, sie müsse lernen, allein zurecht- zukommen. Sie hatte die ganze Nacht hindurch erbärm- lich gefroren. Und die Erkenntnis, dass er sie schutzlos dem Meer ausgeliefert hatte, hatte sie noch lange verfolgt.

18

Am nächsten Tag löste Hemingway sein Versprechen ein, sich Insas Arbeiten anzusehen. Müde blätterte er durch die Seiten ihrer Mappe. Sie stand daneben, hibbelig und innerlich aufgeregt wie ein Schulmädchen. Bei einem Selbstporträt hielt er inne, als wollte er etwas sagen. Aber er schwieg und blätterte einfach weiter. Als er fertig war, hob er den Blick und sah sie an. Seine Augen waren von einer trüben Leere erfüllt, sein ganzes Wesen war wie ausgelöscht.

»Ja, gut.«

Das war alles? Insa konnte ihre Enttäuschung nicht verbergen. »Na, vielen Dank.« Verärgert wischte sie die Tränen, die ihre Wangen hinunterliefen, weg.

Er stand im Zimmer und sah irgendwohin. Insa fasste sich ein Herz. »Papa?«

»Kleine Kraut?«

Ein warmes Gefühl durchlief sie, so hatte er sie noch nie genannt.

»Würden Sie mir heute Modell stehen? Für eine Stunde nur, mehr brauche ich nicht.«

»Was? Oh nein, heute nicht. Ich muss arbeiten, das weißt du doch.«

Sie hatte wirklich geglaubt, sie würde ihn endlich erweichen. Ihr fiel etwas ein. Sie lief ihm hinterher.

»Entschuldigen Sie, Mister Hemingway?«

Er hob kaum den Kopf, ein großes Bücherpaket fesselte seine ganze Aufmerksamkeit.

»Reiten Sie?«

»Nicht, wenn ich nicht muss. Warum fragen Sie danach?«

»Das Notizbuch, es lag auf der Anrichte, aufgeschlagen ...«

Er sah sie unwirsch an.

»Und?«

»Und da stand *Sporen* – und *Schildkrötenpanzer* ...«

»Ach das, das sind Begriffe aus dem Hahnenkampf. Ich hatte eine Geschichte angefangen, aber sie ist Mist, vergessen Sie es!«

Er drehte sich um und ließ sie stehen. Sie beeilte sich, ihn zu überholen. »Aber nein, das ist hochinteressant! Ich würde viel darum geben, so einen Kampf zu sehen. Nehmen Sie mich einmal mit?«

Er schüttelte den Kopf und wandte sich zum Gehen.

»Glauben Sie mir, das ist nichts für empfindliche Fraulein, wie Sie eines sind.«

Insa hasste nichts so sehr, wie für zartbesaitet gehalten zu werden.

»Ich kann das selbst beurteilen, vielen Dank, und ich würde wirklich gern einen Hahnenkampf sehen.«

Hemingway lief einfach weiter.

»Fordern Sie mich heraus, verdammt!«

Er hielt inne. Offenbar hatte sie einen Nerv getroffen.

»Ich habe keine Zeit für so was. Ich bin Schriftsteller. Ich muss arbeiten. Haben Sie auch nur eine ungefähre Vorstellung davon, was das heißt?«

»Natürlich nicht, ich bin ja noch ein Kind und ein halb debiles dazu.«

Insa lächelte bewusst dümmlich und drehte sich auf dem Absatz um.

Sie ging in ihr Zimmer und holte ihre Tasche, dann machte sie sich auf den Weg, sie wollte bloß weg hier, sie brauchte dringend Abstand. Alle ihre Versuche, ihn zu einem Foto zu bewegen, waren gescheitert. Er spielte nur mit ihr. Als sie die Finca verließ, drehte sie sich noch einmal um. Sie hörte, wie der Koch den Küchenjungen schalt, hörte César, der einen Anruf beantwortete, er bedaure, heute Abend sei Hemingway in Alamar beim Kampf. Sie blickte zum Fenster seines Arbeitszimmers und hörte – nichts.

Insa war es gewohnt, unterschätzt zu werden, sie war jung. Und vielleicht war sie ja wirklich zu unerfahren dafür, seinen Schmerz an der Welt oder woran auch immer zu begreifen. Neulich Nacht hatte sie ihn im Garten herumgeistern sehen. Bewaffnet mit einem dicken Stock und einer Pistole, war er über das Grundstück gestapft, auf der Suche nach Eindringlingen, die er zur Strecke bringen konnte. Oder hatte er seine eigenen Dämonen gejagt? Sein Schatten war an ihrer Wand entlanggehuscht. Insa war es kalt den Rücken hinuntergelaufen.

Sie setzte sich aufs Rad und fuhr in die Stadt. Die Bewegung tat gut, der Anblick des Meeres brachte sie immer wieder zurück zu sich. Ihr fiel ein, dass sie noch kein einziges Mal das Geräusch einer Schreibmaschine aus seinem Arbeitszimmer gehört hatte. Vielleicht hatten seine Stimmungsumschwünge weit weniger mit ihr zu tun, als sie gedacht hatte? Sondern eher mit einer Art Schaffenskrise. War das nicht üblich, bei Schriftstellergenies? Dass sie oft gar nicht schreiben konnten? Insa trat in die Pedale, eigentlich war es kindisch, so zu denken. Sich selbst im Mittelpunkt zu wähnen, als Nabel der Welt. Vielleicht hatte sie das mit ihm gemein? Aber sie war immerhin lernfähig, im Gegensatz zu ihm. Weiter hinten tauchte der Hafen von Havanna auf.

Sie hatte in dem Fotostudio am Hafen vor dem Spiegel gesessen und zugesehen, wie die Visagistin ihr die Haare eindrehte. Aus irgendeinem Grund liebte Insa den warmen Geruch des Lockenstabs, sie fand ihn heimelig. Und er versöhnte sie ein wenig mit dem Fotografen, mit dem sie es gleich zu tun bekommen würde. Nicht dass sie nicht gewarnt gewesen wäre. Sein Ruf eilte ihm derart voraus, dass er sogar zu einem Frischling wie ihr vorgedrungen war. Die gesamte Mannschaft schien angespannt, selbst Fräulein Haferkamp, die bei jeder Gelegenheit betonte, wie viel sie schon erlebt hatte, schien nervös, und es fiel ihr offensichtlich nicht leicht, das Lockeneisen ruhig zu halten. Niemand mochte und viele fürchteten sich vor Bruce Edel, der eigentlich Gunther hieß und seinen ursprünglichen Namen in diesen lächerlichen, international klingenden geändert hatte. Er war ein falscher Fuffziger, erzählte man sich. Insa biss sich auf die Lippen, das Eisen war gerade noch auszuhalten, so nah an der Kopfhaut und so heiß, dass es fast brannte, aber sie wollte auf keinen Fall als mimosenhaft gelten.

Als sie wenige Minuten später mit den frisch auf die Locken gesetzten Fellöhrchen in die Kulisse stöckelte, sahen ihr der Redakteur und die Assistentinnen aufmunternd entgegen. Die Faschingsausgabe der *Frau im Blick* war eine große Sache, außer in der Weihnachtsausgabe gab es keine umfangreichere Fotostrecke. Und es war eine Ehre, dafür

als Fotomodell gebucht zu sein, das hatte man ihr unmiss-
verständlich klargemacht.

Der Hintergrund stellte eine Art Partykeller dar, und da
der Fotograf stumm hinter seiner Kamera verharrte, statt
sein Modell zu begrüßen, und Insa wusste, dass es noch
drei Kostümwechsel zu bewältigen gab, beeilte sie sich,
eine erste Pose anzubieten. Wenn sie sich nicht ranhielten,
war das Pensum kaum zu bewältigen. Doch Edel schoss
auf sie zu und begann ohne Punkt und Komma an ihr
herumzumäkeln.

»Der Anzug ist nicht eng genug, diese Hüften, einfach
unmöglich, die Strümpfe sind zu dick, da sieht meine
Tante Erna ja appetitlicher aus, und was soll diese Haltung?
Sie stehen ganz krumm. Ist das eine Verwachsung?«

Während seiner Tirade fasste er dreist hierhin und dorthin. Insa wurde eiskalt vor Wut. Er ließ seine Hand auf
ihrem Dekolleté liegen. Sie ermahnte sich stumm, an das
Geld zu denken, das sie so gut für ihre Traumkamera gebrauchen konnte.

»Und überhaupt, das Gesicht, irgendwie mopsig.«

Edel blies Insa seinen Veilchendropsatem ins Gesicht. Er
schob sie in eine Pose, die ihren Po hervorhob und ihr fast
den Rücken verrenkte, so sehr drückte er sie ins Hohl-
kreuz. Insa biss die Zähne zusammen. Und dann wagte er
es, sie vor aller Augen in den Allerwertesten zu kneifen. Ihr
blieb vor Empörung die Spucke weg. Sprachlos vor Wut
starrte sie ihn an – und schlug ihm auf die Hand, so fest sie
konnte. Etwas Derartiges hatte offenbar noch keine gewagt. Alles schwieg betreten, in Vorahnung dessen, was da
noch kommen würde.

Edel wandte sich höhnisch lächelnd an die Umstehenden.

»Selten habe ich so etwas Laienhaftes gesehen. Die Haare sind das einzig Passable an ihr.«

Insa dachte an die nächsten Kostüme, Zigeunerin, Chinesin und Can-Can-Kokotte. Alle erforderten eine üppige Frisur und lange Locken. Sie dachte an das Foto von der jungen Schauspielerin, das sie anderntags in der *Constanze* gesehen hatte. Und sie dachte an ihre Mentorin, die ihr eingetrichtert hatte, stets wehrhaft zu sein. »Das ist das Wichtigste, den eigenen Stolz zu verteidigen, hat man den, können einem weder Hunger noch Armut, nicht einmal die Dunkelheit etwas anhaben.« Insa richtete sich aus der demütigenden Haltung zu ihrer vollen zierlichen Größe auf, legte sich den Katzenschwanz über den Unterarm und spazierte seelenruhig in Richtung Schminktisch. Dort nahm sie die Schere und säbelte sich vor aller Augen die Haare ab. Es war längst Zeit für etwas Neues.

Insa holte die neuen Abzüge im Fotolabor ab und traf sich zum Abendessen mit Willem in Maximos Café. Sie entdeckte ihn auf einem Barhocker ganz hinten am Tresen. Er winkte ihr freudig zu, bis er ihren Gesichtsausdruck sah.

»Alles in Ordnung, Lieveling? Du siehst aus, als würdest du gleich ein paar Rauchwolken aus deinen wahrhaft entzückenden Nasenlöchern ausstoßen.«

Insa ließ sich neben ihm nieder.

»Er ist ein Monstrum. Er ist genau, wie die Leute sagen, nur noch viel schlimmer. Alles dreht sich um ihn, seine Arbeit, seine Belange. Ständig macht er sich lustig über mich. Er lacht mich aus, und zugleich gelingt es ihm, mich vollkommen zu ignorieren. Wenn er mich überhaupt wahrnimmt, dann nur, um mich in irgendeines seiner blöden Spielchen zu verwickeln. Er will, dass ich bei ihm wohne, in seinem eigenen Schlafzimmer wohlgemerkt, nur um mich dann besser übergehen zu können? Ich habe in meinem ganzen Leben noch niemanden getroffen, der sich dermaßen biestig verhält. Und dabei hat er wirklich Charisma. Wenn er will. Meine Güte! Man kann ihn nicht verstehen. Kein Wunder, er ist ja auch im Kleid aufgewachsen. Und sein Vater hat sich eine Kugel in den Kopf geschossen. Wieso erzählt er mir das? Wenn er mich doch so dumm und unbedeutend findet? Und ja, das Beste kommt noch. Er liebt nichts. Außer sich selbst. Und seine sechskralligen Katzen. Vielleicht ist er deswegen besessen von kurzen Haaren.«

Es tat gut, all das einmal auszusprechen, doch fühlte Insa auch, dass ihre Nerven mit jedem Tag dünner wurden. Willem nahm ihre Hände in seine.

»Du hast nichts falsch gemacht. Er ist ein altes Scheusal. Ich verspreche, ich werde dir helfen, seine Achillesferse zu finden. Und hiermit fangen wir an!« Mit großer Geste zog er einen Zeitungsausschnitt aus der Tasche. »Hier, das habe ich in einem Lokalblättchen gefunden.«

Insa besah sich das Foto. Eine kleine Gruppe saß um einen Tisch herum. Die junge Frau rechts im Bild, eindeutiger Mittelpunkt des Interesses, blickte ziemlich ausdruckslos aus der Wäsche. Doch sie war sehr hübsch, auf eine klassische, fast altmodische Art. Insa fand sie nicht besonders interessant. Weitaus faszinierender war der Blick von Miss Mary. Denn obwohl sie sich ganz offensichtlich sehr darum bemühte, gute Miene zum bösen Spiel zu machen, ging ein tiefer Argwohn von ihr aus, in Richtung der blutjungen Adeligen, Adriana Ivancich, wie Insa der Bildunterschrift entnahm. Am meisten jedoch stach Insa Hemingways Gesichtsausdruck ins Auge. Seinen Blick in

193

Richtung Adriana konnte man einzig mit *blödsinniger Ver-zückung* beschreiben.

Insa wollte Willem gerade von ihren heimlich gemach-ten Bildern erzählen, als der Ausdruck auf seinem Gesicht sie stoppte. Sie folgte seinem Blick und entdeckte Arsenio mit einigen Freunden an einem Tisch. Sie hob die Hand, um sich bemerkbar zu machen, doch Willem hielt sie fest. Der schöne Arsenio, der sie anscheinend nicht wahrge-nommen hatte, fuhr in seinem offensichtlich sehr witzigen Monolog fort, seine Kumpel schlugen sich jedenfalls auf die Knie. Willem warf ein paar Münzen auf den Tresen, er hatte es plötzlich eilig. Insa hielt ihn auf.

»Was sagt er?«

»Ach, nichts Wichtiges …«

»Lüg mich bitte nicht an.«

Willem atmete tief durch und gab sich einen Ruck.

»Er spricht davon, dass er eine Gringa an der Angel habe. Es ist leicht für ihn, mit Ausländerinnen anzubandeln, sein Aussehen macht sie ganz, äh, willig – glaub mir, Lieveling, das reicht.«

Insa warf Willem einen warnenden Blick zu. Er schluckte trocken.

»Mir blutet das Herz, aber, na ja, er brauchte noch eine Kurzhaarige auf der Liste –«

Insa brach in schallendes Gelächter aus. Nach einer Schrecksekunde fiel Willem in ihr Lachen ein.

»Er meint, für eine Kurzhaarige küsst du ganz gut!«

Sie fiel ihm um den Hals.

»Danke für das Kompliment!«

Als Pierer Insa mit ihrer selbst geschnittenen Kurzhaar-frisur gesehen hatte, stieß sie ein neugieriges Knurren aus.

Doch ein Blick in Insas Gesicht hatte genügt, und sie wusste, dass es besser war, keine Fragen zu stellen. Stattdessen kramte Pierer eine Zeitschrift hervor und bugsierte Insa mit den Worten »Den Friseur kannst du dir sparen, wozu haben wir Scheren im Haus« auf den Badewannenrand. Insa sollte ein Vorbild suchen, und sie fand das Foto einer Schauspielerin, Leslie Caron. Pierer schaute drauf, warf ihr ein Handtuch über und machte sich an die Arbeit. Und sie nahm ihre Aufgabe sehr genau. So genau, dass Insa begonnen hatte, ihr unter Protesten aus der Frauenzeitschrift vorzulesen.

»Eine glückliche Frau. Sie trägt die ›Wunderbluse‹ aus Perlon. Kein Kochen. Kein Stärken. Kein Bügeln.«

Pierer hatte nur verächtlich geschnaubt. »Glücklich?«

Insa liebte es, wenn Pierer in Rage geriet. Es war dann, als erwachte sie aus einem Dornröschenschlaf und würde die Dinge klarer und schärfer sehen. Insa blätterte weiter und fand etwas, das sie garantiert aufregen würde. Sie kicherte bösartig. Pierer drohte ihr mit der Schere.

»Oh nein …«

Insa lächelte diabolisch in den Spiegel und las ungerührt vor. *»Liebe Constanze, ich bin 26 Jahre alt, seit vier Jahren verheiratet und eigentlich ganz glücklich, wenn mein Mann nicht das zweifelhafte Steckenpferd hätte, Busenschönheiten zu sammeln. Er hat sich extra ein Album gekauft, um all die Bardots, Lorens und Lollobrigidas einzukleben, die ihm erreichbar sind. Sein Sport hat mir regelrecht einen Minderwertigkeitskomplex eingeflößt, dabei kann ich nicht behaupten, dass ich busenlos bin. Immer wenn er seine Trophäen betrachtet, bekomme ich zu hören: ›Ja, das sind Frauen, alles andere ist mehr oder weniger Ausschussware‹.«*

Pierer ließ die Schere sinken.

»Meine Güte, Mädchen, willst du mich in den Wahnsinn treiben? Ich weiß gar nicht, wo ich anfangen soll. Ausschussware?! Was für ein Spatzenhirn. Verlassen Sie ihn, und zwar auf der Stelle. Bevor er noch auf Sie abfärbt. Und wer hier den Minderwertigkeitskomplex hat, ist ja wohl klar wie Kloßbrühe.«

Insa grinste verzückt, eines Tages wollte sie auch diese unwiderstehliche Mischung aus Anmut und Bissigkeit haben.

Keine zehn Minuten später wurde sie von Pierer mit einem *Mach's gut, Leslie Caron* in die Wildnis des Journalistenlebens entlassen. Insa sollte ihre neue Frisur sogleich ausführen. »Du musst zur Wasserstelle, da findest du sämtliche Büffel«, hatte Pierer ihr aufgetragen. Das leuchtete natürlich ein, und Insa wusste auch schon, welcher sie den ersten Besuch abstatten würde.

Die Wasserstelle lag in Form der dpa-Kantine am Mittelweg vor ihr. Hier tummelte sich alles, was in der Presseszene etwas zu sagen hatte. Und genau hier plante Insa, ihre Netze auszulegen. Es wurde Zeit, ein paar Journalisten, besser noch Redakteure kennenzulernen. Sie wollte schon bald weiterziehen. Wenn sie nachts auf ihrer Pritsche lag, träumte sie davon, eines Tages ins Ausland zu gehen und dort arbeiten zu können. Sie hatte sich in der Bibliothek schon einen ganzen Stapel Englischschallplatten ausgeliehen, um die eigene Fortbildung schnurstracks anzugehen. Jetzt musste sie aber dringend etwas in den Magen bekommen, in Pierers Kühlschrank hatte einmal mehr gähnende Leere geherrscht, und da die Kantine der Deutschen Presse-Agentur genau auf dem Weg lag, bot es sich an, beim Mittagessen die Hamburger Journalisten in Augenschein zu nehmen. Insa bestellte Hering mit Bratkartoffeln und eine Coca-Cola, dann balancierte sie ihr Tablett zu einem Tisch in der Mitte des Raumes. Es sollte nicht schwer sein, Aufmerksamkeit zu erlangen. Sie hängte ihren Mantel auf und zog sich den roten Pullover zurecht, ein Erbstück ihrer Mentorin, das sie mithilfe von ein paar Abnähern ansprechend modernisiert hatte. Und es funktionierte, sie hatte kaum zu essen begonnen, als sich ein Mann mit riesigen Brillengläsern von seiner Gruppe löste und sich mit seinem Tablett, auf dem nichts als ein Pudding stand, direkt ihr gegenüber setzte. Er murmelte etwas nur halb Verständliches und sah seinen Nachtisch an.

»Augstein. Appetit.«

Insa lachte laut.

»Interessanter Name. Insa? Hunger!«

Er sah derart erschrocken aus, dass er ihr gleich leidtat. Insa warf ihr Lächeln an wie einen Scheinwerfer und hoffte, das würde seine Zurückhaltung vertreiben.

»Sind Sie Journalist?«

Er nickte geblendet.

»Und Sie? Gehen Sie mit einem wie mir aus?«

Insa ließ sich Zeit, ein Stück Hering zu verspeisen. Sie kaute genießerisch, schluckte sorgfältig, tupfte sich den Mund seelenruhig mit der Serviette ab.

»Danke der Nachfrage. Aber nein. Ich denke nicht daran. Denn ich habe Besseres zu tun. Zum Beispiel, eine erfolgreiche Fotografin zu werden. Sie werden noch an meine Worte denken. Schönberg. Ein Name, den man sich merken muss!«

Er lachte perplex und folgte ihren Bewegungen mit den Augen. Insa holte ihren Taschenspiegel heraus und begann sich ausführlich die Lippen nachzuschminken.

»Machen Sie immer so laut Werbung für sich?«

Sie zuckte die Achseln. »Muss ich. Ein anderer macht es ja nicht.«

Augstein nickte verständnisvoll, er löffelte seinen Pudding und dachte nach, dann hatte er eine Idee.

»Sie müssen meinen Freund kennenlernen, Fritz Loewke. Er ist ein Chefredakteur.« Er sah sich um. »Ach, verflixt, jetzt ist er schon weg.«

Insa glaubte ihm kein Wort. »Netter Versuch.«

Sie stand auf. Niedlich, wie er so zu ihr aufschaute, man könnte sich daran gewöhnen.

»Aber wissen Sie was? Ich gehe meinen Weg sowieso lieber selbst.«

Er sah aus wie ein begossener Pudel. Insa bekam glatt Mitleid mit ihm, das war sicher nicht leicht für einen Mann, die ewige Jagd. »Ein anderes Mal vielleicht.«

Und sie schenkte ihm noch ein wenig Scheinwerferlicht.

Insa hatte sich von Willem verabschiedet und war auf ihr Rad gestiegen, was sie jetzt tun musste, tat sie besser allein.

Es war erdrückend schwül geworden, und das Viertel Alamar, in das sie fuhr, wirkte nicht besonders vertrauenerweckend. Hier leuchteten keine Barreklamen, keine Tanzlokale und nicht einmal ein Café waren zu sehen. Insa hatte von Willem bereits einige Geschichten über das Schattenreich von Bordellen, die sogenannten *Tanzlehrerinnen*, den kubanischen Schwarzmarkt und die Verstrickungen zwischen Mafia und Politik gehört, doch es zu sehen und zu erleben war etwas Neues. Es gab so gut wie keine Straßenbeleuchtung, es war fast vollkommen dunkel, dazu war die Straße voller Schlaglöcher, und schon seit geraumer Zeit war kein Mensch zu sehen. Nur ein räudiger Hund lief ihr über den Weg. Es roch nach verbrannten

Kokosnussschalen. Nein, es gefiel ihr ganz und gar nicht in dieser Gegend, aber das hielt sie nicht davon ab, die Adresse zu suchen, die Maximo ihr genannt hatte. Als sie um die nächste Ecke bog, hatte sie ihr Ziel gefunden, das war sofort klar.

Sie erkannte es am plötzlich aufbrandenden Geräusch der schreienden Männer und an dem metallenen Geruch, den eine Windböe zu ihr trug. Der reinste Hexenkessel, ihr war, als könnte sie das Blut der jungen Hähne auf der Zunge schmecken. Wahrscheinlich bildete sie sich das nur ein, aber das lief auf das Gleiche hinaus. Dazu mischten sich Schweiß und Zigarrenrauch, es schüttelte sie. Sobald sie das eingezäunte Gelände, staubiger Boden, Halbdunkel, säuerlicher Gestank, betrat, wurde sie von allen Seiten angestarrt. Die Atmosphäre war mehr als aufgeheizt, und Frauen waren hier eindeutig nicht erwünscht. Insa zwang sich, unbeeindruckt dreinzusehen. Sie nahm sich vor, das Gemetzel unter künstlerischen Aspekten zu betrachten, auch wenn Fotografieren strikt verboten war. Kein Wunder, die ganze Veranstaltung spielte sich in einer Grauzone ab. Die *aficionados* trugen Arbeitshosen und Strohhüte und echten Goldschmuck an den Fingern. Alle schrien unsäglich laut und aufgeregt, offensichtlich ging es um eine Menge Geld. Dazu wimmelte es von Losverkäufern und Polizisten, die für eine kleine Summe beide Augen zudrückten. Insa äugte vorsichtig in die Arena. Die Tiere zerfleischten sich gegenseitig, ihre künstlichen Krallen waren mit Stahl oder Perlmutt überzogen, und der Kampf steigerte sie in einen wahren Blutrausch. Der Anblick schlug ihr auf den Magen, ihr wurde übel. Insa hatte die Faszination für Krieg und gemeines Gemetzel noch nie verstanden. Die verstörenden ekstatischen Schreie, der

Dreck, der Kot, die Grausamkeit verursachten bei ihr nichts als Abscheu. Sie wandte sich ab, doch da stand auf einmal Hemingway neben ihr.

»Du willst eine richtige Fotografin sein? Dann musst du lernen, dem hier, dem rohen Leben und dem Sterben, ins Auge zu blicken. Das Glück ist wertlos ohne den Schmerz ...«

Insa machte sich los. Was fiel ihm ein, sie so überheblich zu behandeln?

»Das bin ich längst. Wenn man mich nicht daran hindert, meine Arbeit zu machen. Ich empfinde keine Lust am Tod. Ich brauche ihn nicht, um mich lebendig zu fühlen.« Insa holte tief Luft. »Wie war das noch? *Lasse ein Tier niemals unnötig leiden*? Lippenbekenntnisse, weiter nichts. Schämen Sie sich nicht?«

Sie bezwang ihre Wut, konzentrierte sich ganz auf ihr Ziel. Immerhin hatte sie den Vorteil, ihn aus dem Hinterhalt zu überraschen. »Ich habe bereits ein paar Aufnahmen von Ihnen gemacht.«

Sie hielt ihm den Umschlag mit den Abzügen entgegen. Hemingway blickte auf die Bilder hinunter. Sah sich selbst am Boden liegen, mit geröteten Wangen, halb bewusstlos, hilflos dem Rausch ausgeliefert, beim Mittagsschlaf. Sie merkte ihm an, dass er nur mit größter Anstrengung seine Beherrschung behielt.

»Ich nehme an, du hast trotz dieses Hinterhalts noch so etwas wie Ehre im Leib?«

Insa richtete sich auf. Sie würde ihn niederringen. »Natürlich. Was schlagen Sie vor?«

Hemingway fletschte die Zähne. Es sah aus, als steckte ein Messer zwischen ihnen. »Morgen Nachmittag, Punkt siebzehn Uhr, eine Stunde.« Er steckte sich die Fotos ins

Hemd. »Du wirst sie nicht veröffentlichen, solange ich lebe.«

»Natürlich nicht.«

Er sah durch sie hindurch, als existierte sie nicht mehr für ihn.

Insa schaffte es gerade noch, das Gelände zu verlassen, dann wurden ihr die Knie weich, sie hatte sich einen mächtigen Feind geschaffen. Sie sah sich um. Selten war ihr eine Gegend derart unwirtlich erschienen. Über ihr brannte eine einsame Straßenlaterne, dahinter erstreckte sich stockfinster die Nacht. Insa hockte sich auf einen Stein in einer dunklen Ecke, sollten doch irgendwelche Strolche kommen und sie ausrauben, das wäre ihr jetzt auch egal.

Nach und nach wurde ihr klar, was sie angerichtet hatte. Es war ein fataler Fehler gewesen, ihn so zu erpressen. Wie dumm sie war! Sie hatte das bisschen Vertrauen, das zwischen ihnen entstanden war, aufs Spiel gesetzt. Hatte ihn glauben lassen, sie handelte nur aus Kalkül. Aus gekränkter Eitelkeit. Warum hatte er sie auch so wütend gemacht! Es fühlte sich an, als wäre sie in seine Falle gelaufen.

Sie wurde von der widersinnigen Sehnsucht gepackt, er sollte ihr verzeihen, sie trösten für das, was sie ihm angetan hatte. Was war das für ein seltsames Gefühl? Insa wusste genau, dass sie sich nicht zu ihm hingezogen fühlte. Wie sollte sie auch, er war ungehobelt, furchtbar arrogant und uralt. Sie stand auf und wollte aufs Rad steigen, doch zu allem Unglück war der Reifen platt. Na wunderbar, es wurde immer schlimmer, was kam wohl als Nächstes, eine Feuersbrunst?

Keine zehn Minuten später ging ein tropisches Gewitter nieder. Binnen weniger Augenblicke verwandelten sich die Straßen in wahre Sturzbäche. Insa konnte kaum noch etwas erkennen, ein Vorhang aus Wasser versperrte ihr die Sicht. Sie stöckelte durch Pfützen, ihre Füße taten weh. Sie stolperte, rutschte aus und schlug sich das Knie im Rinnstein auf. Fluchend stand sie auf und sah an sich hinunter. Sie sah furchtbar aus. Insa zwang sich weiterzugehen, obwohl ihr eigentlich danach war, sich unter irgendeines dieser Wellbleche hier zu verkriechen und das Ende dieser verblödeten Sintflut abzuwarten. Auf einmal hupte es, direkt neben ihr kam ein klappriger Transporter zum Stehen.

Um Himmels willen, Panik schoss ihr durch die Adern. Sie sah sich nach einer Fluchtmöglichkeit um.

»Schönberg! Señorita!«

Insa entdeckte am Steuer Gregorio Fuentes, der freundlich lächelnd seine beeindruckende Zahnlücke entblößte. Was für ein beruhigender Anblick. Er öffnete ihr die Tür, und sie kroch erleichtert in den Wagen.

»Sie schickt der Himmel! Oder na ja, irgendein kubanischer Gott.«

Offenbar hatte Gregorio sie schon in der Arena gesehen, und als er den Streit zwischen ihr und seinem Chef beobachtet hatte und Insas überstürzte Flucht, war er ihr sicherheitshalber gefolgt. Er verstaute das Rad auf der Ladefläche. Insa wäre ihm aus lauter Dankbarkeit am liebsten um den Hals gefallen, sie lachte ihn dankbar an. Worauf Gregorio seine Schüchternheit für die gesamte Rückfahrt einfach vergaß und ihr auf Spanisch die Leviten las, das war an seinen Gesten unschwer abzulesen. Und er verfügte über ein stattliches Arsenal pantomimischer Ausdrücke für verschiedene Gefahrensituationen, denen Insa sich seiner Ansicht nach um ein Haar ausgesetzt hatte. Er malte ihr mit Nachdruck aus, was ihr alles hätte zustoßen können, wäre er nicht zu ihrer Rettung herbeigeeilt.

Am Ende musste sie ihm hoch und heilig schwören, in Zukunft nicht mehr allein herumzulaufen und schon gar nicht nachts. Insa bedankte sich mit einem Kuss.

»Danke, Gregorio. Ich schulde Ihnen etwas.«

Er schüttelte bescheiden den Kopf, aber Insa nahm sich fest vor, sich in irgendeiner Form erkenntlich zu zeigen.

19

Am nächsten Nachmittag stand Insa um halb fünf bereit. Sie baute ihre Kamera auf, stellte genug Filme und einen Stuhl an die richtige Stelle. Und sie freute sich, das Licht war hervorragend, das Setting idyllisch, sie war mehr als zuversichtlich. Dann wartete sie. Doch er kam nicht. Wahrscheinlich hatte er noch zu tun. Insa tat alles, um nicht ungeduldig zu werden. Sie trank ein Glas Wasser, lief auf und ab, prüfte noch einmal ihre Ausrüstung. Ob er ihr die kleine List so übel nahm? Endlich tauchte Hemingway auf.

Ohne sie eines Blickes zu würdigen, ließ er sich in den nächstbesten Korbsessel fallen, murmelte etwas, das sich anhörte wie: »Traue keinem Deutschen, eine einfache Tatsache, die sich mal wieder bewahrheitet hat«, und sah sie blasiert an.

Insa schalt sich innerlich, sie hätte es sich denken können, dass er ihr nicht einfach ein Porträt schenken würde. Er war nicht gerade begabt im Verzeihen, im Gegenteil, für einen Moment der Rache war er bereit, so gut wie alles zu tun.

Sie versuchte sich nichts anmerken zu lassen, nickte ihm zu und nahm ihn durch den Sucher ins Visier. Worauf er eine ganze Reihe von abgeschmackten Dichterposen nacheinander abspulte. Klischees der Nachdenklichkeit, künstlich, seelenlos und abgedroschen. Es war die reinste Farce.

Ihre Hände begannen zu zittern, Insa biss sich mit aller Kraft auf die Unterlippe. Sie beruhigte sich etwas und zwang sich, professionell zu bleiben. Sollte er ruhig den Großschriftsteller, den Zampano geben, sie würde sich einfach nicht auf seine Machtspielchen einlassen. Sie drückte ab. Hinter all dem Getue ließ nichts den vielschichtigen, empfindsamen Menschen erahnen, den Insa immer wieder für Augenblicke hatte aufblitzen sehen. Sie verschoss einen ganzen Film. Das hier war die reine Attitüde, keine Wahrheit, nichts als Lüge. Eine leere Hülle. Ein Mann, gefangen in dem Bild, das er nach außen abgeben wollte, weiter nichts.

Insa legte eine neue Rolle ein. Er machte sie ganz bewusst lächerlich, und, schlimmer noch, insgeheim stimmte sie ihm zu, er hatte recht mit seiner Wut auf sie. Sie hatte Ernest Hemingway die Kontrolle über sein Bild gestohlen. Aber nur, weil sie am Ende ihres Lateins gewesen war. Sie überlegte, die Kamera in die Ecke zu schmeißen. Oder besser noch an seinen blöden Quadratschädel. Am liebsten hätte sie diese ganze unselige Angelegenheit ein für alle Mal hinter sich gelassen.

Insa ließ die Kamera sinken. Hemingway taxierte sie feindselig und kalt. Es hatte keinen Sinn. Hier war nichts mehr zu kitten. Sie drehte sich um und überließ ihn seinem Schicksal. Daran konnte er sich schon mal gewöhnen, wenn er so weitermachte, würde er nämlich genau so enden. Einsam und allein.

Insa lief auf ihr Zimmer, warf sich aufs Bett, zog die Decke über den Kopf, stopfte sich das Kopfkissenende in den Mund und tobte. Wie dumm sie war! Und er! Insa trommelte mit den Fäusten auf die Matratze ein. Sie verstand die Welt nicht mehr und noch weniger sich selbst.

Hätte sie bloß niemals den Boden dieser vermaledeiten Insel betreten. Sie riss den Film aus der Dose und von der Spule. Es war alles umsonst gewesen. Sie hatte genug.

Insa war eingeschlafen. Als sie aufwachte, fühlte sie sich etwas besser. Draußen war es schon dunkel. Sie duschte kalt und zog sich etwas Bequemes an. Die zerstörten Filme warf sie in den Papierkorb. Sie lauschte nach draußen, aus der Küche waren die üblichen Geräusche zu hören, sie würde warten. Insa putzte sich die Nase. Nur Idioten halten an einer verlorenen Schlacht fest. Así es la vida. So ist eben das Leben, das hatte Gregorio gesagt, als einer der Fische dem Netz entkommen war. Es war Zeit, sich einzugestehen, dass sie an einem Punkt war, an dem es keinen besseren Ausweg gab, als die Waffen zu strecken. Und dabei war sie lieber ungestört. Sie sah auf die Uhr, rechnete sechs Stunden hinzu und schickte ein Stoßgebet gen Himmel, hoffentlich war er bereits im Büro. Insa lief ins Arbeitszimmer und nahm das Telefon ab. Sie wählte die Nummer und wartete.

»Rowohlt Verlag. Annelotte Becker-Berke am Apparat, wie kann ich Ihnen helfen?«

Die Stimme klang sachlich und nach einer Frau, die so schnell nichts erschüttern konnte. Sie klang nach zu Hause. Insa schossen Tränen der Erleichterung in die Augen.

»Hallo, wer ist da bitte?«

Insa räusperte sich.

»Pardon, hier spricht Insa Schönberg aus Kuba, ist Herr Ledig-Rowohlt zu sprechen? Es wäre wirklich wichtig.«

»Na, das tut mir jetzt aber leid, der ist in Rottach zur Kur. Wir sprechen täglich, jedoch nie vor fünf. Aber vielleicht kann ich Ihnen irgendwie weiterhelfen?«

Allen Geschichten nach, die über Annelotte Becker-Berke im Umlauf waren, war Ledig-Rowohlts rechte Hand nicht nur durch nichts zu erschüttern, sie war auch unendlich loyal. Was sie auch sein musste, stimmte nur die Hälfte der Anekdoten, die über ihren Chef im Umlauf waren.

»Nur zu, keine Scheu. Ich bin wie ein Arzt, nichts Menschliches ist mir fremd.«

»Oh, das ist furchtbar nett. Ich, also, es läuft nicht, ich meine, es ist wirklich schwierig …«

Die Sekretärin reagierte sofort. »Ich verstehe, ja, man hört so einiges über den Kerl. Was kann ich tun?«

Insa holte tief Luft.

»In drei Tagen geht mein Flug. Und ich bin hier in seinem Haus, und er benimmt sich einfach unmöglich, und ich habe nur noch 17 Dollar. Ich will nicht aufgeben, aber ich – ich glaube ich habe eine Dummheit gemacht, ich habe versucht, ihn zu erpressen, mit unschönen Bildern, damit er mir endlich Modell steht, ich wusste nicht weiter, ich, ich …«

Insa versagte die Stimme.

Becker-Berke stieß einen beruhigenden Brummton aus. »Ich schlage Folgendes vor. Erstens, und das ist wichtig, Sie vergessen für den Moment, was war. Das Festhalten an Dingen, die Sie nicht rückgängig machen können, nützt keinem. Am wenigsten Ihnen, also weg damit. Haben Sie das verstanden?«

Insa nickte gehorsam. »Ja, das habe ich.«

»Gut. Zweitens, Sie beginnen etwas in die Waagschale zu werfen. Solche Egomanen wollen etwas haben, sonst geben sie selbst auch nichts. Sie müssen ihm etwas anbieten. Der Mann hat Macht, Erfahrung, Status. Aber Sie sind schneller als er, beweglicher, auch geschickter. Sehen

Sie es als Spiel. Ändern Sie Ihre Strategie, wann immer es nötig ist, verwirren Sie ihn, wickeln Sie ihn ein mit Ihrer quecksilbrigen Energie. Aber lügen Sie nicht. Nicht nach dem, was zwischen Ihnen derart schiefgelaufen ist. Zeigen Sie sich ihm, dann wird er sich auch Ihnen öffnen. Ich wette darauf.«

Insa hatte das beruhigende Gefühl, Annelotte Becker-Berke hatte die Situation instinktiv durchschaut und konnte ihr helfen.

»Danke. Das hat gutgetan. Darf ich Ihnen noch eine Frage stellen?«

»Natürlich dürfen Sie das.«

»Was hat es mit Hemingways letztem Buch auf sich?«

Am anderen Ende der Leitung atmete es geräuschvoll ein.

»Oh, das kann ich Ihnen gern erzählen. Das war ein einfach grässliches Drama. Hemingway hatte sie auf seiner Italienreise kennengelernt und sich in eine tragische Schwärmerei verstiegen. Meiner Ansicht nach ganz typisch für einen Mann, der seine schwindende Attraktivität spürt, aber das nur nebenbei. Das blutjunge Ding, adelig, ganz hübsch, aber natürlich vollkommen überfordert von der plötzlichen Ehre, reagierte geschmeichelt und einigermaßen hilflos. Das heißt, sie hatte stets ihren Bruder dabei, und als Hemingway sie nach Kuba einlud, nahm sie ihre Mutter mit. Ich weiß natürlich nicht, was wirklich hinter den Kulissen geschah, aber zwei Fehler kann man ihm ganz sicher anlasten – er hat sie den Buchumschlag gestalten lassen, und der Roman war einfach schlecht. Nun, was dann geschah, war Ironie des Schicksals. Nach zehn Jahren ohne Veröffentlichung des großen Genies war die Aufmerksamkeit für das neue Buch natürlich immens. Und dann kommt er mit dieser Schmonzette. Sie haben ihn in der Luft zerfetzt. Die Kritiken waren verheerend, und zwar auf der ganzen Welt. Sie haben ihn als Schriftsteller förmlich begraben, und sein gesamtes Werk rückwirkend dazu. Und das einem Mann, der noch nie verrissen worden war. Sondern immer nur gefeiert. Ich könnte mir vorstellen, dass er darunter immer noch zu leiden hat.«

Insa hatte das Gefühl, eine ganze Handvoll Puzzlestückchen von Annelotte Becker-Berke erhalten zu haben.

»Vielen Dank, das war sehr, sehr hilfreich für mich.«

»Sie können mich jederzeit wieder anrufen.«

»Danke, aber das wird nicht nötig sein.«

»Das ist der richtige Geist. Ich hoffe, wir begegnen einander einmal persönlich. Sie sind eine mutige junge Frau.«

Insa lachte unter Tränen. »Das hoffe ich auch!«

Insa setzte sich auf die Stufen der Veranda. Es war wichtig, keine Zeit zu verschwenden, und sie musste das Richtige tun. Dazu musste sie sich erst einmal innerlich Klarheit verschaffen. Hemingway war also öffentlich der Lächerlichkeit preisgegeben worden, das erklärte seine Tobsuchtsanfälle und dass er Schwierigkeiten hatte zu schreiben und ständig einen Kreis von Bewunderern um sich scharte. Oder lieber noch Einheimische, die von Kritiken und Büchern kaum etwas wussten und ganz sicher keine internationale Presse lasen. Was wirklich in ihm vorging, musste er verbergen. Auch weil es seinem Image geschadet hätte, das längst zu seiner zweiten Haut geworden war. Seine fiktionalen Charaktere zeigten Scham und Trauer, Unsicherheit, Verletzlichkeit. Er selbst aber gab in der öffentlichen Inszenierung seiner selbst immer nur ein Bild eindimensionaler absoluter Männlichkeit ab. Er schien Insa gefangen in einer veralteten Rolle, die rein gar nichts mit dem Menschen zu tun hatte, der er in Wahrheit war. Sie empfand Mitgefühl für ihn. Und sie musste herausfinden, um es mit Hemingways Worten auszudrücken, was zur Hölle sie jetzt tun sollte. Dazu musste sie sich verflucht noch mal darauf besinnen, wer sie eigentlich war. Und wo sie eigentlich herkam. Sie musste sich auf ihre Stärken besinnen. Und darauf, was sie zu geben hatte.

20

Am Morgen wusste Insa, was sie zu tun hatte. Es war Mittwoch, und Miss Mary wurde zum Dinner zurückerwartet. Sie würde sich die Freiheit nehmen, ein paar Rechnungen zu begleichen, sie würde die Götter anrufen, und sie würde einen letzten großen Anlauf nehmen, um das Foto zu bekommen. Wie genau, das wusste sie noch nicht, aber sie wusste, dass sie es schaffen würde, einfach schaffen musste.

Als Erstes meldete sie sich bei Willem, der offenbar schon am Schreibtisch saß, seine Stimme klang geschäftig und wach.

»Guten Morgen. Du weißt doch, dass mein Flug bald geht?«

Er stieß ein kleines, verzagtes Schluchzen aus. »Erinnere mich nicht daran.«

»Für meine letzten Tage auf Kuba habe ich zwei Ideen, deren Umsetzung du mir unmöglich abschlagen kannst. Doch du darfst wählen, welche möchtest du zuerst hören?«

Willem kicherte. »Das ist einfach. Die, die mit Arbeit verbunden ist, zuerst. Danach die Belohnung, bitte.«

»Du hattest doch mal von einer spiritistischen Sitzung gesprochen. Die von einem geheimen Kult abgehalten wird? Erinnerst du dich?«

Er schien überrascht.

»Santería? Ich weiß nicht, ob wir, ich meine, das ist nicht ganz ungefährlich, und wie soll ich jetzt …«

»Ich vertraue dir. Und deinen Verbindungen. Außerdem muss ich unbedingt –«

»Ein Foto von Hemingway machen, ich weiß. Und du meinst tatsächlich, das könnte helfen?«

Sie ballte ihre Fäuste. »Ich habe keine Zeit mehr, und ich habe keine Wahl. Mir ist jedes Mittel recht. Und vielleicht kann ja nur Zauberei mich noch retten?«

»Es ist in Ordnung, geschlagen zu werden. Aufgeben aber darf man nicht.«

»Ganz genau!«

Willems Stimme verwandelte sich in die eines kleinen moppeligen Jungen. »Und was ist mein Geschenk?«

»Du bist heute Abend zum Mittwochsdinner in der Finca eingeladen.«

Er stieß ein ungläubiges Quietschen aus.

Insa lachte laut. »Aber zieh dir was Hübsches an, nicht so einen Fetzen wie neulich … Vorher habe ich allerdings noch einen kleinen Auftrag für dich.«

Willem hatte zwar immer betont, kein gesteigertes Interesse daran zu haben, Hemingway kennenzulernen, doch Insa wusste genau, dass er insgeheim darauf hoffte, ihn für eine Reportage befragen zu können.

Als der Abend begann, sah es zunächst auch so aus, als liefe alles genau nach Plan. In der Finca hatten sich alle zu Insas letztem Mittwochsdinner eingefunden. Miss Mary saß in angeregtem Gespräch mit Doktor Sotolongo, ihrem Canasta-Partner und Arzt Hemingways, während der sich mit einem seiner kubanischen Freunde unterhielt und Insa so tat, als interessierte sie sich für die Geschichten ihres Tischnachbarn, eines Amerikaners ohne nennenswerte Eigenschaften, wenn sie das richtig sah, auf jeden Fall ohne jeden Unterhaltungswert. Vielleicht war sie auch einfach zu abgelenkt, lauschte sie doch die ganze Zeit nach draußen, in Erwartung von Willems klapperndem Vehikel. Endlich hörte sie es in die Einfahrt biegen. Und kurz darauf verkündete César die Ankunft von zwei Unbekannten, die ihm dicht auf den Fersen folgten.

Willem in seinem besten Anzug und Señorita Calderon, die sich in puncto Abendgarderobe selbst übertroffen hatte. Ihre Vorliebe für Federn aller Art machte ihre Robe zu einem Erlebnis, dazu hatte sie goldene Lamésandalen kombiniert und trug obendrein einen ausladenden Hut, unter dem sie beinah verschwand. Vor lauter Verlegenheit war sie puterrot, was ihr allerdings ausgezeichnet stand.

Wie verabredet sprang Insa auf und tat vollkommen überrascht. Sie spielte den Anwesenden vor, die beiden seien gekommen, um sie zu einem allerletzten Ausflug nach Havanna abzuholen, mussten sich aber geirrt haben, denn sie waren einen Tag zu früh erschienen. Willem gab sehr überzeugend den Zerknirschten, und beide ließen jede Menge peinliche Pausen entstehen. Wie erwartet bat Miss Mary sie umstandslos, Platz zu nehmen, und César ließ zwei weitere Gedecke bringen. Hemingway zeigte sich von seiner großzügigsten Seite, bot der schockstarren Señorita, die in den Plan nicht eingeweiht war, einen Platz neben sich an und ließ Champagner auffahren. Insa stellte Willem als ihren Freund, einen Zeitungskorrespondenten aus den Niederlanden, vor. Er wurde gegenüber von Miss Mary platziert, und natürlich benahm er sich tadellos, nippte an seinem Drink und lauschte aufmerksam der Geschichte aus Paris, die Hemingway gerade zum Besten gab.

»Schließlich waren wir so ausgezehrt, dass Hadley und mir, um dem sicheren Hungertod zu entgehen, nichts anderes übrig blieb, als im Jardin du Luxembourg Tauben zu schießen.«

Willem sah Hemingway an und überlegte. »In der Nacht?«

Hemingway machte eine merkliche Pause, bevor er antwortete. Er war es nicht gewohnt, an seinem eigenen Tisch angezweifelt zu werden.

»Ganz genau, wie ich gerade schon sagte.«

Willem nahm einen Schluck. Er sah in sein Glas. Die Spannung zwischen beiden war mit Händen zu greifen. Insa wusste nicht, ob sie hoffen sollte, dass Willem lockerließe oder weitermachte, so spannend fand sie die Situation. Willem aber ließ sich nicht beirren.

»Und Sie haben sie dann im Zimmer gegart?«

Insa sah, wie eine gleißende Wut in Hemingway aufstieg. Er hasste es, Rede und Antwort zu stehen. Er breitete jovial die Arme aus.

»Natürlich. Im Kamin. Sonst wären sie ungenießbar, oder sehe ich aus wie ein Barbar?«

Er blickte sich Zustimmung heischend um. Niemand antwortete. Im Versuch zu vermitteln ergriff Miss Mary das Wort und unterbrach die unschöne Stille.

»Nun ja, könnte es nicht sein, dass du hier zum Fabulieren neigst? Immerhin schwamm Hadley in Geld, spätestens seit der Erbschaft, nicht wahr?«

Willem lächelte lieblich. »Der Park wird auch nachts geschlossen und ist sicher gut bewacht.«

Insa fürchtete, wenn Hemingway weiter so gereizt würde, bekäme er einen Tobsuchtsanfall. Doch er tat etwas ganz Unerwartetes. Statt einer Antwort küsste er Miss Mary auf den Mund.

»Tja, ich bin Schriftsteller, kein gottverdammter Erbsenzähler. Und dieser Zustand ist unheilbar. Stimmt's, Doktor? Also gewöhn dich besser endlich daran. Und jetzt her mit der Medizin!«

Der Arzt enthielt sich eines Kommentars, während Hemingway sein Glas leerte und sich ein weiteres eingoss. Dann nahm er Willem ins Visier.

»Sagen Sie, haben wir uns nicht schon einmal gesehen?«

»Ich glaube nicht, Sir.« Willem nahm einen Bissen Salat.

»Sie kommen mir aber sehr bekannt vor.«

Willem zuckte mit den Achseln. »Nun ja, ich habe ein Allerweltsgesicht.«

Miss Mary legte ihre Finger besänftigend auf die Hand ihres Mannes.

»Könnte es sein, dass er dich an Giggy erinnert? Seine Gesichtszüge sind so —«

Hemingway unterbrach sie brüsk. »Unsinn. Er sieht vollkommen anders aus.«

»Wie du meinst.« Miss Mary stand auf und murmelte etwas davon, dass sie besser nach dem nächsten Gang sehen sollte, der schon länger auf sich warten ließ, und verschwand.

Hemingway beugte sich zu Willem.

»Woran arbeiten Sie denn gerade?«

Willem lächelte durchtrieben. »An einer Geschichte über Prostitution auf Kuba. Kokain, Mafia, Kasinos und so weiter, Sie wissen schon. Ein interessantes Thema. So vielschichtig. Die Verstrickungen von Politik und Profit. Die Tanzlehrerinnen und die Expats.«

»Ich hörte davon.«

Hemingway sah aus, als überlegte er, ob er Willem jetzt eins auf die Nase geben sollte oder erst nach dem Dessert. Zu Insas Erleichterung wurde die Hauptspeise serviert, und sie hoffte auf einen Themenwechsel. Aber natürlich konnte Hemingway nicht anders, als nachzusetzen. Er besah sich das Stück Fleisch auf seinem Teller.

»Zuletzt war ich während des Krieges im Bordell, das war in Paris, mit Marlene.«

»Marlene Dietrich?« Vollkommen überraschend meldete sich Señorita Calderon zu Wort.

Insa musste lachen, sie war sich nicht mehr sicher, ob ihre kleine Aufführung eine gute Idee war. Hemingway sah zu Miss Mary, die inzwischen wieder Platz genommen hatte, griff sich den Salzstreuer und würzte nach.

»Das war vor deiner Zeit.«

Jetzt sah Miss Mary aus, als überlegte sie, ihm den Hals umzudrehen.

»Verdammt, ich habe es genossen. Vielleicht nicht ganz so wie den Krieg später …« Hemingway stellte den Salzstreuer versonnen auf der Tischdecke ab. »Hab ich euch je die Geschichte aus Villedieu-les-Poêles erzählt? Wir hatten einen Keller geortet, in dem sich ein paar SS-Bastarde versteckt hatten.«

Er gab dem Streuer einen kleinen Stupser, sodass er zu kreiseln begann. »Ich habe ihnen erst auf Deutsch, dann auf Französisch zugerufen, sie sollten mit erhobenen Händen rauskommen. Aber sie rührten sich nicht.« Hemingway wartete, bis der Salzstreuer zum Stehen kam. »Also sagte ich ihnen, sie sollten *das* zwischen sich aufteilen, und warf drei Handgranaten rein.« Er stieß ein trockenes Lachen aus. »Brachte uns zwei Flaschen Champagner ein, vom Dorfbürgermeister.« Sein Lachen wurde immer lauter. »Ich wüsste zu gern, wie viele es waren. Insgesamt habe ich sicher über zwanzig von den verfluchten Bastarden massakriert.«

Er schlug sich auf die Schenkel, so prächtig amüsierte er sich. Insa überkam eine tiefe Scham. Sie war sich nur nicht ganz klar darüber, auf wen die sich bezog.

»Und Sie?« Hemingway hatte sich Willem zugewandt.

»Wie meinen?« Willem nahm einen Schluck Wasser.

»Na, wann kamen Sie zum letzten Mal in den Genuss? Oder machen Sie keine Feldstudien?«

Willem setzte sorgfältig sein Glas ab. Er hob den Kopf und blickte offen geradeaus.

»Ich bin homosexuell.«

Niemand rührte sich. Draußen krächzte ein Vogel. Willem schenkte sich selbst nach. Insa überlegte einen kurzen Moment, ob sie ihrem Impuls tatsächlich folgen sollte. Dann entschied sie sich dafür. Sie hob ihr Glas wie zum Toast.

»Und ich bin jüdisch.«

Ein ganzer Tisch voller erstaunter Gesichter drehte sich zu ihr um. Insa sah sie sich in Ruhe an. Selbst Hemingway war sprachlos. Sie legte ihre Serviette auf den Teller und konnte aus dem Augenwinkel erkennen, dass Willem das Gleiche tat.

Hemingway wandte sich an Miss Mary. »Natürlich, du hast recht, er erinnert an Giggy, er ist genauso weibisch wie er.«

Eine unendliche Traurigkeit stieg in ihr auf. Insa erkannte, dass er den Hass, den er als Kind aushalten musste, bis heute nicht losgeworden war. Und darum musste er ihn weitertragen. Sie stand auf.

»Es tut mir sehr leid, dass Sie so etwas sagen müssen. Wahrscheinlich können Sie nicht anders. Aber jetzt entschuldigen Sie uns bitte. Wir haben noch einen Termin.«

Insa und Willem liefen gemeinsam zur Tür, Señorita

Calderon warf ihre Serviette auf den Tisch und folgte ihnen mit vernehmlichem Klappern. Insa war, als hätte es einen deutlich missbilligenden Unterton. Sie warf César einen entschuldigenden Blick zu und hörte noch Miss Mary, ihre Stimme war laut und klar: »Doch, du bist ein Barbar.«

Sie geleitete die Señorita zum Wagen und half ihr, auf dem Beifahrersitz Platz zu nehmen, hoffentlich war sie nicht allzu enttäuscht von dem angeschlagenen Zustand und Charakter ihres Idols. Insa setzte sich auf die Rückbank und kurbelte die Fenster herunter, sie brauchte dringend etwas frischen Wind um die Nase. Willem brauste los und warf ihr über den Rückspiegel einen gerührten Blick zu.

»Und du bist ein Schatz.«

»Aber nein, ich habe bloß die Wahrheit gesagt.«

Er tätschelte unbeholfen Insas Knie und insistierte.

»Weil du eine echte Freundin bist.«

Insa nahm seine Hand in ihre. »Du bist auch nicht übel.«

Señorita Calderon begann leise zu schnarchen.

»Irgendwie tut er mir fast leid. Und übrigens hätte ich schon gern zu Ende gegessen.«

»Das hast du jetzt nicht wirklich gesagt!« Insa boxte ihn sanft auf die Schulter. »Weil er ein überholtes Fossil ist?«

»Ganz genau. Da fällt mir ein, was für einen Termin haben wir eigentlich?«

»Die Santería, du erinnerst dich?«

Willem hielt an der nächsten Bar und führte ein paar Telefonate, während Insa und die Señorita Kaffee bestellten, angeblich konnte so etwas die ganze Nacht dauern. Und obwohl sie als moderne junge Frau natürlich weder an Spuk und Zauberei glaubte noch Angst vor Hexen, Yetis oder sonstigen Ausgeburten der Fantasie hatte, geschweige denn davor, einem Fluch anheimzufallen, sondern ganz im Gegenteil sich eher sorgte, zu nüchtern und wenig empfänglich für alle Arten von magischem Hokuspokus zu sein, fühlte sie bei dem Gedanken an das althergebrachte Ritual, das gleich folgen sollte, einen leisen Schauer ihren Rücken hinunterlaufen. Insa musste an den heiligen Baum im Garten der Finca denken. Wenn sogar Hemingway, der Inbegriff eines nüchtern denkenden Amerikaners, Respekt davor hatte, war vielleicht doch etwas dran? Andererseits, sie goss einen Schluck Milch in ihre Tasse und rührte nachdenklich darin herum, fühlte sie sich, als wäre der Tiefpunkt dieses Abenteuers endlich überschritten. Señorita Calderon schüttete eine unglaubliche Menge Zucker in ihren Kaffee und war erstaunlich guter Dinge. Offenbar gehörte sie zu den Menschen, die erst aufblühten, wenn das Drama begann. Sie warf Insa einen prüfenden Blick à la *Sie haben Ihr Foto immer noch nicht bekommen?* zu. Insa schüttelte den Kopf.

»Er lässt mich auflaufen. Ich bin langsam etwas ratlos.«

Die Señorita nickte weise und begann auf Insa einzureden. Dass sie kein Spanisch verstand, schien sie dabei nicht weiter zu stören. Was sie sagte, verstand Insa dennoch, das ausdrucksvolle Gesicht der alten Dame, dazu die sprechenden Gesten ließen ihr kaum eine andere Wahl. Offenbar warf sie sämtlichen Europäerinnen vor, dumm zu sein und zu direkt wie riesenhafte Holzhammer. Señorita Calderon klimperte mit den Wimpern, machte schlängelnde Bewegungen mit ihren Armen und imitierte mit ihren schönen Händen Schmetterlingsflügel. Nach beinah drei Wochen auf Kuba wusste Insa nur zu gut, was sie damit ausdrücken wollte. Klüger sei es natürlich, wie eine

Kubanerin zu handeln. Sie müsse *Cheminguey* überraschend zu fassen kriegen, ihn irgendwie reinlegen, und zwar ohne dass er es merke. Insa nahm die Hände der Señorita in ihre und führte sie zu ihrer Stirn. Die Señorita tätschelte sie zuversichtlich, gähnte nachdrücklich und stand auf, sie wollte ganz offensichtlich nach Hause, und zwar jetzt gleich. Insa warf ein paar Münzen auf den Tisch. Vielleicht war das Leben wirklich ein Spiel. Und ein Tanz. So wie die Kubaner es sahen. Willem kehrte vom Telefon zurück und gab Insa mit geheimnisumwobener Miene zu verstehen, er habe alles arrangiert, und sie brachen auf. Sie brachten Señorita Calderon nach Hause, Insa umarmte sie zum Abschied und sah ihr nach, wie sie auf ihren hohen Sandalen davonstöckelte. So eigensinnig und lebensfroh wollte sie auch sein, später, wenn sie einmal alt war. Und doch, Insa fühlte sich schon jetzt bedeutend freier als damals, vor dreieinhalb Wochen, als sie angekommen war. Sie nahm sich vor, dem, was heute Nacht noch passieren würde, ganz gleich, wie absurd oder Furcht einflößend es auch sein mochte, ohne vorgefertigtes Urteil zu begegnen. Denn auch wenn sie selbst so gut wie keine Erfahrung mit Gebeten, mit Zauberkünsten oder Wundern hatte, sah man von der Fotografie einmal ab, hieß das ja noch lange nicht, dass sie nicht helfen würden.

Sie fuhren eine ganze Weile durch die Nacht, Insa sah zu Willem hinüber, der versuchte, den Weg anhand der dürftigen Beschreibung seiner Quelle zu finden.

»Ist es so ähnlich wie Voodoo? Das habe ich mal im Kino gesehen, in einem Gruselfilm.«

»Es heißt, die Götter seien an der Seite der Sklaven übers Meer aus Afrika auf diese Insel gekommen. Es gefiel ihnen hier, und sie vermischten sich über die Jahre mit den katholischen Heiligen. Dabei mussten sie sich bemühen, den Herrschenden nicht aufzufallen. Die sahen es natürlich weniger gern, wenn ihre schwarzen Sklaven weiterhin undurchschaubare Riten pflegten.«

Insa nickte grimmig.

»Sie sollten sich unterordnen und still sein, oder?«

»Ja, genau.« Willem bog in eine schmale, dunkle Straße ein.

»Jeder ist dort willkommen, vorausgesetzt natürlich, dass er katholisch ist …«

Sie sah ihn erschrocken an. »Aber das bin ich nicht. Du etwa?«

Willem prustete los. »Wo denkst du hin? Ich bin Heide, schon immer. Was aber niemanden etwas angeht. Und siehst du mir etwa an, woran ich glaube? Glücklicherweise nicht! Aber es kann nicht schaden, sich vorzubereiten. Die Götter heißen *Orishas*, sie stiegen einst, in uralter Zeit, wie Geister vom Himmel, riefen die Menschen und die Welt ins Leben. Man sagt, sie hätten einige Tage mit den frisch erschaffenen Menschenwesen zusammengelebt, um dann zurück in den Himmel zu entschweben.«

»Ob das bedeuten soll, dass die Menschen die Götter vermissen? Oder rufen sie sie, und die Götter kommen zu Besuch?«

»Eine gute Frage, ich weiß es nicht. Ich glaube, sie fahren irgendwie in die Gläubigen hinein. Ach ja, es gibt einen Hohepriester, *Babalao* genannt, was Vater der alten Weisheit bedeutet, und es ist wichtig, immer genügend Respekt zu zeigen. Das hat mir meine Freundin erklärt, die, halt dich fest, heute bei einer dieser Zusammenkünfte singt.« Willem verfiel in einen orakelhaften Ton voller Zuneigung. »Merceditas Valdés, eine Frau mit Zukunft. Genau wie du.«

Er hielt den Wagen an. Der Tempel befand sich in dem unauffälligsten Gebäude, das man sich nur denken konnte. Schon als Willem den Motor ausschaltete, konnte Insa es hören, Trommeln, Gesang, chorische Wiederholungen. Sie tauschten einen abenteuerlustigen Blick.

»Wir bleiben zusammen, egal, was passiert.« Insa leckte ihre Finger an und hob sie vors Gesicht.

»Hugh!«

Willem tat es ihr nach.

»Hugh!«

21

In dem eher schmucklosen kleinen Gemeindesaal hatten sich an die fünfzig Leute versammelt. Trotz der Krankenhausfarben an den Wänden und des groben Betonbodens strahlte der Saal eine fröhliche Festlichkeit aus. Überall waren Blumen und Speisen für die Götter verteilt, brannten Kerzen und standen mit Ketten geschmückte Heiligenbilder, deren Haut tiefschwarz schien. Das Überraschendste aber waren die Gläubigen, die sangen und lächelten, rauchten und tranken, und vor allem aber tanzten sie. Insa und Willem blieben am Rand stehen und ließen die Szene auf sich wirken. Es sah aus, als versetzten Rhythmus und Gesänge die Menschen in eine gemeinsame Trance.

Willem wisperte ihr ins Ohr. »Angeblich erleben sie das Freisetzen einer kosmischen Kraft.« Sie wurden mit Gesten eingeladen, sich dazuzugesellen und mitzumachen. Für einen kurzen Moment überkam Insa eine entsetzliche archaische Angst, sie wollte keinem Dämon begegnen, sie hatte genug, sie wollte zurück nach Hause. Dorthin, wo ihr alles vertraut war, wo es nach Herbst roch und nicht süß wie hier. Insa zwang sich, ruhig durchzuatmen, sie schloss die Augen. Und dann passierte etwas mit ihr.

Sie wollte sich nicht mehr entziehen, sie warf sich in den Augenblick und überließ sich der treibenden Musik, dem weichen Gesang, dem Schlagen der Trommeln. Sie geriet in eine Art Schwingung mit den Tanzenden um sie herum. In einen beinah entrückten Zustand. Es war, als öffnete sich ein Tor in ihrem Inneren, als verschaffte sich etwas Zugang, als könnte auch sie die Gottheiten mit ihrem Körper unmittelbar erfahren. Als wäre es möglich, dass auch sie von ihnen besessen würde. Insa spürte, wie ihr der Schweiß den Rücken hinunterlief. Plötzlich begann irgendjemand, fremde, beinah übermenschliche Töne auszustoßen. Wieder und wieder. Insa wurde endgültig mitgerissen. Sie wiegte und drehte sich und vergaß alles um sich herum. Es war, als lösten Raum und Zeit sich auf. Als durchströmte sie eine uralte und doch neue Energie. Als vermischte sich alles, was hier und jetzt passierte, mit einer Form von Ewigkeit. Einmal tauchte ein wirbelnder Willem in ihrem Blickfeld auf. Ein glücklicher Derwisch, die Arme hoch zum Himmel gehoben.

Und irgendwann, vielleicht Minuten, vielleicht Stunden später, wurde Insa vor den Priester gespült. Er trug eine Art Turban, ein weißes Gewand und Muschelschmuck. Sogleich lachte er ihr ins Gesicht und schenkte ihr zugleich einen tiefen Blick. Insa war, als durchbohrte er sie, sanft und zugleich messerscharf.

Die Welt und das Leben sind ein Mysterium, in das der Eingeweihte einen Blick erhascht, aber auch er wird es nie ganz erfassen.

War das ihr eigener Gedanke, hatte sie das irgendwo einmal gelesen? Oder hatte der Priester ihr das gerade jetzt in den Kopf gepflanzt? Erneut wurde sie mitgerissen. Es war, als feierten Orishas und Menschen zusammen auf der irdischen Welt die Existenz, das Leben.

Irgendwann wurde es ruhiger. Insa wurde zum Hohepriester geführt, ihre Hilfsbedürftigkeit musste sich herumgesprochen haben. Auf sein Geheiß nahm sie Platz, und er begann ein kompliziertes Ritual. Er warf eine Handvoll Nüsse acht Mal in die Höhe. Insa wartete gespannt auf eine Erklärung. Willem sandte ihr aufgeregte Blicke zu, Merceditas lächelte aufmunternd. Offensichtlich war das alles von großer Bedeutung, denn sie hockten sich zu ihr. Die Sängerin erklärte Insa, die Welt der Götter wirke auf das irdische Leben ein, wenn die Menschen ihre Verbindung zu ihnen pflegten. Das Orakel bilde die Brücke zwischen beiden. Endlich wurde das Ifá-Orakel gedeutet und verkündet, Merceditas übersetzte es leise in Insas Ohr. Es riet ihr, der Göttin Yemayá eine Mango zu opfern, sie lebe im Meer.

Es war früh am Morgen, als Willem sie an der Finca absetzte. Nur ganz hinten am Horizont konnte Insa einen Silberstreif ausmachen. Sie gab ihm einen stummen Kuss, sie würden sich noch einmal sehen, und sie hatte es eilig. Irgendetwas in ihr drängte sie, das mit dem Ritual jetzt gleich zu erledigen. Sie schlich in ihr Zimmer, man wusste nie, ob der von Schlafstörungen geplagte Schriftsteller nicht schon irgendwo lauerte, und schlüpfte in Shorts und Bluse. Dann machte sie sich auf die Suche nach der passenden Frucht in den Garten auf. Und sie strahlte ihr förmlich entgegen, so leuchtend gelb hing sie an ihrem Baum. Wenn auch ziemlich weit oben. Insa holte sich einen langen Stock aus dem Schuppen und schlug sanft gegen den Ast. Zunächst sah es so aus, als wollte er sie nicht hergeben. Wahrscheinlich musste sie etwas stärker zuschlagen, doch unnötig verletzen wollte sie den Baum nicht. Insa entschloss sich, am Ast zu rütteln, was nicht einfach war. Irgendwann hatte sie den Dreh raus, der Ast schwang hin und her. Sie rüttelte noch einmal bestimmt, und er ließ die Frucht fallen. Die Mango landete satt und warm und schwer direkt in ihren Händen. Wenn das mal kein gutes Zeichen war.

Insa wusste schon früh, wie wichtig es war, dem Zufall hin und wieder auf die Sprünge zu helfen. Wenige Tage nach ihrer Begegnung mit Augstein hatte es Bindfäden geregnet, und sie war wieder einmal am Dammtor-Bahnhof vorbeigeradelt, als sie ihn auf einmal entdeckte. Den sagenumwobenen schneeweißen Borgward des Chefs der *Constanze*, des einzig relevanten Frauenmagazins, und darin den berühmten kanariengelben Schal. Insa wartete eine Ampelphase, und dann, just in dem Moment, in dem der Wagen an der Kreuzung zum Stehen kam, fuhr sie ihm direkt vor die Nase. Sie fluchte laut und tat so, als hätte er ihr den Weg abgeschnitten. Und der Mann am Steuer wurde prompt aufmerksam. Fritz Loewke legendärer Schal leuchtete ihr entgegen, als er sich galant zur Seite beugte.

»Junges Fräulein, darf ich Sie nach Hause bringen? Ich kann ja nicht zulassen, dass Ihre Kamera Schaden nimmt.«

Wie auf Kommando wurde der Regen heftiger, doch Insa tat, als zögerte sie. Er reagierte sofort und versuchte ihre Bedenken zu zerstreuen.

»Fritz Loewke, frisch geschieden und erst einmal kuriert von der Damenwelt. Im Übrigen sind Sie gar nicht mein Typ, ich bevorzuge ausgewachsene Exemplare.«

Insa zog die Nase hoch.

»Danke, das ist ja ein ganz reizendes Kompliment. Insa Schönberg. Ich für meinen Teil habe an Liebeleien weder Interesse noch die Zeit dafür.«

Belustigt sah er sich Insas Füße an.

»Wenn Sie Ballerinas tragen, müssen Sie sich nicht wundern, dass Sie wie ein Backfisch wirken.«

Sie konnte spüren, wie der Regen sie langsam durchweichte. Einen Moment noch, und sie würde aussehen wie ein begossener Pudel. Umso besser, Insa schob frech das Kinn nach vorn.

»Das wird ja immer schöner. Aber bevor ich weggeschwemmt werde, nehme ich doch lieber Ihr Angebot an. Wenn es noch gilt?«

»Sie meinen trotz Ihres frechen Mundwerks? Na, dann erst recht, wofür halten Sie mich?«

Er öffnete die Beifahrertür. Insa beeilte sich, ihr Rad an den nächsten Laternenpfahl zu schließen und einzusteigen.

»Wo soll's denn hingehen?«

»Ganz nach oben, wohin denn sonst?«

Loewke lachte schallend.

»Selbstredend, aber ich meinte eigentlich, wo ich Sie hinkutschieren darf.«

Insa tupfte sich mit dem Halstuch das Gesicht ab.

»Das war mir klar. Ich wollte es bloß nicht unerwähnt lassen. Immerhin sind Sie ein hohes Tier. Jungfrauental, bitte schön.« Sie lachte ihn an.

»Aye, aye. Auch ein schönes Kompliment. Und ich bin mehr als geschmeichelt, dass Sie wissen, wer ich bin.«

Er gab Gas, und sie brausten los.

»Sie sind Fotografin?«

»Aber ja. Bei Rosemarie Pierer in der Lehre, seit über einem Jahr.«

Loewke nickte wohlgefällig.

»Wissen Sie was, ich habe eine Idee. Was halten Sie davon, wenn ich mal einen Blick auf Ihre Arbeiten werfe. Junge Fotografinnen sind gerade sehr gefragt. Und mein Instinkt sagt mir, dass Sie Talent haben. Wir holen Ihre Mappe, und ich lade Sie zum Essen ein. Mir hängt nämlich der Magen schon in den Kniekehlen. Abgemacht?«

Insa nickte, das hätte nicht besser laufen können.

»Abgemacht!«

Zwanzig Minuten später, Insa hatte die Kamera gegen ihre Mappe getauscht und Pierer schnell erzählt, dass sie Fritz Loewke erwischt hatte, fand sie sich bei Lembke am Bahnhof wieder. Der Laden war so bodenständig wie legendär, und er brummte. Loewke führte sie an seinen Stammplatz und bestellte für beide, Hering nach Hausfrauenart für sie und für sich selbst ein extrariesiges Steak. Insa hielt den Kellner auf.

»Vergessen Sie den Hering, ich nehme auch das Steak. Medium. Und statt einem Pils bitte ein Glas Chianti dazu.« Sie wandte sich an Loewke. »Es mag Sie wundern, aber Frauen haben ihren eigenen Kopf.«

»Meine Güte, was bin ich für ein Fossil. Ich hätte allerdings schwören können, dass Sie eine Liebhaberin des Herings sind.«

»Niemand kann immer richtigliegen …«

»Sehr weise für eine derart junge Frau, das muss ich schon sagen.«

Loewke sprach das ganze Essen über von seinem Werdegang und dem Aufstieg des Magazins, und Insa war für einen Moment einfach nur zufrieden mit sich und der Welt. Hier saß sie, hoffnungsfrohe Nachwuchsfotografin, um sie herum tobte das Leben, und dieser etwas merkwürdige Kauz von einem Chefredakteur erzählte eine interessante Anekdote nach der anderen. Sie nahm noch einen Schluck, es konnte keinen besseren Ort auf der Welt für sie geben, nicht in diesem Augenblick.

»In einem Frauenmagazin wie dem unseren ist kein Platz für rosarote Sentimentalität. Ich brauche Reporter und Fotografen, die mit ihrem Lebensmut auch den letzten Rest von allem Bänglichen, allem Lehrerinnenhaften hinwegfegen. Ironische Zungen. Unvoreingenommene Blicke. Sie wissen, was ich meine.« So hatte noch niemand mit ihr gesprochen, das fühlte sich ziemlich hervorragend an. Nach dem Essen zeigte Insa ihm ihre Fotos, und er sah sich ihre Arbeiten genau an. Er quittierte ihr zwar wenig Erfahrung, eine touristische Perspektive, tröstete sie mit dem fragwürdigen Hinweis, die ersten zehntausend Fotos seien immer die schlimmsten, bescheinigte ihr jedoch ein ziemlich ausgeprägtes Selbstbewusstsein und bot sich höchstpersönlich als Lehrer an.

»Nicht im eigentlichen Sinne, dafür haben Sie ja Rosemarie Pierer, und ich werde ganz sicher nicht dazwischenfunken. Eher wie ein erfahrener Ratgeber. Wie ein Freund. Kurz, ich erkenne in Ihnen den Rohdiamanten und biete an, ihr Potenzial zu entwickeln.«

Insa beäugte heimlich das Dessert, das zum Nebentisch gebracht wurde. Loewke hob die Hand.

»Einmal Rumkirschen mit Sahne. Und für mich Cognac und Kaffee. Die werden Sie lieben, Herr Lembke legt sie selber ein. Ein Geheimtipp, könnte man sagen. Also, schlagen Sie ein?«

»Unbedingt. Und das heißt genau?«

Es hieß vor allem, dass Loewke sie alles lehrte, was er über Fotografie wusste, und das war eine Menge. Sie besuchten Galerien und Museen, Ateliers und Buchhandlungen, wo er Insa seine Lieblingsfotografen näherbrachte und ihr deren stärkste und schwächste Arbeiten zeigte. Unter seinen Fittichen entwickelte Insa ihren Blick. Dazu konnte er stundenlang mit ihr über Perspektive und Bildausschnitt, Lichteinfall und Tiefe, Form, Textur und Linien, einfach alle Aspekte der Komposition sprechen. Auch wenn Insa nicht alles neu war, was er sagte, und sie manches schon von Pierer anders und oft besser gehört hatte, schätzte sie seine Sicht der Dinge, seine Bereitschaft, sein Wissen an sie weiterzugeben, und den Enthusiasmus, mit dem er es tat. Es machte Spaß, mit ihm zu diskutieren, und manchmal widersprach sie ihm aus lauter Lust an den wilden Auseinandersetzungen und temperamentvollen Ausführungen, die darauf mit Sicherheit folgten.

Loewke erklärte Insa, das Auge müsse entwickelt, ja kontinuierlich trainiert werden, der schon vorhandene Instinkt brauche immer neue Schulung und Anregung. Sein absoluter Gott war Cartier-Bresson. Er liebte den von ihm geprägten Ausdruck *decisive moment* und konnte tagelang davon sprechen, wie dieser entscheidende Moment zu erringen, wie das Gespür für ihn zu trainieren war. Sie stritten halbe Nächte darüber, welche seiner Aufnahmen vorzuziehen seien, und Insa lernte, ihre Argumente zu schärfen, ihre eigene Meinung zu entwickeln und zu verteidigen. Loewke schätzte die Reisefotografien Cartier-Bressons, während Insa seine Aufnahmen von Kindern ausnahmslos liebte. Und was noch wichtiger war, Loewke bestärkte sie immer wieder. Etwa wenn sie ihren eigenen Blickwinkel einnahm. Wenn sie unabhängig dachte, ihm widersprach, ihren Kopf durchsetzte, vor allem aber, wenn sie ihre Gedanken in Fotografie umsetzte, wenn sie ihre Motive in einem unverwechselbaren Moment erwischte, einem Augenblick, den nur sie sehen konnte. Wenn sie den einfangen konnte, in dem das Leben geschah.

Einmal hatte er sich wieder als echter Professor Higgins geriert und fuhr sie nach einem Konzert und einigen Drinks nach Hause, und sie diskutierten geschlagene zwei Stunden im Auto darüber, ob Insas Lieblingszitat *Nichts geht je verloren. Alles, was je gesehen wurde, wird immer anwesend sein* der Wahrheit entsprach. Loewke wetterte, das sei schwülstiger Quatsch. Noch dazu sei sie viel zu unreif, um sich von *immer* auch nur ansatzweise einen Begriff zu machen. Insa entkräftete seine Argumente freudig eines nach dem anderen. Am Ende bot er ihr ihre erste Reportage an und brauste hupend davon.

Insa hatte noch bis zum Morgengrauen wach gelegen, das sich lichtblau und verheißungsvoll durch das Kellerfenster abzeichnete. Auf ihrer Klappliege, im Vorraum der Dunkelkammer in dem Souterrain, in dem sie campierte, benebelt von den Chemikaliendämpfen und trunken vor lauter Lebenshunger und Glück.

Insa fuhr in den Morgen hinein, spätestens seit heute Nacht hatte sie eine Ahnung von seinem *immer*, von der Ewigkeit. Als das Meer vor ihr auftauchte, kam ihr noch ein Gedanke. Was, wenn Hemingway die Natur wirklich als heilig empfand? Ähnlich, wie die Santería-Anhänger es taten? Und wenn das der Grund für seine heftige Reaktion auf Mary gewesen war? Dass er es nicht ertrug, wenn man sie unnötig verletzte? Aber wie konnte er dann jagen? Wie Leben beenden? Sie erinnerte sich, wie Hemingway beim Mittagessen gesagt hatte, Menschen und Tiere sollten sicher nicht im Bett sterben, jedes Leiden sollte ihnen und anderen erspart bleiben. Und er töte nur, was er liebe …

Das Meer war ruhig zu dieser Stunde. Insa zog ihre Schuhe aus. Der Sand war noch kühl von der Nacht. Sie lief in Richtung Wasser. Sie hatte sich bisher keine Gedanken darüber gemacht, wie sie es genau anstellen sollte. Aber im Grunde blieb ihr sowieso nichts anderes übrig, als sich auf ihren Instinkt zu verlassen. Und genau das würde sie jetzt tun. Insa nahm die Frucht aus der Tasche, schloss die Augen und besann sich auf ihren größten Wunsch. Sie wollte ein einzigartiges Foto machen. Sie führte die Mango vor ihre Brust. Eines, das sich von allen vorherigen unterschied. Sie legte ihre Lippen auf die Schale der Frucht. Eines, das nur sie zustande bringen konnte. Sie hob sie über den Kopf. Eines, das einen Unterschied machen, eines, das bleiben würde. Insa warf die Mango, so weit sie konnte, hinaus ins Meer.

Sie sog die frische Luft des Morgens ganz tief in sich ein. Dann setzte sie sich an den Saum des Meeres und sah hinaus. Am Horizont war ein winziges Stück gleißenden Lichts zu sehen. Ein schmaler Schimmer. Die Sonne ging auf. Insa zwinkerte ihr entgegen, und mit jedem weiteren Stück, das sie sehen konnte, hatte sie deutlicher das Gefühl, die Kraft der Orishas zu begreifen. Sie waren überall, im Kosmos, in der Natur, so hatte Willem es erklärt. Im Körper der Bäume, im Wesen des Windes, in den Meereswellen. Und auch sie war ein Teil von alldem. Auf einmal tauchte in ihrem Blick ein Schiff auf, das ihr bekannt vorkam. Als es allmählich näher kam, erkannte Insa die *Pilar*. An Bord war keine Crew, Gregorio Fuentes musste allein zum Fischen hinausgefahren sein. Es wäre sicher nett, ihm Guten Tag zu sagen, Insa klopfte sich den Sand von den Kleidern und schlenderte zum Hafenbecken hinüber.

Gregorio machte sich gerade unter Deck zu schaffen, als sie das Boot erreichte. Insa klopfte an die Luke. Es wurde still. Sie rief seinen Namen, wieder nichts. Fast war es, als versteckte er sich vor ihr. Doch sie dachte nicht daran, unverrichteter Dinge fortzugehen, und lief die Stufen hinab. Doch unter Deck war niemand, hatte sie sich getäuscht? Dann entdeckte sie die offene Luke im hinteren Teil, dort musste er hinausgeschlichen sein. Aber warum? Insa stieg wieder hinauf und tat, als wollte sie gehen – nur um dann überraschend zum Heck zu laufen. Da fand sie ihn. Gregorio sah sie erschrocken an und stellte sich vor das Becken mit dem Eis. Augenscheinlich verbarg er etwas darin. Insa trat näher und deutete darauf.

»Guten Morgen! Was verstecken Sie denn da?«

Er guckte verlegen zu ihr hinauf. »Es ist nichts.«

Insa lächelte frech.

»Es sieht aber gar nicht aus wie nichts.«

Er grinste zurück.

»Nichts, was Sie wissen müssen.«

Sie sah genauer hin.

»Ist das eventuell ein enormer Fisch?«

Gregorio lächelte verlegen. Und auffällig stolz.

»Ein sehr großer Fisch.«

Insa beobachtete ihn genau. »Ein Marlin? Den Sie gefangen haben? Warum aber verstecken Sie ihn?« Er wand sich, doch sie ließ ihn nicht aus den Augen. »Geht es um Hemingway? Soll er ihn nicht sehen?«

Gregorio schüttelte beinah unmerklich den Kopf.

»Sie meinen, er würde sich ärgern?«

Er nickte langsam. Insa spürte, dass sie auf der richtigen Fährte war.

»Wann hat er denn das letzte Mal einen richtig großen

Fisch gefangen? Ist das schon eine Weile her? Versteckst du den Marlin, weil er ihn nicht kränken soll?«

Wieder nickte Gregorio. Er räusperte sich.

»Er war vom Glück verlassen.«

Was für ein Freund. In diesem Augenblick hatte Insa eine Eingebung. Sie erklärte Gregorio ihren Plan, und sie überzeugte ihn schnell. Zumal sie es ihm so präsentierte, als wäre hauptsächlich sein Porträt der Anlass für ihre kleine List. Was vielleicht nicht ganz der Wahrheit entsprach, beider Freude am Ende aber keinen Abbruch tun würde, das wusste Insa mit Sicherheit.

22

Insa war innerlich so ruhig, so entschlossen, dass sie wusste, es würde ihr gelingen. Sie fuhr zurück in die Finca, schrieb eine Nachricht an Hemingway – *Ich bitte Sie um einen letzten Törn, bevor ich abreisen muss, Ihre Kraut* – und bat César, sie ihm zu überbringen, sobald er mit der Arbeit fertig war. Dann legte sie sich hin und fiel in der Sekunde, in der ihr Kopf das Kissen berührte, in tiefen Schlaf.

Es klopfte freundlich an der Tür. Insa fühlte sich vollkommen erfrischt. Sie sah auf die Uhr und wunderte sich. Eigentlich sollte sie erschöpft sein oder zumindest müde, nach gerade einmal drei Stunden Schlaf. Es klopfte erneut, Insa fiel ein, dass sie eventuell antworten sollte. Sie warf sich ihren Morgenmantel über und lief zur Tür. Hemingway ließ ihr durch César ausrichten, dass er einverstanden sei und sie um halb fünf am Wagen erwarte. Ihr blieb gerade genug Zeit, sich frisch zu machen und etwas zu essen aufzutreiben. César versprach, ein paar Reste vom Mittagessen zu bringen. Insa bedankte sich, sie war heilfroh, denn sie brauchte die Zeit, die ihr blieb, um sich auf den großen Augenblick vorzubereiten.

Eine halbe Stunde später sah Insa ihre eigenen Arbeiten durch und dachte nach. Was war es, das die einigermaßen gelungenen Schnappschüsse von denen unterschied, die herausragten? Der entscheidende Moment, wie war es möglich, ihn zu erhaschen? Komposition, Licht – geschenkt, da war noch etwas anderes, etwas, das sie nicht fassen konnte, aber jetzt erkennen musste, wenn sie diese letzte Gelegenheit nicht ungenutzt verstreichen lassen wollte.

Sie erinnerte sich noch gut an das erste Mal, als sie losgezogen war. Eine Fotoreportage über *die junge Frau von heute*, hatte es geheißen. Ihr erster Auftrag von Loewke für die *Constanze*, und bei dem Thema, fand Insa, verstand es sich ja von selbst, dass das nicht zu planen war. Denn heute, das war nun mal jetzt und nicht wann anders. Sie hatte beschlossen, in den Tag zu springen wie der Fisch ins Wasser. Das Schicksal sollte entscheiden, wer ihr vor die Linse lief, das Konzept würde ein Teil der Reportage werden. Sie liebte es, das Glück herauszufordern.

Doch die Straßen von Hamburg waren um diese Zeit erstaunlich leer. Auch lud das Wetter an diesem Tag nicht besonders dazu ein, Zeit an der frischen Luft zu verbringen, es wehte ein ziemlich scharfer Wind, besonders über die Trümmerfelder. Und wahrscheinlich war die *junge Frau von heute* beschäftigt. Insa radelte Richtung Michel. Sie mochte die kleinen Häuser in dem Viertel, das sich um die Kirche herum Richtung Hafen erstreckte, sie waren niedrig, und man konnte leicht hineingucken. Sie stieg vom Rad und sah sich um. In den letzten Wochen hatte sie einiges an Technik gelernt, jetzt war es an der Zeit, ihr Wissen auch praktisch einzusetzen.

Weiter hinten bog eine Frau mit Kinderwagen um die Ecke, Insa lief ihr entschlossen nach, bereit, die richtige Gelegenheit zu erkennen und sie beim Schopfe zu packen.

»Entschuldigen Sie bitte.«

Die Frau sah sie erschrocken an. Sie schien etwa in ihrem Alter zu sein, vielleicht etwas älter, doch sie wirkte vollkommen anders. Erschöpft kniff sie die Augen zusammen und fuhr sich mit dem Ärmel ihres dünnen Mantels übers Gesicht. Was hatte sie erlebt, dass sie so misstrauisch war?

»Was wollen Sie? Ich hab's eilig. Der Junge ist ganz allein.«

Sie ging weiter, Insa schob ihr Rad neben ihr her. Die Augen der jungen Frau waren von dunklen Ringen umrandet. Und doch wiegte sie ihr Kind voller Zärtlichkeit und lächelte es an.

»Ich verstehe, nur eine kurze Frage, ich komme von der *Constanze*.«

»Was soll das sein?«

Insa beglückwünschte sich, heute früh daran gedacht zu haben, ein Exemplar einzustecken. Sie kramte es hervor und hielt es ihr hin.

»Hier. Für Sie.«

Die Frau griff nach dem Heft, sah kurz drauf und verstaute es im Kinderwagen. Ihr Gesicht war eine Spur weniger düster als zuvor.

»Und was wollen Sie jetzt von mir?«

Insa entschloss sich, mit der Tür ins Haus zu fallen. »Ich möchte Sie porträtieren!«

Die Frau guckte fassungslos.

»Ich heiße Insa, und Sie?«

»Hannelore.« Sie zögerte immer noch.

Insa fasste sich ein Herz. »Wissen Sie, was, Sie sind meine allererste Reportage, ich bin furchtbar nervös, aber ich finde Sie sympathisch, und nehmen Sie es mir nicht übel, Sie haben ein außergewöhnliches Gesicht, denn ich kann darin lesen, dass Ihnen schon vieles widerfahren ist. Dass das Leben es nicht immer gut mit Ihnen meinte. Doch ich finde Sie wunderschön.«

Kurz darauf fand Insa sich in einer stickigen, dunklen Wohnung wieder. Am Schreibtisch brütete Fritz, Hannelores semmelblonder Sohn, brav über seinem Schulbuch und hob nur kurz schüchtern den Blick. Hannelore setzte sich die Kleine auf den Schoß und bat Insa, schnell zu machen, sie wüsste nicht, ob ihr Mann mit derartigem Zinnober einverstanden war, er sei manchmal ziemlich eigen. Insa lachte verständnisvoll und sah sich um. Sie brauchte etwas mehr Abstand, wollte sie die Enge dieser Wohnung einfangen, die ihr bei aller Ärmlichkeit vorkam wie ein glücklicher Kokon, ein Nest der Sicherheit. Ihr Blick fiel auf die Anrichte.

Ohne lange zu fackeln, stieg Insa aus ihren Gummistiefeln und kletterte in Strumpfsocken hinauf. Hannelore lachte erschrocken, das Kleinkind griff sich glucksend an die Nase, der Junge schlug sich erschrocken die Hand vor den Mund – und Insa hatte ihr Bild. Hannelore machte noch ein Foto von dem kleinen Mädchen im Arm seiner Mutter und versprach, Abzüge zu schicken. Gerade als sie sich zum Gehen wandte, spürte sie den Blick von Fritz auf sich. Sie hockte sich zu ihm und machte Glupschaugen. Er lachte sich kringelig über ihre Grimassen, und sie hatte einige im Repertoire. Irgendwann sah er, vollkommen erschöpft vom Lachen, komplett selbstvergessen in die Kamera. Ein Foto, das Pierer zu ihrem Lieblingsbild erkor.

Sie hatte anerkennend genickt, es sich genau angesehen und schließlich gesagt, Insa sei *ein Mädchen von einigem Talent*. Es gab kaum etwas, das sie je stolzer gemacht hatte.

Als Insa bald darauf neben Hemingway im Wagen saß, sah er wie immer stumm aus dem Fenster. Es hieß, er habe es sich im Ersten Weltkrieg angewöhnt, die Straße im Blick zu behalten, um nicht in einen Hinterhalt zu geraten. Und im Grunde hatte sie ja genau das vor. Sie würde versuchen, ihn in eine Falle zu locken. Aber sie hatte die Lektion gelernt, sie musste ihn dazu bringen, ihr sein Einverständnis zu geben.

Insa spürte, wie ihre Selbstsicherheit ins Wanken geriet. Sie wusste, dass ihr Plan, ihn bei seiner Eitelkeit zu packen, gut war. Mit seiner Aufmachung hatte er sich nicht die geringste Mühe gegeben. War ihm egal, wie sie ihn ablichtete? Was sonst sollte es bedeuten, dass er seine üblichen Kakishorts und ein zerknittertes Hemd trug? Insa zwang sich, ruhig zu bleiben, immerhin hatte sie ein unsichtbares Netz für ihn ausgelegt. Er würde es nicht für sich tun. Und auch nicht ihr zum Gefallen. Sondern für seinen besten Freund. Sie war sich sicher, es würde ihm unmöglich sein, dazu Nein zu sagen.

Und dafür würde sie ihm etwas geben müssen. Die zwischen ihnen entstandene Schieflage musste ausgeglichen werden, das hatte Insa begriffen. Und damit würde sie anfangen, sie würde ihn um Verzeihung bitten. Denn so raffiniert ihre List auch sein mochte, sie musste zuerst den Boden dafür bereiten. Reue, Ärger, Missverständnisse – all das musste aus seinem Bewusstsein verschwinden, zumindest für den einen, entscheidenden Augenblick.

Das Verrückte war, sie freute sich darauf. Alles auf eine Karte zu setzen. Ihn zu locken. Ihm so nahe zu kommen, dass sie ihn berühren konnte.

Insa holte tief Luft und trank einen Schluck Wasser, sie musste erst einmal nüchtern bleiben.

Eine Stunde später legten sie ab. Wolken waren aufgezogen, wodurch das Licht etwas Weiches bekam. Insa war froh, dass die Härte, die Schatten abgemildert wurden. Es würde den Bildern zugutekommen, sie sanfter und freundlicher machen.

Hemingway bestand darauf, Insa seine Lieblingssandbank zu zeigen, auf der er, behauptete er, gern nackt herumspazierte. Natürlich war ihm daran gelegen, die Oberhand zu behalten, gerade jetzt, wo er sich auf ihr Spiel eingelassen hatte. Also tat Insa ihm den Gefallen und spielte die Schockierte, ganz so, als wäre sie überrascht darüber, dass ein Mann seiner Reife noch zu solchen Tollheiten neigte. Sollte er sich ruhig in Sicherheit wiegen und sie weiterhin für naiv halten. Sie fuhren weit aufs Meer hinaus, dorthin, wo es begann, ganz dunkel zu werden. Ein Schwarm fliegender Fische begleitete sie eine Weile. Hemingway erklärte Insa, sie hätten hellblaue Bäuche, sodass sie für ihre Fressfeinde von unten nicht vom Himmel zu unterscheiden waren. Wenn das immer so einfach wäre. Insa lachte.

Am Horizont ballten sich dunkle Wolken zusammen. Insa lief zu Gregorio und fragte ihn, ob das ein Sturm sei, der da aufzog. Ob es ein Gewitter geben würde? Gregorio beruhigte sie, das dahinten würde vorüberziehen. Inzwischen war es unerträglich heiß geworden. Der Moment schien gekommen, Insa sah zu Hemingway hinüber. Er trank. Jetzt hieß es zuzuschlagen, bevor der Augenblick vorüberging. Insa stieg in die Kajüte hinunter, um Nachschub an Eis zu besorgen. Sie füllte den Kübel neu auf, malte sich die Lippen feuerrot und kletterte zurück an Deck. Sie schenkte zwei frische Drinks ein und hielt ihm einen entgegen.

»Papa, ich muss Ihnen etwas sagen.«

Wie erwartet brummte er auf eine Weise, die irgendwo zwischen unterdrückter Wut und Zustimmung lag.

»Ich hätte Sie nicht an der Nase herumführen sollen. Niemals hätte ich Sie heimlich fotografieren dürfen.« Insa schluckte. »Und ich möchte Sie dafür aufrichtig um Entschuldigung bitten.«

Sie sah ihm direkt ins Gesicht. Er wartete, dass sie fortfuhr. Offenbar wusste er, dass da noch etwas kommen würde.

»Gregorio hat einen unglaublich großen Marlin gefangen. Und ich glaube, er wünscht sich nichts mehr, als mit ihm fotografiert zu werden.«

»Du hast Gregorio ein Foto versprochen? Mit seinem Fang?«

Insa fuhr beherzt fort. »Eigentlich wünscht er sich, mit Ihnen verewigt zu werden.«

Hemingway musterte sie beinah liebevoll.

»Also, ich muss schon sagen, du bist dickköpfiger als ein alter Seemann, kleine Kraut!«

»Na, Sie sind ja auch nicht gerade übel.«

Er drückte ihr einen seiner Plastikbecher in die Hand.

»Aber ich bin kein durchtriebenes Luder.«

Hemingway hob den Becher.

»Und ich bin kein anachronistischer Höhlenmensch.«

Insa stieß mit Hemingway an.

»Dann sind wir ja quitt.«

Sie sahen einander an und tranken. Das fühlte sich gut an, wie zwei Spieler an einem Pokertisch, die einander ganz und gar ebenbürtig waren.

Insa gab Gregorio ein Zeichen, er holte den Fisch von seinem Eisbett und drückte ihn Hemingway in die Hand.

Der schnüffelte zwar misstrauisch, brummelte etwas darüber, wie lange der denn da unten schon gelegen hätte, doch er machte mit. Er legte den Arm um Gregorio und posierte mit seinem Freund. Insa schoss einige Bilder der beiden. Gregorio war glücklich, das war deutlich zu sehen. Dann richtete sie die Kamera auf Hemingway und drückte ein paar Mal ab. Er ließ es geschehen, die Bilder waren sicher in Ordnung, doch zufrieden war sie nicht. Für ein wirklich gutes Foto war das nicht genug. Etwas fehlte, sie wusste nur nicht, was. *Mach sichtbar, was vielleicht ohne dich nie wahrgenommen worden wäre.* Noch so ein Zitat, das Loewke nicht müde geworden war zu wiederholen. Ohne dich.

Plötzlich hatte sie eine verwegene Idee. Natürlich, das war's. Sie selbst gehörte mit auf das Bild.

Frechheit siegt, Insa strahlte Hemingway an und stellte blitzschnell den Selbstauslöser ein. Sie winkte Gregorio heran, stellte sich zwischen die beiden, schnappte sich den stocksteif gefrorenen Fisch. Sie hielt ihn hoch und legte den Arm um Gregorios Hals und lachte, als wäre es ihrer. Als gehörte ihr die ganze Welt. Denn sie wusste es einfach. Das war er, der richtige Moment. Die Kamera löste aus.

Insa gab Gregorio einen dankbaren Kuss. Das Leben konnte perfekt sein, wenn man den Mut hatte, es bei den Hörnern zu packen. Und natürlich wenn man eine unwiderstehliche Nixe war. Es müsste mit dem Teufel zugehen, wenn ihr nicht wenigstens ein gutes Bild gelungen war. Sobald sie in Hamburg war, würde sie den Film entwickeln lassen. Und dann würde sie allen zeigen, was es hieß, sein Versprechen zu halten. Sie legte den Kopf in den Nacken und sah zum Himmel. Nie würde sie diesen Augenblick vergessen. Was für ein Fang!

Sie waren zusammen zurück in die Finca gefahren. Wie immer sah Hemingway schweigend aus dem Fenster. Auf einmal begann er zu sprechen.

»Mein Sohn, Giggy, ich habe ihn überrascht, er war vielleicht zwölf, er hatte sich in unserem Schlafzimmer versteckt und … er probierte die Strümpfe seiner Mutter an. Seitdem habe ich ein Problem mit … ambivalenten Männern. Und verhalte mich manchmal etwas … grob und ungerecht.«

Insa konnte sehen, wie schwer es ihm fiel, ihr davon zu erzählen.

»Was haben Sie zu ihm gesagt?«

»Ich sagte ihm, wir kommen von einem seltsamen Stamm, du und ich.«

Sie musste lachen. Dann überkam sie eine Erinnerung.

»Mein Vater und ich haben manchmal Indianer gespielt. Wir sind auf Kriegspfad durch den Garten geschlichen und haben meine Mutter beim Wäscheaufhängen überfallen. Einmal haben wir sie sogar an den Marterpfahl gefesselt. Das fand sie nicht besonders lustig. Wir sind um ein Lagerfeuer herumgetanzt und haben Friedenspfeife geraucht. Er hat mir von Büffelherden erzählt und von der Weite der Prärie. Vielleicht habe ich damals beschlossen, in die Ferne zu ziehen. – Ein paar Jahre später ist er weggegangen. In der Reichskristallnacht hat er uns verlassen. Ich … ich weiß, ich kann mir nicht einmal ansatzweise vorstellen, wie er sich gefühlt hat. Uns verlassen zu müssen, um uns und um sich zu retten. Aber – ich begreife einfach nicht, warum er aufgehört hat zu schreiben. Und dass er mich nicht sehen will. Das will mir einfach nicht in den Kopf.«

Hemingway sah Insa an.

Tränen begannen ihr Gesicht hinunterzulaufen.

»Warum?«

Er schwieg lange. Als er sprach, war seine Stimme leise und sehr sanft.

»Vielleicht würde es ihn zerreißen, wenn er dich sieht.«

23

Sosehr Insa Abschiede hasste, hatte sie sich jedoch nach dem einen nie wieder gefürchtet. Der Schock hatte sie gegen alle folgenden unempfindlich gemacht. Sie konzentrierte sich auf die Freiheit, die sie erlangte, das Neue, das vor ihr lag und das sie elektrisierte. Ohne jede Wehmut warf sie sich dem Neuen entgegen. Doch heute hatte eine merkwürdig unbekannte Schwere von ihr Besitz ergriffen. Insa bemühte sich, sich ihren Schmerz nicht anmerken zu lassen, und absolvierte ihre Abschiedsrunde, so fröhlich es eben ging. Sie verschenkte Abzüge der Porträts an Perez und Bebo, den Koch und seinen Helfer, die darauf wirkten, als wären sie ein Herz und eine Seele, und an die Zwillinge Maya und Stella, die beim Anblick ihres Doppelporträts, auf dem sie wie traumschöne Filmstars aussahen, unisono in Schluchzen ausbrachen. Nur César übertraf sie noch, als er sich für das Foto mit einem zarten Handkuss bedankte. Und obwohl Insa entschieden versuchte, diese Geste lächerlich zu finden, rührte er etwas in ihr an. Gefühlsduseligkeit schon am Morgen, das sollte sie sich schleunigst wieder abgewöhnen. Und sie wusste auch, was das Gegengift war.

Vor Insas erster Party im Hamburger Journalistenkreis, Loewkes Geburtstag, hatte Pierer sie mit Absatzschuhen und Ratschlägen versorgt. »Vergiss nie, dass Frauen wie wir kein Drama gebrauchen können. Männer aber werden kiebig, kriegen sie nicht, was sie wollen …«

Sie sah sie auffordernd an. Insa konnte die Antwort nachbeten, war es doch nicht das erste Mal, dass sie dieses Gespräch führten.

»Da hilft es, früh das rote Licht anzuknipsen, bevor man in Kalamitäten gerät!«

Pierer hatte sie voll Wohlgefallen angesehen und Insa mit einem Kopfnicken in die Wildnis entlassen.

Als solche entpuppte sich die Party tatsächlich. Sobald Insa die Wohnung betrat, geriet sie in einen wahren Dschungel voll ungeheurer Ereignissen. Vom radikal pazifistischen Studenten namens Klaus-Rainer, der sie in der schmalen Küche zu seinem Kabarett mit dem vielversprechenden Namen *Die Pestbeule* einlud und darauf bestand, mit ihr Bruderschaft zu trinken, bis zu dem Moment, in dem sie Ledig-Rowohlt im Getümmel auszumachen glaubte, der sich aber einer Fata Morgana gleich in Luft auflöste. Später erspähte sie ihn auf der Tanzfläche in einen leidenschaftlichen Engtanz verstrickt. Endlich entdeckte sie den Gastgeber, der hinter einer Tür verschwand, folgte ihm und fand die berühmte *Meute*, im Halbdunkel versammelt um die mit Eis und Flaschen gefüllte Badewanne. Ein Mann mit kümmerlichem Kinn winkte ihr heiter zu. »Ist das die Kleine, die du uns schon so lange vorenthältst?«

Loewke drehte sich hocherfreut zu ihr um.

»Da bist du ja! Freunde, das ist Insa, Insa, die Meute. Guten Appetit …!«

Er schnappte sich ein paar Flaschen und schob sich an Insa vorbei, während er einen ohrenbetäubenden Schlachtruf ausstieß:

»Nachschub!«

Der Mann mit dem fliehenden Kinn betrachtete sie ungeniert.

»Axel Cäsar Springer, aber Sie dürfen mich Axel nennen. Ich bin quasi Familienmitglied. Wenn auch nicht mehr lange, ich baldowere da nämlich was ganz Neues aus, aber pssst.«

Er legte den Finger an den Mund und ließ sich auf den Rand der Badewanne plumpsen, aus der er sich einen Eiswürfel fischte, den er in sein Glas fallen ließ.

»Hase! Ich sitze schon wieder auf dem Trockenen!«

Aus dem Dunkel tauchte eine rassige Schönheit auf und wedelte übertrieben mit einer Whiskeyflasche.

»Ihr habt gerufen, Meister?«

Springer deutete auf sein Glas, das sie geflissentlich auffüllte, dann auf Insa.

»Darf ich vorstellen, Fritzens neueste Errungenschaft. Chantal, meine Perle.«

Insa streckte ihre Hand aus.

»Insa Schönberg, ich arbeite als Fotografin, freiberuflich und auch für die *Constanze*. Sie sehen gar nicht aus wie ein Nagetier.«

Die Schönheit schüttelte lässig Insas Hand und grinste. »Chantal Meyer, ich arbeite auch als Mannequin und nicht als Schmuckstück. Aber das will ihm einfach nicht in den Kopf. Und ich gratuliere zur Berufswahl, aber erlauben Sie mir eine Frage, wie halten Sie das nur aus, den ganzen Tag mit diesen ungehobelten Kerlen?«

Insa lachte, was für eine tolle Person.

»Ach, das ist gar nicht so schwer. Man darf sie nur nicht ernst nehmen, dann geht das schon.«

Sie zwinkerten einander verschwörerisch zu.

»Bleib mal genau so.« Springer visierte Chantal durch ein pantomimisches Fernrohr an. »Ach, diese Silhouette, du hast das Zeug zu einem großen Star, glaub mir, ich hab eine Antenne dafür.«

Chantal verdrehte scherzhaft gelangweilt die Augen.

»Verschone mich mit deinen Prophezeiungen und komm lieber mit mir tanzen.«

Insa sah den beiden hinterher, als sie sich kringelig lachend bei dem vergeblichen Versuch, einander aufs Hinterteil zu schlagen, in Richtung Tanzfläche verschwanden.

»Und der Mann hat sich kürzlich verlobt. Mit einer Springreiterin. Verhältnisse sind das ... Seien Sie bloß vorsichtig, Fräulein, das sind alles Menschenfänger, diese Journalisten hier.«

Im Halbdunkel hockte der blonde Schlaks mit Brille auf dem Badewannenrand und legte den Finger an eine imaginäre Mütze, als er ihr Gesicht erkannte.

»Ach, sieh an, der Hering.«

Insa grüßte zurück.

»Ah, der Pudding.«

»Tanzen Sie eigentlich? Ich bin übrigens nicht nur berühmt für blendende Schönheit, glühende Begabung und herausragende Bescheidenheit, vor allem mein Hüftschwung ist legendär. Das wollte ich jedenfalls nicht unerwähnt lassen. Falls einer fragt. Könnte ja sein ... Hätten Sie vielleicht Interesse daran?«

Seine Stimme war in ein Murmeln übergegangen, und Insa erkannte entzückt, dass er im Grunde seines Herzens ein überaus schüchterner Charakter war. Ihr gefielen auch seine Augen, sie waren irgendwie seelenvoll. Als hätte er schon viel gesehen, auch Schmerz erfahren. Es rührte sie an, dass er nicht einmal hier, in diesem dunklen Badezimmer, vor einer jungen, unerfahrenen Frau in der Lage war, das zu verstecken. Sie nahm seine Hand und zog ihn ohne Umschweife hinter sich her. Und musste schon wenig später ihr Urteil revidieren. Seine Scheu war, sobald sie die Tanzfläche betraten, wie weggeblasen. Augstein verwandelte sich binnen Sekunden in einen übermütigen Gummiball. Er bewegte sich leichtfüßig, inbrünstig und sehr schlecht. Mit seinen Tanzkünsten konnte er ganz sicher keinen Blumentopf gewinnen, doch Insa amüsierte sich köstlich. Das Leben war so *easy going*, so sollte es immer bleiben.

Später bestand er darauf, sie in seinem überdimensionierten bonbonfarbenen Ami-Cabriolet nach Hause zu bringen. Insa streckte die Nase in die feuchtkalte Hamburger Nachtluft und warf den Kopf in den Nacken. Eine Hand legte sich auf ihr Knie. Insa warf Augstein einen warnenden Blick zu, der sofort Wirkung zeigte. Er zog seine Finger zurück und schwieg, bis sie vor der heruntergekommenen Jugendstilvilla hielten. Er schien kurz zu überlegen, dann lehnte er sich herüber und flüsterte in ihr Ohr.

»Insa, Sie sehen aus wie eine Frau, die … die nach den Sternen greift.«

Sie sah ihm tief in die Augen. Dann flüsterte sie zurück. »Na, den romantischen Sermon lassen wir besser aus. Küssen dürfen Sie mich schon. Aber nur, bis ich stopp sage!«

Augstein beugte sich zu ihr herüber und küsste sie. Und das um Klassen besser, als er tanzen konnte.

»Kapiert?«

Sie küsste ihn lange zurück.

»Kapiert.«

»Schsch.«

Mehr war nie zwischen ihnen passiert. Obwohl sie sich noch ein paar Mal getroffen hatten und sie immer wieder Stunden in seinem Auto herumgeknutscht hatten, war es Insa immer gelungen, seine Hände im Zaum zu halten. Auch wenn es ihr von Mal zu Mal schwerer fiel, wenn ihr Verlangen immer heftiger wurde, das durfte nicht sein, sie hatte noch so viele Pläne.

Heute aber würde sie feiern, als gäbe es kein Morgen. Dies war ihr letzter Abend auf Kuba, alles andere war egal.

Insa wählte Willems Nummer und sagte nur ein einziges Wort: »Tanzen!« Statt einer Antwort stieß er eine Art Kriegsgeheul aus. Du liebe Güte, er war ihr wirklich ans Herz gewachsen. Und als sie sich zwei Stunden später vor dem Fahrradgeschäft trafen, spürte Insa, wie der Gedanke daran, sich von Willem verabschieden zu müssen, das Innere ihrer Brust zusammenpresste. Willem tat, als wüsste er nicht, was mit ihr geschah, und öffnete seine Wagentür.

»Na, hat der Zauber der Orishas dich mürbe gemacht?«

Insa kletterte auf den Beifahrersitz.

»Nicht die Bohne, wo denkst du hin? Ich fühle mich von seiner Kraft durchströmt!«

Er betrachtete Insa.

»Was nicht zu übersehen ist.«

Insa lächelte fein. Plötzlich stieß Willem einen spitzen Schrei aus.

»Du hast dein Bild bekommen! Ich wusste doch, dass du das schaffst! Hab ich es nicht gesagt? Du hast nicht umsonst gekämpft wie eine Löwin. Ich bin ja so stolz auf dich! Das muss gebührend gefeiert werden!«

Er nahm ihr Gesicht in beide Hände, küsste es ab und legte seine Stirn an ihre.

»Und darum rate ich dir eins, mach dich auf ein paar extravagante Überraschungen gefasst!«

Insa breitete sieghaft die Arme aus.

»Mit dem größten Vergnügen!«

Die nächsten Stunden taten sie alles, was Insa unbedingt noch in Havanna erleben sollte. Sie hielten im Casino vergeblich Ausschau nach ein paar Mafiosi, verspielten eine viel zu hohe Summe und suchten sich in Chinatown ein Restaurant, das Hühnerfüße servierte. Während sie in die Schale mit der Vorspeise blickte, spielte Insa Willem sehr schlecht die Enttäuschte vor.

»Mafia, Hühnerfüße, mehr fällt dir nicht ein? Immerhin ist das hier mein letzter Abend, und ich wollte etwas ganz Besonderes erleben. Und nicht diesen Kinderkram!«

Willem lachte durchtrieben.

»Bitte, du hast es so gewollt. Bevor wir tanzen gehen, und ich *habe* in Erfahrung gebracht, wo unser gemeinsamer Freund heute Nacht spielt, möchte ich dir noch diesen ganz speziellen Club zeigen. Aber sag hinterher nicht, ich hätte dich nicht gewarnt.« Ein leichtes, doch ziemlich eindeutiges Glimmen erfüllte seine Augen.

»Bist du sicher, du verfolgst da nicht noch ein klitzekleines eigennütziges Interesse?«

Willem machte einen unschuldigen Kussmund. »Ach, weißt du, Lieveling, ich glaube fast, du kannst Gedanken lesen.«

Insa boxte ihn in die Seite. »Ich weiß nicht, ob ich das *Gedanken* nennen würde.«

Er zuckte leichthin mit den Achseln. »Recherche, weiter nichts. Und jetzt sei still und probiere einen dieser exquisiten Leckerbissen.« Willem wedelte Insa mit einem gebackenen Fuß vor der Nase herum.

Sie fasste sich ein Herz und nahm die Spezialität mit spitzen Fingern vom Tellerchen.

»Du wirst dich doch nicht dem Neuen verschließen?«

Er betrachtete sie aufmerksam.

Insa schüttelte den Kopf.

»Wo kämen wir denn da hin?«

Willem biss in seinen Hühnerfuß. »Eben, nirgends.«

Er kaute zufrieden, und auch Insa versuchte sich ein Exemplar einzuverleiben, scheiterte jedoch an dessen erschütternder Knorpeligkeit.

Das Teatro Shanghai auf der Zanja war so ziemlich das Verrückteste, was Insa je gesehen hatte. Der Saal war ganz in Rot gehalten, beleuchtet in gedämpftem Pink, das die bizarre Atmosphäre unterstrich und Insa in eine eigentümlich irreale Stimmung versetzte.

»Na, habe ich zu viel versprochen?«

Willem hakte sie unter, ein Kellner führte sie zu einem reservierten Tisch seitlich der Bühne. Es herrschte eine stickige Hitze, und auch die Gemüter schienen derart aufgeheizt, dass Insa sich fragte, ob der Sauerstoff noch lange reichen würde. Sie sah sich um, direkt neben ihnen tranken juwelenbehangene Touristinnen sich Mut an, weiter hinten feierten Geschäftsleute – Mafia laut Willem –, ein paar zwielichtige Gestalten – wahrscheinlich Politiker, glaubte Willem – und noch mehr Touristen. In den darüberliegenden Logen vergnügten sich Paare und einige wenige Frauen. Sie trugen Masken, um unerkannt zu bleiben.

»Mit dieser Lasterhöhle? Auf gar keinen Fall, du hast dich selbst übertroffen!«

An einer Bar glaubte Insa Sid Angelino zu erkennen, der mit dem Barkeeper ein paar große Scheine gegen ein Päckchen tauschte, direkt neben zwei Polzisten, die diskret zur Seite sahen. Eine Horde Matrosen begann zu johlen.

Der zerschlissene Vorhang, ein Überbleibsel von einem vor Jahrzehnten aufgeführten chinesischen Drama, öffnete sich und gab den Blick auf eine Frau im Leopardenbikini frei. Sie stolzierte nach vorn und ließ sich auf Kommando auf dem Bühnenboden nieder. Insa wurde klar, Willem hatte sie in einen Burlesque-Club entführt. Die halb nackte Frau kroch auf allen vieren herum, verfolgt von einem Mann in Fellhöschen und Federschmuck, dessen Auftritt einen Aufschrei des Publikums auslöste, offenbar der Star des Etablissements. Willem holte ehrfürchtig Luft. »Das ist Alfred Romero.«

Der Mann begann in ziemlich eindeutiger Absicht um die Frau herumzuscharwenzeln. Insa musste lachen, subtil war das nicht gerade und die unverblümte Freizügigkeit auch ein bisschen schockierend. Das Publikum belohnte das Paar mit frenetischem Applaus. Willem ließ seine Augen keine Sekunde von der Bühne.

»Was genau tut er da?«

Willem sah andächtig zur Bühne hin, offensichtlich war ihm angesichts des Adonis, der da wenige Meter von ihm entfernt seine Haut zu Markte trug, sein kritischer Geist abhandengekommen.

»Er tanzt den Apache-Tanz. Auf diese göttliche Weise, für die er berühmt ist. Was dachtest du?«

Insa hatte das sichere Gefühl, es wäre besser, ihm nicht zu widersprechen.

»Göttlich, auf jeden Fall! Und die Squaw? Hat sie auch einen Namen?«

Willem schien leicht ungehalten, er hätte sich lieber ungestört der Anbetung hingegeben.

»Das ist Conchita López, die beste Stripperin Havannas!«

Insa grinste. »Ach, ich hab sie gar nicht erkannt, sie muss irgendetwas mit ihren Haaren gemacht haben …«

Aber Willem hörte ihr nicht mehr zu, er war vollkommen gefangen in seinen Tagträumen. Insa hatte wenig, eigentlich keine einzige Vergleichsmöglichkeit, aber was die Dame anstellte, sah mehr als professionell aus. Das Orchester schwang sich zu einer schnellen Rumba auf. Ein lautes Rumpeln war zu vernehmen. Oben in einer der Logen erlitt eine der Amerikanerinnen einen Schwächeanfall, sie wurde rasch und unauffällig hinausbegleitet, und die Nummer erreichte ihren Höhepunkt. Mit ein paar anzüglichen Bewegungen endete die Show, und der Vorhang fiel. Dem gut gebauten Tänzer gelang es noch, Willem einen zweideutigen Blick zuzuwerfen, und Willem zog die Blume aus seinem Knopfloch und entschuldigte sich. Daher also wehte der Wind, Insa machte ihm ein Zeichen, er habe zehn Minuten, keine einzige mehr, und wünschte ihm Glück. Willem aber verschwand schon wie ferngesteuert hinter der Bühne. Das Orchester spielte einen Trommelwirbel, es begann eine gewagte Pantomime mit einer ganzen Reihe Frauen, die nichts als Schuhe und Make-up trugen, und einer kräftigen Nackten mit Haaren bis zum Po, Polizeimütze, Lederstiefeln und einem Knüppel, die begann, die Frauen zu »durchsuchen«. Und das Orchester spielte einen Paso Doble dazu.

Insa orderte sich noch einen Drink, obwohl sie für ihren Geschmack genug gesehen hatte.

Der Club, in dem Arsenio in dieser Nacht mit seiner Combo spielte, lag in der Nähe des Meeres, und Insa war, als schlösse sich damit ein Kreis. Willem war glücklicherweise bald zu Insa zurückgekehrt, der Star hatte sich als ziemlich abgebrüht erwiesen, und Willem hatte freiwillig auf seine Telefonnummer verzichtet.

»Aquellos que van a retozar con los gatos deben esparar a ser rayado.«

»Ist das von dir?« Insa heuchelte mangelndes Interesse, zur Strafe, weil Willem sie allein gelassen hatte. Es seufzte leise und legte seinen Kopf auf ihre Schulter.

»Leider nein, von Cervantes. Wer mit Katzen herumtollt, muss damit rechnen, gekratzt zu werden.«

Insa hatte ihn auf die Stirn geküsst, sein Kummer hatte sich schnell verflüchtigt, und er tanzte bereits wieder mit einer belgischen Touristin. So hatte Insa genug Zeit, sich ungestört in den Anblick von Arsenios Händen zu vertiefen, bei dem Insa eine Hitze durchfuhr, als würde sie nach und nach mit Lava ausgefüllt. Und das Zentrum des Vulkans befände sich etwa in Höhe ihres Bauchnabels. Plötzlich stand Willem vor ihr. Er bedachte sie mit einem prüfenden Blick, zog sie an einen Platz an der Bar, betrachtete sie kurz und holte tief Luft.

»Verzeih, Lieveling, aber ich muss dich das fragen.«

Insa hatte sich in einen beredten Blickwechsel mit Arsenio verheddert und hörte ihn nur halb. »Natürlich, du kannst mir alles sagen.«

Willem senkte die Stimme und näherte sich ihrem Ohr.

»Also gut, Gott steh mir bei – wie steht es denn eigentlich mit deiner Aufklärung?«

»Was?« Insa glaubte, sich verhört zu haben.

»Kubanische Männer, und du ahnst sicher, dass ich über einige Erfahrung verfüge, sie sind, nun ja, sie sind sehr willensstark. Feurig auch. Und sie wollen, ja, äh, meine Güte, sie wollen unbedingt unter deinen Rock!«

Das immerhin hatte Insa gerade noch verhindern können. Als sie ein paar Stunden später im Bett lag, sich unter dem hauchdünnen Laken ausstreckte und die Augen schloss, musste sie kichern. Bei dem Gedanken daran, wie knapp sie Arsenios Drängen beinah erlegen wäre, fuhr ihr Inneres sofort wieder Achterbahn. Auf und nieder, in die Kurve geworfen und von einem Looping überrascht, genau so war ihr, als Arsenio und sie in seinem Wagen saßen, als er sie küsste und seine Hände nach und nach, langsam, aber doch sehr genau wissend, was sie begehrten, ihren Körper erkundet hatten. Von dem Augenblick an, in dem seine Fingerspitzen das erste Mal ihre Haut am Hals berührt hatten, fühlte sie sich regelrecht entflammt. Und es war ihr nur sehr schlecht gelungen, das verzehrende Verlangen zu beherrschen, das sie mit jedem Atemzug mehr erfasste. Wozu auch, das war genau, was sie wollte. Und sie kostete es aus, so gut es ging, war sie doch zugleich immer mit einer Hand beschäftigt, seinen Ansturm ihr Bein entlang abzuwehren. Dabei reichten ihre Kräfte kaum aus, um nicht selbst die Beherrschung zu verlieren. Sie küssten einander eine ganze Ewigkeit. Arsenio begann ganz leise auf Spanisch auf sie einzureden. Er wusste, dass sie kein Wort verstand, aber auch um die hypnotische Wirkung seiner gegurrten Silben. Und er wusste genau, was er tat, das war an jedem seiner Worte, jeder Geste und jeder Bewegung abzulesen. Doch das war ihr egal. Für einen kurzen Augenblick verlor Insa ihren Verstand. Sie wollte mehr. Sie zog ihn gerade mit aller Kraft an sich, als ein lauter Knall sie zurück in die Realität holte. Willem war wie zufällig gegen die Motorhaube von Arsenios Wagen gelaufen. Sie küsste Arsenio ein allerletztes Mal, ihr Verlangen nach ihm glimmte noch einmal auf, dann riss sie sich mit aller Macht von ihm los.

Insa folgte Willem zu seinem Wagen, und sie saßen eine ganze Weile lang still nebeneinander in der Dunkelheit.

»Was ist dein nächster Wunsch? Er wird mir Befehl sein, was auch immer es ist.«

Sie überlegte. »Eigentlich möchte ich nur noch tanzen.«

Willem legte ihr die Hand auf den Arm. »Das, Lieveling, wird mein neues Lebensmotto.«

Sie tanzten ein letztes Mal die zweite Hälfte der Nacht durch, Merceditas Valdés sang ihre legendären Mambos dazu, Insa machte Fotos von Willem, und sie frühstückten ein allerletztes Churro und heiße Schokolade. Sie bedankte sich bei Maximo und versprach, ihm eine Ansichtskarte aus Hamburg zu schicken. Dann aber neigte selbst diese Nacht sich ihrem Ende zu, und Willem fuhr sie nach Hause. Er hielt vor der Finca, breitete seine Arme aus. Insa schmiegte sich an seine Schulter.

»Du bist der beste Freund, den ich je hatte.« Sie spürte ein paar Tropfen auf ihre Wange regnen.

»Vergiss mich nicht.«

Insa zog die Nase hoch und lachte.

»Wie soll das denn bitte gehen?«

Willem schob sie von sich weg.

»Und jetzt mach, dass du wegkommst, Lieveling!«

Sie nickte tapfer.

»Nur wenn du versprichst, dass du auf dich aufpasst!«

Er nickte zurück.

»Und nicht aufhören zu tanzen.«

Insa stieg aus und winkte.

»Wo denkst du hin.«

Insa ließ sich vom Wasser tragen. Ein letztes Mal sah sie den Morgen über Kuba aufziehen. Sie hätte glücklich sein sollen über das bestandene Abenteuer. Doch sie fühlte sich seltsam klein. Bei dem Gedanken, nach Deutschland zurückzukehren, wurde ihr mulmig zumute, als hätte sie sich nicht verändert, als wäre sie immer noch das Kind, als lebte sie immer noch zu Hause in Göttingen. Im Grunde war sie immer noch das Mädchen, das nicht begreifen konnte, was es verloren hatte. Nichts davon war verheilt oder vergessen. Diese Insa war mehr als lebendig. Als wäre keine Zeit vergangen seitdem.

Es war früh dunkel geworden an diesem Tag, und Insa hatte schon im Bett gelegen. Irgendetwas hatte sie aufgeschreckt. Vielleicht war es ein Geräusch gewesen. Oder ein Gefühl. Sie erinnerte sich noch genau daran, wie kalt die Dielen sich unter ihren Fußsohlen angefühlt hatten, als sie zum Fenster gelaufen war. An das Karomuster der Gardine, die sie zur Seite schob. Hinter der Scheibe, unten im Garten, ihr Vater mit einem Koffer in der Hand. Ihm gegenüber stand kerzengrade ihre Mutter, und sie hatte geweint. Insa war die Treppe hinunter und durch die Küche in den Garten gestürzt. Gellend klang ihre Stimme in dem leeren Haus. »Nein!« Ihr Vater war schon fast am Gartentor. »Nein!« Er hielt inne, stand einfach nur da. Sie wollte zu ihm, aber seine Arme hingen an seiner Seite herab, wie bei einer Schlumperpuppe. Langsam drehte er sich um. Doch seine Augen waren hohl. Insa stolperte und klammerte sich an seine Beine, er durfte nicht gehen. Ihr Vater versuchte sich loszumachen. Sie hatte Angst, er würde sie schlagen, aber sie ließ nicht los. Ihre Mutter redete beruhigend auf sie ein, Insa verstand sie nicht. Endlich beugte er sich zu ihr nieder, ging in die Knie und hielt sie an den Schultern. Er legte seine Hand auf ihre Wange. Sie begann zu schlottern in ihrem dünnen Pyjama. Er war ihr seltsam fremd, doch sie hielt sich noch stärker an ihm fest. Ihr Vater begann leise zu sprechen, dass er sie immer würde sehen können, auch wenn sie ihn nicht sah. Ein leises Heulen drang aus ihrem Mund. Er versprach ihr, sobald er konnte, seine Adresse zu schicken. Sie schüttelte den Kopf, bis dahin werde er nichts von ihr wissen! Er sah ihr fest ins Gesicht.

»Motek, du musst die Augen aufhalten, dir alles merken, für später, für mich.«

Er machte sich mit einem Ruck von ihr los. Und dann war er einfach verschwunden aus ihrem verschwommenen Blick.

Erschöpft zog Insa die Fensterläden zu und legte sich aufs Bett. Es war, als sagte er diesen Satz immer und immer wieder, als sagte er ihn jetzt, so klar klang er in ihren Ohren, so hart schmerzte er sie noch. Insa warf sich im Bett herum, doch es gelang ihr nicht, sich auszuruhen. Sie hatte alles auf eine Karte gesetzt und gekämpft wie noch nie zuvor. Und hatte endlich bekommen, was sie wollte. Gut, wenn sie genauer nachdachte, gab es da noch ein paar Dinge auf ihrer persönlichen Wunschliste, Unsterblichkeit, Weltruhm und noch ein, zwei andere Kleinigkeiten, aber das hatte noch ein paar Tage Zeit. Sie schloss die Augen und wollte gerade wegdämmern, als ein Geräusch sie aufschreckte. Die Türklinke wurde langsam heruntergedrückt, und ein Schatten stahl sich herein. Insa schaltete die Lampe an. Hemingway sah sie entgeistert an.

»Ich dachte nicht, dass Sie hier sind.«

Sie setzte sich auf, zog den Gürtel ihres Morgenmantels fester zu und versuchte einen Scherz.

»Überraschung!«

Er hielt ihr seine Handfläche entgegen, auf der ein kleiner Zettel lag.

»Ich habe etwas für Sie.«

»Was ist das?«

Sie rührte sich nicht. Hemingway lächelte über ihr Misstrauen von oben auf sie herab. Er legte den Zettel behutsam aufs Fußende des Bettes. Etwa wie man einem scheuen Tier einen Leckerbissen hinlegt, Insa musste lächeln, weil es funktionierte, sie fasste Vertrauen. Sie sah auf den Zettel und erkannte eine Adresse. Ihr Herz begann wie wild zu schlagen.

»Wer ... was?«

Hemingway ließ sich vorsichtig auf einem kleinen Hocker nieder, der sicher nicht für einen Mann seiner Statur gemacht war.

»Ein alter Bekannter beim FBI war mir noch einen Gefallen schuldig. Ich glaube, du solltest ihn besuchen. Die Sache klären, für dich zum Abschluss bringen. Dann kannst du unbelastet weiterziehen. Denkst du nicht, kleine Kraut?«

Insa schossen die Tränen in die Augen. Sie konnte nichts dagegen machen, es überkam sie einfach. Es war, als flöge ein Vogel in ihrem Inneren mit aller Macht gegen die Käfigstreben. Sie schluchzte wie ein kleines Kind.

»Entschuldigung, ich, ich weiß auch nicht ...«

Hemingway wartete einfach ab, bis sie fertig war. Dann begann er leise zu sprechen.

»Mein Vater war ein echter Puritaner. Streng, prüde, ein kalter Mann. Er arbeitete als Arzt und Geburtshelfer. Doch seiner Frau konnte er nicht helfen. Ich denke heute, sie war eine Mythomanin. Mit der Realität hatte sie jedenfalls nicht viel am Hut. Und da sie nicht in der Lage war, eine Theaterkarriere zu haben, blieb ihr nichts, als das Leben zu ihrer Bühne zu machen. Sie wollte immer Zwillinge haben, das war damals der letzte Schrei. Also hat sie mich in Mädchenkleider gezwungen, mein Gott, es war einfach lächerlich. Nein, es war verwirrend und zutiefst beschämend. Und ich habe sie dafür gehasst. Aber das war ihr vollkommen gleichgültig. Wie auch meinem Vater. Er hat sich dann eine Kugel in den Kopf gejagt.«

Er reichte Insa ein Taschentuch.

»Das tut mir sehr leid.« Sie schnäuzte sich ausgiebig.

»Weißt du, ich glaube, wenn Menschen so viel Mut auf die Welt mitbringen wie wir beide, versucht die Welt sie zu zerbrechen. Denn das tut sie, die Welt, sie zerbricht jeden. Aber nachher sind wir an den zerbrochenen Stellen stark. Aber die, die nicht zerbrechen wollen, die tötet sie. Sie tötet die sehr Guten und die sehr Feinen und die sehr Mutigen, ohne Unterschied.«

Er sah sie lange an. Und Insa bemerkte etwas in Hemingways Gesicht, das ihr vorher noch nie aufgefallen war. Es war nicht leicht zu fassen. Verletzlichkeit vielleicht. Nein, das war es nicht. Er wirkte verloren. Ja, das war, was er ihr gezeigt hatte, seine erschütternde Verlorenheit.

»Wir sind beide schlimme einsame Herzen.«

Es war, als hätte er ihre Gedanken gelesen. Insa wusste nicht, was sie darauf erwidern sollte. Sie schwiegen eine Weile. Plötzlich kam ihr ein Gedanke.

»Du hattest in Wahrheit immer vor, dich von mir porträtieren zu lassen, oder, Papa?«

»Natürlich, ich bin ein Gentleman.«

Insa fühlte unbändigen Zorn in sich aufsteigen.

»Soll das heißen, du wolltest mir eine Lektion erteilen?«

Hemingway schüttelte sachte den Kopf.

»Das soll heißen, ich wollte lieber mit dir zusammen sein als allein.«

Sie starrte ihn an.

»Aber warum hast du mich so lange zappeln lassen?«

Er grinste, besonders breit, wie ihr schien.

»Der pure Eigennutz, es hat mir Spaß gemacht. Mich belebt. Die reinste Kur, deine Impertinenz.«

Insa konnte nicht anders, als zurückzugrinsen. »Gern geschehen!«

»Und jetzt entschuldige mich, ich muss arbeiten. Ich habe da eine neue Idee.« Hemingway drehte sich um und verschwand.

Sie sah ihm nach, natürlich, er musste das denken, dass er alles geplant, dass er die ganze Zeit über die Oberhand behalten habe. Er konnte nicht anders. Oder war es wahr? Wahrscheinlich hatte jeder von ihnen seine eigene Wahrheit.

Die Adresse befand sich auf Coney Island. Insa war klar, sie musste es versuchen. Täte sie es nicht, könnte sie sich das nie verzeihen. Sie musste eine weitere Verletzung riskieren. Ohne zu wissen, was geschehen war, was ihren Vater davon abgehalten hatte, ihr zu schreiben, und was ihn veranlasst hatte, sich am Telefon zu verleugnen, würde sie nicht weiterziehen können.

Ein paar Minuten später schallte das Klappern der Schreibmaschine durchs Haus. Und Insa schlief endlich ein.

24

Gegen Mittag wachte Insa mit einem erschütternden Katzenjammer auf. Er setzte sich aus einer ausgesprochen fiesen Mischung aus altem Kummer und neuem Kopfweh zusammen und aus einem nicht unwesentlichen Teil Abschiedsschmerz. Sie duschte, so kalt es ging, zog sich Hosen und T-Shirt an und warf gerade ein paar letzte Dinge in ihren Kulturbeutel, als es an der Tür klopfte. Insa öffnete und sah sich Miss Mary gegenüber.

»Ich würde mich gern von Ihnen verabschieden, Insa.«

Sie lächelten einander an, vielleicht zum ersten Mal. Insa kam ein Gedanke.

»Ich habe gar kein Foto von Ihnen gemacht. Erlauben Sie, dass ich das nachhole?«

Miss Mary überlegte einen Moment, dann stimmte sie zu.

Sie trafen sich wenig später an Miss Marys Lieblingsplatz vor dem Haus, unter der Ceiba. Insa überlegte kurz, ob sie Miss Mary nach der Geschichte mit den Wurzeln, die das Haus zerstörten, fragen sollte, entschied sich aber dagegen. Wahrscheinlich war auch dies einer der zahllosen Mythen, die über ihn im Umlauf waren, und es war ihr auch egal. Miss Mary lehnte sich an den Stamm und sah in die Kamera. Insa machte ein schlichtes Bild von ihr.

»Er kann sich leider nicht verabschieden, er schreibt.«

Insa packte ihre Kamera ein.

»Keine Sorge, Sie kommen in seinem Buch nicht vor.«

Sie tauschten einen komplizenhaften Blick. Insa nahm ihren Koffer.

»Und wenn schon, Hauptsache, er schreibt.«

Miss Mary begleitete sie zum Gartentor und streckte ihr die Hand entgegen. Insa schüttelte die Hand, Miss Mary hielt ihre einen Augenblick fest, als wollte sie ihr zu verstehen geben, dass sie auf ihrer Seite war, dass sie ihr den jugendlichen Egoismus verzieh, dass sie verstand.

»Versprechen Sie mir etwas?«

Insa hob zustimmend die Schultern.

»Hören Sie niemals damit auf. Sich zu nehmen, was Sie wollen. Ihr eigenes Leben zu führen. Nackt zu schwimmen.«

Insa traute ihren Ohren kaum.

»Natürlich, Sie waren das! Sie haben mein Nachthemd versteckt.«

Miss Mary lächelte sphinxartig und ging zurück zum Haus. Insa sah ihr nach, sie erinnerte sich an ihre erste Begegnung, sie hatte sie ganz schön falsch eingeschätzt. Sie stieg in den Wagen und sah zum Fenster hinauf. Hemingway war nirgends zu sehen. Ein wenig enttäuscht war sie schon, dass er ihr nicht einmal winken wollte. Andererseits, wer wusste schon, womit er gerade beschäftigt war.

Der Wagen fuhr an der Küste entlang Richtung Flughafen, sie schloss die Augen und genoss den tropischen Wind in ihrem Gesicht. Diese Zeit auf Kuba würde sie niemals vergessen. Insa lehnte sich zurück und steckte die Hände in die Jackentaschen, als etwas ihr einen empfindlichen Stich versetzte. Sie zog den Finger aus der Tasche, ein Blutstropfen bildete sich an seiner Spitze. In der Tasche fand Insa einen Angelhaken. Ein schönes Abschiedsgeschenk! Sie grinste schief und betrachtete den Blutstropfen. *Wer nicht fühlt, kann nicht mitfühlen*, hatte Loewke das gesagt? Insa wusste, etwas würde zurückbleiben von der Begegnung mit Hemingway. Eine winzige, unsichtbare Narbe an ihrem Zeigefinger. So etwas wie eine schwache Sehnsucht vielleicht. Dagegen war nichts einzuwenden. Und waren die Menschen nicht sowieso aus Erinnerungen gebaut?

Insa flog nach New York zurück. Diesmal musste sie den Weg nicht in einem Auto mit zwei anstrengenden jungen Kerlen zurücklegen und die Nacht unter ihrem Mantel verbringen. Stattdessen bekam sie eine Zeitschrift und Tomatensaft gereicht und kleine Gebäckfischchen als Snack. Doch nicht nur das hatte sich verändert. Sie hatte das Gefühl, ihr Blick auf die Welt war ein anderer geworden. Gereift? Geschärft? Eigentlich war es auch ganz egal, wie man es nannte, wichtig war, dass sie sich verwandelt fühlte. Voller Stolz, als hätte sie ein Monster niedergerungen. Was sie ja in gewisser Weise getan hatte. Auch wenn sich herausgestellt hatte, dass es damit einverstanden gewesen war. Vielleicht war das häufiger so, dass das Untier sich absichtlich zähmen ließ? Dass es sich insgeheim danach sehnte, endlich nachgeben und sich in Gefangenschaft begeben zu dürfen. Dass sein Bezwinger und es einander ebenbürtig waren oder sogar ihresgleichen. Doch selbst wenn das Monster seinen nicht unwesentlichen Anteil an ihrem Sieg gehabt hatte, war Insa doch mehr als zufrieden mit sich. Sie leerte das Glas Tomatensaft und nahm sich vor, sich genau dieses Gefühl zu merken – das einer unabhängigen Frau.

Die folgenden drei Tage in New York waren gleichermaßen unwirklich und verrückt. Mrs Leatherby drückte Insa
wie eine lange verschollen geglaubte Schwester an ihre
Brust. Edward K. Thompson hielt sich auch diesmal nicht
lange mit Förmlichkeiten auf, sondern verlangte sofort
ihre Ausbeute zu sehen. Als sie die Abzüge ausbreitete, zog
er die Luft geräuschvoll durch seine Zähne ein und tauschte
einen vielsagenden Blick mit seiner Redakteurin. Er lobte
Insa ausführlich für ihre Arbeiten und besonders jenes eine
Bild, hob ihre Frechheit und die Idee, sich selbst mit aufs
Foto zu schmuggeln, hervor, attestierte besagtem Bild An-
mut und Klarheit. Er machte Insa Komplimente für ihr
Aussehen und prophezeite ihr eine glänzende Karriere.
»Miss Schönberg, Sie werden berühmt.«

Insa besah sich verlegen das besagte Foto, so viel Lob
konnte selbst sie kaum vertragen. Und doch, jetzt, wo sie
es mit fremden Augen sah, begann sie zu verstehen, was
er darin erkannte. Es zeigte eine triumphierende Nixe, ein
angeschlagenes Genie, seinen besten Freund und einen
gefrorenen Marlin. Und obwohl es in gewisser Weise gestellt war, war es zugleich mehr als wahr. Es war ein gutes
Bild, weil es das Glück dieses Augenblicks einfing. Es war
ein Loblied auf das Leben. Es war wie die Antwort auf eine
Frage.

Alle waren mehr als *happy*, das Bild wurde auf dem Titel
der *LIFE* gedruckt, und es machte Insa tatsächlich auf der
ganzen Welt bekannt. Sie hatte den richtigen Moment erwischt, das hatte alles verändert. Insa hatte ein hauchfeines
Stück Unsterblichkeit erhascht. Eines nur machte ihr Kummer, Gregorio wurde auf dem Titel abgeschnitten.

Insa ließ einen Abzug der unbeschnittenen Aufnahme

rahmen und schickte ihn an Hemingway, mit der Bitte, ihn an den Freund weiterzugeben. Auch für ihn legte sie einen Abzug dazu. Sie schickte Bilder an Willem und eines in einem Extrabrief an Miss Mary. Insa hatte das Gefühl, das war sie ihr schuldig. Miss Mary antwortete ihr einige Wochen später mit einem kurzen Brief, Hemingway habe das Bild auf seinen Schreibtisch gestellt, es gehe ihnen gut und er arbeite an einem neuen Buch mit dem Titel *Der alte Mann und das Meer*. Von ihm aber hörte Insa nie wieder ein Wort.

Nach Erscheinen der *LIFE* blieb sie noch ein paar Tage in Amerika. Sie genoss den Rummel um ihre Person und das Großstadtleben. Sie teilte die gute Neuigkeit mit Pierer, gab zu viel Geld aus und ließ sich ein weiteres Mal keine Party entgehen. Doch die ganze Zeit war es, als versuchte der gefangene Vogel in ihr zu entkommen.

Am Tag vor ihrer Abreise machte Insa sich am späten Nachmittag allein mit dem Vorortzug auf nach Coney Island. Sie hatte sich nicht überlegt, was sie tun oder sagen würde, hatte sich verboten, sich ein irgendwie geartetes Wiedersehen auszumalen, tränenreich oder abwehrend, liebevoll oder kalt, sie konnte ja sowieso nichts daran ändern.

Insa brauchte eine Weile, bis sie die Straße gefunden hatte. Es dämmerte bereits, als sie in sie einbog. Eine ganz gewöhnliche Straße mit gepflegten kleinen Einfamilienhäusern, harmlosen Gärten und kleinbürgerlichen Wagen davor, alles strahlte Sauberkeit aus und eine tiefe Normalität. Langsam näherte sie sich von der anderen Straßenseite dem Haus mit der Nummer 47. Hinter der Gardine tauchte eine schemenhafte Gestalt auf.

Ihr Vater hatte noch die gleiche Körperhaltung, mit der sie ihn in Erinnerung hatte. Etwas zu aufrecht, als müsste er unauffällig gegen etwas ankämpfen, das ihn beugen wollte oder niederdrücken. Insa verspürte eine feine Enttäuschung. Das also sollte er sein? Der Mann, der sie verlassen und verletzt hatte? Von dem Hemingway gesagt hatte, dass er vielleicht nicht in der Lage war, die eigene Tochter wiederzusehen? Weil der Schmerz über das, was er getan hatte, hatte tun müssen, ihn sonst verschlingen würde? Er hatte sein Versprechen wiederzukommen nicht gehalten. Insa dachte daran, dass ihre Mutter zu ihm nach Belgien gefahren war, in das Versteck, in dem er sich einige Monate aufgehalten hatte, um ihm mitzuteilen, dass sie wieder heiraten würde, einen Offizier. Insa hatte nie erfahren, wie er reagiert hatte. Sie wusste nur, dass er bald darauf nach Amerika aufgebrochen sein musste. Vielleicht hatte er gedacht, er würde ihr nur weiteren Kummer zufügen, wenn er ihr schriebe?

Die zweite Gestalt war weiblich und trug wohl eine Hochsteckfrisur. Und ein Bündel im Arm. Es dauerte einen Moment, bis Insa verstand, dann wusste sie, es war ein Säugling. Ein zweites Kind tauchte auf, der Statur nach ein Junge, er wurde von Insas Vater in einen Kinderstuhl gesetzt. Eine Familie, die sich zum Abendessen niederließ. Insa wurde ganz ruhig.

Er war kein Phantom mehr, niemand, den sie erreichen, dem sie sich beweisen musste. Nein, er war einfach nur ihr Vater, der ein neues Leben begonnen hatte, zu einem Zeitpunkt als ihm gar nichts anderes übrig geblieben war. Nicht mehr und nicht weniger. Und zu etwas anderem war er nicht in der Lage gewesen, nicht in seiner Situation, das begriff sie jetzt. Insa überquerte die Straße. Ein Vogel flog über ihr Richtung Horizont. Es war, als verflüchtigte sich ihre Angst, und ihr Schmerz löste sich auf. Sie ahnte, wie es ihm gehen musste. Er konnte es nicht ertragen, ihr ins Gesicht zu sehen, jedenfalls noch nicht jetzt. Sie hatte weiterhin so viele Fragen. Sie hätte gern gewusst, welche ihrer Eigenschaften sie von ihm geerbt hatte. Sie hätte gern seine Geschichte erfahren und die seiner Herkunft und was ihm seit seiner Flucht passiert war. Ob er je an sie dachte. Aber sie verstand auch, dass jetzt nicht der Zeitpunkt dafür war. Sie würde ihm vielleicht schreiben, bald einmal. Vielleicht würde sie ihm erzählen, wofür sie dankbar war. Woran sie sich erinnerte. Insa legte ein Exemplar der *LIFE* in den Briefkasten und drehte sich um. Vielleicht war es traurig, aber sie fühlte sich befreit. Jetzt ging sie erst einmal ihren eigenen Weg.

Epilog

Die ersten Vorboten des Herbstes tauchten unvermittelt auf. Insa war für ein paar Tage bei Rosemarie Pierer untergeschlüpft. Sie befand sich in der interessanten Lage, einer vollkommen ungewissen Zukunft entgegenzublicken. Was sich bei genauerem Hinsehen als gleichermaßen erschreckend wie vielversprechend entpuppte. Am Tag zuvor hatte sie noch mit Pierer im Vorgarten gestanden und den Sternen beim Herunterfallen zugesehen. Sie hatten sich einmütig das karge Abendessen geteilt, über die Kunst der Fotografie gesprochen und über das, was da kommen mochte, und jede Menge unsinniger Wünsche Richtung Himmel geschickt. Erst als sie wenig später im Bett lag, war Insa aufgefallen, dass sie einander auf Augenhöhe begegnet waren. Sie war endgültig aus der Rolle der Schülerin herausgewachsen.

Am Morgen zog zum ersten Mal kalter Wind auf, später brachte der Nieselregen die ersten Blätter zu Fall, und Insa glaubte sogar einen Kranich am Himmel gen Süden fliegen zu sehen. Sie zog sich zum ersten Mal seit Monaten einen Pullover an und machte sich zu Fuß in Richtung dpa-Kantine auf. Nachdem sie mit ein paar Bekannten gesprochen hatte, erfuhr sie, von Augstein fehle jede Spur. Er hatte angeblich seit ein paar Wochen schwer zu tun, er plante, sein eigenes Magazin zu gründen. Insa aß einen Pudding auf ihn und überlegte, wo sie Ledig-Rowohlt am liebsten stellen würde, als ihr Annelotte Becker-Berke einfiel. Sie kramte ein paar Münzen zusammen und steuerte den nächsten Münzfernsprecher an. Die Sekretärin meldete sich, und es sprudelte ungebremst aus Insa heraus.

»Guten Tag, Insa Schönberg hier, ich wollte Ihnen danken. Ich kann Ihnen gar nicht sagen, wie sehr mir das Telefonat mit Ihnen geholfen hat. Er hat wahrhaftig seinen Panzer abgelegt. Ich habe ihm etwas von mir gegeben, wie Sie mir geraten haben, und jetzt habe ich ein Bild von ihm, das, nun ja, ziemlich speziell ist, und da Sie meinten, ich könnte jederzeit wieder anrufen, nun voilà, hier bin ich. Mit einer letzten Bitte allerdings.«

»Das freut mich wirklich zu hören. Nur zu, ich werde tun, was ich kann.«

»Würden Sie mir eventuell verraten, wo ich Herrn Ledig-Rowohlt an den nächsten Abenden erwische? Ich habe nicht nur etwas für ihn, ich habe dazu noch ein Hühnchen mit ihm zu rupfen. Und das würde ich ganz gern im Licht der Öffentlichkeit tun. Wenn Sie verstehen, was ich damit meine?«

»Allerdings.« Annelotte Becker-Berke unterdrückte ein Lachen. »Sie glauben kaum, wie sehr ich das tue. Lassen Sie mich mal sehen. Oh, da sehe ich etwas, gleich morgen, das ist sicher nach Ihrem Geschmack.«

Am darauffolgenden Abend, Insa hatte den Abzug in ein Kuvert gesteckt und sich mit Pierers Hilfe in Schale geschmissen, war es so weit. Sie hatte versucht, ihre Mentorin zu überreden mitzukommen, und ihren sowieso eher schwachen Protest geflissentlich ignoriert. Und so stiegen sie »herausgeputzt wie zwei Zirkuspferde«, wie Pierer zufrieden feststellte, »aber dem Anlass absolut angemessen«, aus dem Taxi. Insa sah an der Ehrfurcht gebietenden schneeweißen Fassade des Hotels Atlantic hinauf. Es gab ein Vordach und Kordeln, einen roten Teppich und einen Mann in Livree, ziemlich chic.

»Hier?«

»Ganz genau. Du willst doch nicht etwa kneifen?«

»Wie kommen Sie denn darauf?« Insa hakte Pierer unter und steuerte den Eingang an. Doch Pierer bremste. Insa sah sie an – und begriff.

»Wir haben keine Einladung?«

Pierer nickte angriffslustig. »So etwas brauchen wir nicht!« Sie steuerte auf den Türsteher zu, der sicher an die zwei Meter maß, obwohl er nicht viel älter als achtzehn sein konnte, und baute sich vor ihm auf, was bei ihrer schmächtigen Statur nicht gerade leicht war.

»Hören Sie«, Pierer studierte sein Namensschild, »Ansgar, wir haben ein Problem.«

Der Jüngling, offensichtlich noch nicht lange in dieser Position und dementsprechend grün hinter den Ohren, hatte keine Ahnung, wie ihm geschah, als Insa sich neben Pierer positionierte und ihm tief in die Augen sah.

»Aber ich bin sicher, Sie sind in der Lage, es zu lösen.«

Er wurde puterrot. Und obwohl er höchstwahrscheinlich genau wusste, dass er nach Strich und Faden manipuliert wurde, hatte er nicht den Hauch einer Chance.

»Wie kann ich Ihnen behilflich sein?«

Insa und Pierer nahmen ihn ins Visier, winzige Schweißperlen bildeten sich auf seiner Stirn, offenbar rechnete er mit dem Schlimmsten, Insa hätte zu gern gewusst, was das war.

»Wir haben unsere Einladung zu Hause vergessen ...«

Ansgar wusste genau, dass er belogen wurde, aber es war ihm egal, er wollte diese doppelte Heimsuchung einfach nur so schnell wie möglich loswerden.

Er machte einen galanten Schritt zur Seite und ließ sie passieren. Sie schoben sich an ihm vorbei, brachen in Gelächter aus, und Insa winkte ihm dankbar zu, während sie die Freitreppe zum Presseball emporstiegen. Ansgar wischte sich erleichtert den Schweiß von der Stirn.

Insa ließ ihren Blick über die Menge in dem großen Saal schweifen. Es war leicht, ihn zu entdecken, der Verleger amüsierte die Umstehenden am Rande der Tanzfläche gerade mit einer Reihe von Purzelbäumen. Sie trat näher und stellte sich in seine Zielbahn. Er landete direkt vor ihren Füßen und blickte erfreut an ihren Beinen hoch.

»Sieh an, das Fräulein Abenteuerin!«

Insa streckte ihm die Hand hin, er ergriff sie und zog sich daran hoch. Pierer, die einen Schritt hinter ihr stand, reichte ihr die Mappe. Insa übergab sie Ledig-Rowohlt, der sie sofort neugierig öffnete – und einen anerkennenden Pfiff ausstieß.

»Alle Achtung, ich bin beeindruckt. Sie haben es geschafft.«

»Allerdings. Jetzt fehlt nur noch eine Kleinigkeit.«

Er setzte ein widerstrebendes Gesicht auf.

»Und die wäre?«

Ein Kellner reichte Insa und Pierer Champagner, Insa nahm einen tiefen Schluck.

»Glauben Sie, ich wüsste nicht, dass Sie sich sehr wohl erinnern?«

Ledig-Rowohlt tat zerknirscht, nahm unter dem Beifall der Umstehenden seine quietschgrüne Krawatte ab und überreichte sie ihr feierlich. Insa bedankte sich mit einem

Schräglegen des Kopfes, schlang sich ihre Trophäe um den Hals und zog sie zu. Pierer zupfte den Knoten zurecht.

Ledig-Rowohlt vollführte eine elegante Drehung an Insa vorbei zu seinen Leuten.

»Haben Sie sonst noch Wünsche?«

»Ich hörte, Sie zerbeißen auch Gläser?«

»Bringen Sie mir das nächste umwerfende Bild, dann kommen Sie in den Genuss.«

»Simone de Beauvoir? Abgemacht!«

Nachwort

Es begann mit einem Foto.

Ein imposanter Mann steht auf dem Deck eines Schiffes. Etwas verloren sieht er durch wässrige Augen in die Kamera. Als wüsste er nicht, wie ihm geschieht. Auf der anderen Seite des Bildes steht ein älterer Mann. Gezeichnet vom Leben auf See, blickt er schüchtern ins Objektiv.

In der Mitte aber steht sie, eine junge Frau im ärmellosen Top, die einen riesigen Marlin hochhält und lacht.

Eine triumphierende Nixe, ein angeschlagenes Genie, sein bester Freund und ein gefrorener Fisch.

Ein Bild, das das Glück dieses Augenblicks, das diese besondere Zeit, ihr Leben zusammenfasst, das erste Selfie der Geschichte, ein Fake und doch mehr als wahr.

Dieses ikonische Foto fiel mir vor einigen Jahren zum ersten Mal auf, und ich erinnere mich noch genau, wie ich von der ersten Sekunde an elektrisiert war. Ich wollte wissen, was hinter dieser so ungewöhnlichen Dreierkonstellation steckte. Ernest Hemingway hatte ich gleich erkannt, kein Wunder, ist er doch einer der berühmtesten Schriftsteller der Welt, dessen Anblick und Leben, dessen Gesicht vielleicht bekannter ist als sein Werk. Warum steht er neben dem wettergegerbten Fischer, was hat die junge Frau in ihrer Mitte zu suchen? Vor allem diese Frau machte mich neugierig. Sie strahlte eine umwerfende Mischung aus Unbeschwertheit und Chuzpe aus, eine Lust am Leben, wie sie mir selten begegnet ist. Worauf war sie so stolz, und was hatte es mit dem Fisch auf sich? Ich begann zu recherchieren und erfuhr von der Geschichte hinter dem Bild, der Geschichte der Fotografin Inge Schönthal.

Meine Begeisterung über das Bild und meine Neugier auf die Fotografin haben meine Recherchen angestoßen. Und für diesen Roman habe ich viel recherchiert. Ganz wichtig war mir zuerst einmal, dass die von mir bewunderte Fotografin von dem Roman weiß und damit einverstanden ist. Ich habe eine Journalistin ausfindig gemacht, die Inge Feltrinelli interviewt hatte. So hieß meine Fotografin inzwischen, denn sie hat einen berühmten, steinreichen Verleger geheiratet, ein Kind bekommen, sich scheiden lassen und noch weitere glückliche wie tragische Dinge erlebt und mindestens zwei weitere Leben gelebt. Sie hatte als Fotografin einigen Ruhm erlangt, diese Kunst dann aber aufgegeben und den Verlag ihres Mannes übernommen. In der Buchwelt war sie bekannt *wie ein bunter Hund,* und wenn ich das sage, meine ich das ausdrücklich als Kompliment. Sie liebte Farben, besonders Orange, und es kursierten wilde Geschichten von ihren Besuchen auf der Frankfurter Buchmesse, von Partys und Gelagen und ihrer unermüdlichen, überbordenden Persönlichkeit. Sie war eine Grande Dame, und manche Schilderung widersprach der vorhergehenden. Doch eins ist sicher, Inge Feltrinelli, geborene Schönthal, ließ niemanden kalt.

Ich studierte ihr Porträt und suchte nach Zeichen ihres Charakters darin. Eine befreundete Journalistin, vielen Dank, Jutta Person, lieh mir einen italienischen Dokumentarfilm und erzählte von ihrer eigenen Begegnung mit der alten Dame, denn Inge war inzwischen über achtzig. Sie schilderte sie als enorm einnehmend, temperamentvoll und lebensfroh. Aber auch launisch, manchmal scharfzüngig. Doch je mehr ich über Inge Feltrinelli las und hörte, desto mehr schien mir, sie spulte Journalisten gegenüber eine oft erzählte, immer ähnliche Geschichte ab, eine, die sie sich irgendwann einmal zurechtgelegt hatte. Zu häufig wiederholten sich Anekdoten, zu sehr glichen sich Formulierungen. Ich wollte mehr wissen. Ich besorgte mir den Band mit ihren Fotografien und vertiefte mich in ihre Arbeiten. Ich las alles, was ich in die Finger bekam. Und je mehr ich erfuhr, desto mehr war ich fasziniert von ihr. Endlich fasste ich mir ein Herz und schrieb ihr eine E-Mail. Denn mir war klar geworden, dass ich über diese beeindruckende Frau ein Drehbuch, vielleicht einen Roman schreiben wollte. Doch das wollte ich nicht ohne ihre Meinung, nicht ohne ihre Einwilligung tun.

Erst mal hörte ich nichts, dann, nach einigen Wochen und ein paar erneuten Versuchen, klingelte mein Telefon. Ich erinnere mich gut, ich fuhr gerade nichts ahnend mit meinem Fahrrad durch Berlin, kramte das Handy aus der Tasche und antwortete, ohne hinzusehen. »Hier ist Inge.« Ich fiel vor Schreck fast vom Rad. Ich weiß nicht mehr genau, was ich sagte, denn es ist lange her, sicher ist, dass ich ihr erklärte, wie sehr ich mich freute, dass sie anrief, und ich muss sehr euphorisch geklungen haben, denn sie lachte laut. Wie in meiner Mail angedeutet, sagte ich ihr, ich wollte die Geschichte erzählen, wie es zu ihrem einzigartigen Foto mit ihr und Hemingway und dem Fisch gekommen war. Ich stand auf dem Bürgersteig und schilderte ihr meine Gedanken, meine Ideen dazu. Wir haben für all meine Fragen zu kurz gesprochen, sie sei gerade sehr beschäftigt, ließ sie mich wissen, sie würde sich wieder melden. Doch sie war wirklich interessiert und mochte die Idee, dass ich diese Episode ihres Lebens zu einem Drehbuch machte. Es klingt vielleicht übertrieben, doch ich habe seither das Gefühl, sie kennengelernt zu haben. Ihre Stimme klang so jung, obwohl sie rau war und tief. Es war, als würde sie mir gegenüber auf der Straße stehen, so nah schien sie mir und beinah vertraut. Ich wollte sofort zu ihr nach Mailand reisen, doch sie vertröstete mich. Wir würden wieder telefonieren, bald. Ich habe sie nie wieder gesprochen.

Später wurde mir klar, dass sie damals schon krank gewesen sein musste, ihre Sekretärin antwortete mir auf meine Mail, Signora Feltrinelli sei zur Kur und melde sich. Später schrieb sie mir noch einmal selbst, sie sei krank gewesen, jetzt gehe es ihr wieder gut, ich solle kommen. Doch ich arbeitete an mehreren Filmprojekten gleichzeitig, konnte mich nicht freimachen und schob die Reise auf. Aber ich habe unser Telefonat nie vergessen, und als ich dann hörte, dass Inge Feltrinelli verstorben war, traf mich das sehr. Ich war traurig, auch darüber, dass ich ihr nie begegnet war.

Ungefähr zu dieser Zeit beschloss ich, ihre Geschichte und die des Fotos auf jeden Fall zu erzählen, aber zunächst als Roman. Ich machte mich an die Arbeit, recherchierte weiter und schrieb die ersten Seiten. Schon bald entschied ich mich, den Namen meiner Protagonistin zu ändern. Ich wollte nicht Inge Schönthals Biografie schreiben, sondern eine Geschichte zu der Entstehung eines Fotos. Eine Geschichte, die von der Kreativität und Beharrlichkeit einer jungen Frau im Nachkriegsdeutschland handelt, von einer Frau, die ihren Weg geht, die mutig auszieht in die Welt und die auf unbekanntem Terrain sich selbst findet.

Eine fiktive Geschichte, die doch im Kern wahr ist. Ich hatte das Gefühl, mich von der realen Person Inge Feltrinelli entfernen zu müssen, um zu meiner eigenen Version, zu meiner Hauptfigur zu kommen. Es war gut, mich etwas von der Realität befreien zu können, um mich dem anzunähern, was der Drehbuchautor Aaron Sorkin *the other truth* nennt. Er spricht von einer Art zweiter Wahrheit, die, obwohl ausgedacht, ebenso treffend, ja vielleicht richtig sein kann, wie die echte Wahrheit es ist. Weil sie den Kern der Sache oder des Gedankens trifft und im Idealfall sogar eine tiefer liegende Schicht abbildet.

Als ich ein Kind war, gab es einmal eine Rubrik im *Stern*, die ich immer sehr lustig fand. Eine alte Schwarz-Weiß-Fotografie wurde mithilfe einer Zeichnung so umgestaltet, dass sich ein neuer Sinn ergab. Ein Baby etwa, das auf einem Eisbärfell hockte, offenbar ein beliebtes Motiv zur Zeit der vorigen Jahrhundertwende, das sich durch eine dazugemalte Erweiterung im neuen Bild mutterseelenallein auf offener See befand. So ist auch zu verstehen, wie ich mit der Geschichte in meinem Buch vorgehe: Ich zeichne mir meine Wirklichkeit zu dem Bild dazu.

Viele der Figuren in meinem Roman sind reale historische Persönlichkeiten. Ich bin in Hamburg aufgewachsen, und meine Eltern waren Journalisten, ich hatte schon immer ein Faible für dieses Umfeld, für diese Zeit. Ich bin mit Büchern aus dem Rowohlt Verlag groß geworden, mit dem Namen Ledig-Rowohlt, aber auch dem Namen Augstein, mit den Orten der Handlung verbindet mich viel. Von einigen der anderen realen historischen Personen, die nun als fiktive Figuren im Buch auftauchen, hatte ich noch nie gehört. Rosemarie Pierer habe ich erst durch diese Arbeit etwas kennengelernt. So gut wie alles, was ich über sie schreibe, entspringt zwar meiner Fantasie, ist aber unterfüttert mit Lektüre, dem Studium von Fotos, Artikeln und Büchern. Ich hoffe und glaube, dass meine Darstellung ihrer Persönlichkeit als Hommage an ihre Bedeutung und ihre Leistung verstanden wird, denn als diese ist sie gemeint.

Obwohl ich an reales Geschehen und Personen der Zeitgeschichte anknüpfte, erlaube ich mir, die vereinzelten feststehenden und für meine Erzählung wichtigen Ereignisse nur wie Nadeln auf einer Landkarte zu nutzen. Die Geschichte, den roten Faden dazwischen spanne ich selbst und verbinde sie mit fiktiven Elementen. Das Faszinierende an der *anderen Wahrheit* sind neben der Freiheit, die sich zwischen den gesetzten Punkten eröffnet, die Synchronizitäten, die sich von Zeit zu Zeit ereignen. Details recherchierte ich manchmal erst, nachdem ich meine Idee, meine Version des Ereignisses aufgeschrieben hatte, und mehr als einmal habe ich mir versehentlich die Wahrheit ausgedacht.

Bei aller Verpflichtung den tatsächlichen Vorkommnissen gegenüber, den realen Gegebenheiten und Menschen, die in meinem Roman vorkommen, glaube ich, dass es außerordentlich wichtig ist, sich als Autorin alle künstlerischen Freiheiten zu erlauben. Ich habe die Zeiten verschoben, Zusammenhänge erfunden, Sinn gesucht. Ich habe die Geschichte aus der Gegenwartsperspektive betrachtet und zugleich versucht, in der Zeit zurückzureisen. Manchmal habe ich aus einem Satz, den die echte Inge in einem Interview sagte, eine ganze Szene entwickelt. Anderes habe ich verworfen, obwohl es wunderschön und historisch wahr war, aber es passte einfach nicht zu meiner Geschichte. Wieder anderes flog mir einfach so zu. Und bei manchem weiß ich nicht einmal mehr, ob ich es gehört, gelesen, selbst erfunden oder vielleicht geträumt habe.

In jedem Fall habe ich versucht, sämtlichen Protagonisten mit Humor und Respekt, mit Freiheit und Fantasie zu begegnen. Für mich geht es beim Schreiben in erster Linie um Empathie und Würde. Ich glaube an reale wie fiktive Räume, in denen wir einander begegnen, Erfahrungen teilen und zumindest versuchen, einander zu verstehen.

Berlin, 2022

Herzlich, rau und ungeschönt: Michael Brandner macht aus Lebenserinnerungen Literatur

Der kleine Paul steckt in Lederhose und Janker, als seine Mutter ihn aus Bayern nach Dortmund verfrachtet. Der Ruhrpott wird seine Heimat, auch wenn es in der engen Wohnung für ihn nur ein Klappbett in der Küche gibt. In der großen, lärmenden Familie seines Stiefvaters, wo sich unter Blutwurst und Krautwickeln die Tische biegen, fühlt er sich geborgen. So beginnt Michael Brandners Roman, der mit bewusst-biografischen Zügen, fröhlich, zuweilen unglaublich und doch ganz echt vom Mut zum Möglichen und vom Zulassen des Glücks im Nachkriegsdeutschland erzählt. Paul, der mit Kurzhaarperücke den Wehrdienst ableistet, als Hausbesetzer und Musiker Freunde fürs Leben findet, der seine erste Bühne selbst zimmert und völlig unerwartet in ein Schauspielerleben stolpert. Paul treibt von einem Verhältnis zum Nächsten und kommt doch ohne Ziel und Vorsatz überall hin.

Michael Brandner
Kerl aus Koks
Roman

Hardcover mit Schutzumschlag
Auch als E-Book erhältlich
www.ullstein.de

List

Eine bezaubernde Liebesgeschichte zwischen japanischer Weisheit und der hinreißenden Schönheit der Zen-Gärten

Rose hat mit ihren vierzig Jahren das Gefühl, noch gar nicht richtig gelebt zu haben. Als Botanikerin kennt sie Blumen, aber sie betrachtet sie nicht; nichts dringt zu ihr durch, nichts kann sie berühren. Dann reißt ein unerwarteter Anruf sie aus ihrem Alltag: Sie soll für die Testamentseröffnung ihres Vaters nach Kyoto fliegen. Als sie widerwillig zustimmt, ahnt sie nicht, wie sehr das fremde Land mit seinen Tempeln und Zen-Gärten sie aufwühlen wird. Auf der Reise zu ihren Wurzeln begegnet sie Paul, der ebenfalls mit seiner Trauer zu kämpfen hat. Die beiden nähern sich an und schenken einander die Kraft, die Schönheit des Lebens wiederzuentdecken.

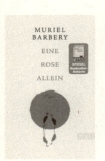

Muriel Barbery
Eine Rose allein
Roman

Aus dem Französischen von Norma Cassau
Hardcover mit Schutzumschlag
Auch als E-Book erhältlich
www.ullstein.de

List

Nach ihrem Bestseller »Bühlerhöhe« der neue große Roman von Brigitte Glaser

Am Kaiserstuhl kreuzen sich kurz nach Kriegsende die Wege von Henny Köpfer und Paul Duringer. Die Tochter eines Weinhändlers und der elsässische Soldat leben auf dem Hof der alten Bäuerin Kätter. Mit ihr und dem kleinen Kaspar wachsen sie zu einer Familie zusammen. Doch es sind keine einfachen Zeiten. So leicht die Liebe entstand, zerbricht sie auch wieder. Erst 1962 stehen sich Henny und Paul wieder gegenüber. Henny ist im Besitz einer alten Champagnerflasche, die Paul im Auftrag des französischen Sicherheitsdienstes sucht. Sie ist an Symbolkraft kaum zu überbieten, sie steht für die Plünderungen der Deutschen in Frankreich und soll Adenauer und de Gaulle bei einem Festakt überreicht werden.

»Kaiserstuhl« erzählt von der heilenden Erfahrung, sich der Vergangenheit zu stellen und zu vergeben – und von den Anfängen des europäischen Traums.

Brigitte Glaser
Kaiserstuhl
Roman

Hardcover mit Schutzumschlag
Auch als E-Book erhältlich
www.ullstein.de

List